Ronald D. Gerste · Der Zauberkönig

Schweden und sein Königreich um 1721

Ronald D. Gerste

Der Zauberkönig

Gustav III. und Schwedens Goldene Zeit

Steidl

1. Auflage September 1996

Umschlaggestaltung: Gerhard Steidl
unter Verwendung eines Ausschnitts aus dem Porträt
Gustavs III. von Lorenz Pasch dem Jüngeren (Foto: AKG/Berlin)
Satz, Lithographie, Druck:
Steidl, Düstere Straße 4, D-37073 Göttingen
Gedruckt auf Öko 2001-Recyclingpapier
Printed in Germany
ISBN 3-88243-418-X

Inhalt

Der Schuß auf dem Maskenball

Der anonyme Brief ließ an Deutlichkeit nichts zu wünschen übrig. »Majestät dürfen nicht auf die heutige Maskerade gehen«, hieß es in dem auf Französisch abgefaßten Schreiben, denn der Unmut über des Königs repressive Politik habe in gewissen Kreisen zum blanken Haß auf den Herrscher geführt. Haß, der den Gedanken an einen Mordanschlag genährt habe. Und welche Gelegenheit sei günstiger als ein Maskenball, der den Verschwörern größtmöglichen Schutz biete?

Wie anderen Warnungen vor Anschlägen auf sein Leben beschloß Gustav III., seit mehr als zwei Jahrzehnten König aller Schweden, Goten und Finnen, auch dieser Botschaft keine Aufmerksamkeit zu schenken. Er sammelte derartige Schreiben in einer Schublade – sie hatte sich in den letzten Monaten, in einem politisch zunehmend kälter werdenden Klima, stetig gefüllt. Vor seiner Umgebung und seinem Volk als ängstlich dazustehen war das Letzte, was er sich leisten zu können glaubte. Und außerdem: Für einen Menschen, dessen Lebenselixier Theater und Oper, Bühne und Parkett waren, hatte der Gedanke, auf eines der wenigen Vergnügen in trister Zeit verzichten zu müssen, etwas unsagbar Schmerzhaftes.

So nahm das Schicksal an diesem Abend des 16. März 1792 seinen Lauf. Eine halbe Stunde vor Mitternacht betrat der König den Ballsaal des Opernhauses. Geleitet von seinem Kammerherrn Hans von Essén machte Gustav die Runde, grüßte huldvoll verschiedene Persönlichkeiten des öffentlichen Lebens. Alle Besucher waren maskiert, den König zu identifizieren machte jedoch keine Schwierigkeiten: Zu auffallend war der Serafimerorden auf seiner Brust, die von einem weiten Umhang kaum verhüllt wurde.

Einige Gäste fielen durch besonders eigentümliche Maskierungen auf. Der Hoftrompeter Örnberg bemerkte, daß nahe dem Aufgang zum Aufenthaltsraum der Künstler nicht weniger als sechzehn völlig identisch gekleidete Gestalten versammelt waren. Sie alle trugen den Domino genannten weiten, mit einer Kapuze versehenen Maskenmantel. Unter einem dieser Kostüme verbarg sich der ehemalige Hauptmann im ersten Garderegiment, Jacob Johan Anckarström. Seinen Haß auf Gustav kultivierte er schon seit langer Zeit. Heute abend würde er ihn ausleben können. In der Tasche seines Kostüms verbarg Anckarström zwei mit Schrot geladene Pistolen und einen Dolch.

Als Gustav die Treppe zum Foyer erreicht hatte, inszenierten die dunkel Vermummten ein Gedränge, das den König in seinem schnellen Schritt einhalten ließ. Anckarström hob die Hand mit der Pistole und zielte von hinten auf das Herz des Herrschers. In diesem Moment drehte sich Gustav halb zur Seite, um einen Bekannten zu begrüßen. Verstört hielt Anckarström inne und ließ die ausgestreckte Hand mit der Waffe leicht sinken. Der Gedanke an den Königsmord hatte sich jedoch zu fest in sein Hirn eingebrannt. Unwillkürlich, fast einem Reflex gleich, löste es diesen einen kleinen und doch so fatalen Impuls aus, das Krümmen des rechten Zeigefingers. Die Ladung traf Gustav in die untere Rükkenpartie, etwa in Höhe des Steißbeines.

Nur in der engsten Umgebung Gustavs hatte man ein krachendes Geräusch vernommen. Die Musik spielte, ein Contre-danse war im Gange. Unter dem Ausruf »Ay ay, je suis blessé!« wankte Gustav, stürzte aber nicht. Schon in diesem Augenblick war die Konspiration, die sich über das ganze Land erstreckte, gescheitert. Alle Pläne der Verschwörer bauten auf den Tod des Königs. Dieser war verletzt, aber er lebte. Anckarström und seine Komplizen hatten noch mehr Pech. Obwohl sie durch Rufe – »Feuer! Feuer!« – eine Panik auszulösen versuchten, wurden die Türen des Opernsaales von geistesgegenwärtigen Wachen geschlossen. Keiner der Anwesenden würde den Schauplatz unerkannt verlassen können. Die Masken fielen, jede einzelne. Bald traf ein Mann mit eiskaltem Blick, zusammengekniffenen Lippen und energischem Kinn im Opernhaus ein, dessen Gegenwart den Verschwörern und jedem anderen Anwesenden mit halbwegs schlechtem Gewissen einen Schauer den Rücken hinunterjagte. Henrik Liljensparre,

Das Attentat auf Gustav im Stockholmer Opernhaus – wie es der zeitgenössische deutsche Künstler Abram Wolfgang Küfner sah.

der Stockholmer Polizeichef, übernahm die Aufklärung des Vorfalles so, wie es sein nur bedingt guter Ruf erwarten ließ. Effizient. Unbarmherzig.

Gustav war in sein Privatgemach gebracht und auf ein Sofa gelegt worden. Während sein Hofstaat in Panik geriet, bewahrte der König einen kühlen Kopf. Ruhig gab er Anordnungen, ließ durch einen Boten seinen Bruder, Herzog Carl, holen. Gefaßt erkundigte er sich nach dem Stand der Ermittlungen und wollte wissen, wie die Suche nach dem Attentäter voranginge, die im Festsaal unter Liljensparres wachsamem Blick begonnen hatte: »Nehmt ihn fest, doch tut ihm nichts!« Der Schuß auf ein gekröntes Haupt in einer Zeit, in der ein anderer Monarch, der einst mächtige König von Frankreich, Gefangener des *peuple* war und in einigen Monaten auf der Guillotine enden würde – dieser Schuß würde in den Kabinetten und an den Höfen Europas nachhallen. So war es mehr als nur menschliche Anteilnahme, als binnen kurzer Zeit nach dem Attentat bereits die Botschafter Spaniens und Preußens am Krankenlager erschienen, um ihre Abscheu auszudrücken. Und um zu erkunden, ob eine weitere Krone wackelte.

Nur einmal konnte Gustav seiner Gefühle nicht länger Herr bleiben. Seine Stimme zitterte merklich, als sein bester Freund, Gustav Mauritz Armfelt, mit Tränen in den Augen hereinstürzte und an seiner Seite niederkniete: »Seid nicht entsetzt, mein lieber Armfelt, Ihr wißt, was es heißt, verletzt zu werden. Es ist nichts. Es tut nicht einmal weh.«

Mehrere Ärzte waren erschienen, hatten die Wunde mit bloßen Fingern untersucht und einen Verband angelegt. Dann beschloß man, den König hinüber ins Schloß zu schaffen. Auf einem Stuhl sitzend wurde er zu seiner Kutsche getragen, was den Herrscher des protestantischen Landes zu der Bemerkung veranlaßte: »Jetzt komme ich mir vor wie der Papst. Man trägt mich wie in einer Prozession.« Mühsam über das mit Eis bedeckte Kopfsteinpflaster dahinschaukelnd, bewegte sich die Kutsche über die Brücke in Richtung der kleinen Insel, die das Herz Stockholms bildet, Gamla Stan mit dem alles beherrschenden, fast quadratischen Schloß. Das Gefährt und der zunehmend ermattete Passagier entschwanden den Blicken der immer noch im Opernhaus festgehaltenen Gesellschaft.

Dreizehn Tage und Nächte lang ruhte Gustav auf seinem Diwan im Schloß. Besucher kamen und gingen, ständig hielten sich Bedienstete in seiner Nähe auf. Trotzdem, er war einsam, wie eigentlich in seinem ganzen Leben. Er litt Schmerzen, doch er klagte nicht. Dann kam das Fieber und entführte seinen Geist immer häufiger in jene Sphäre zwischen Tag, Traum und Tod. Er spürte die entsetzliche Kälte nicht, die nachts durch das Schloß zog und derentwegen die Lakaien seine Gemächer nur noch im Pelzmantel betraten. Obwohl der März zu Ende ging, lagen die Temperaturen nach Einbruch der langen skandinavischen Nacht selten über dem Nullpunkt. Der eisige Wind zog durch die Räume des Palastes und ließ die Kerzen unstet flackern, immer neue bizarre Schatten an die hohen Wände werfend. Die matt glänzenden Augen des sterbenden Königs folgten ihnen, als suchten sie in ihrem Wechselspiel Erinnerungen an das, was sein Leben ausgemacht und sein Land geprägt hatte. Den Glanz der Dichter und ihres Fürsten. Das grelle Licht der Bühne und die fesselnde Düsternis der Oper. Die Helligkeit der Reform und die Schwärze des Despotismus. Die Vision des Monarchen, für die Liebe seines Volkes zu leben, und die Realität einer Welt, in der die Gleichheit aller postuliert wurde und der Koalition der Fürsten das wütende »Ça ira!« eines Volkes in Aufruhr entgegenschlug. Der Traum eines Königs, Held und Poet zugleich sein zu können. Ein Traum, der im Blut erstickte.

1. Debüt eines Königs

Merkwürdig. Wie am Ende, so war auch am Anfang des Gustavianischen Zeitalters ein Opernhaus die Bühne des Geschehens. Am 1. März 1771 saß der fünfundzwanzigjährige schwedische Kronprinz Gustav in der Loge der Gräfin Egmont in der Pariser Oper, als plötzlich der schwedische Gesandte in Paris, der Dichter und Diplomat Gustav Philip Creutz, eintraf. Er mußte eine Nachricht übermitteln, die ein Eilbote aus Stockholm soeben gebracht hatte. Gustavs Vater Adolf Fredrik, seit zwanzig Jahren ein gleichermaßen gutmütiger wie machtloser König von Schweden, war gestorben. Der Tod hatte ihn nicht, wie manch anderen Herrscher des nordischen Landes, auf dem Schlachtfeld ereilt. Er war vielmehr unmittelbar nach einer für den alten Herrn keineswegs untypischen Mahlzeit von größeren Mengen Sauerkohl, Austern und frischen, noch dampfenden Wecken mit Schlagsahne sowie reichlich Champagner aus dieser lustvollen Welt abberufen worden.

Gustav war über den Verlust des Vaters traurig, zugleich aber beschlich ihn eine angespannte, nervöse Erwartung. Jetzt war er Gustav III., König aller Schweden, Goten und Vandalen – wie es im Zeremoniell hieß – und in der Realität auch über Finnen und einige Deutsche, Untertanen im schwedischen Teil Pommerns. Daß die Nachricht von seiner Thronfolge ihn in Frankreich ereilte, machte ihm aber auch deutlich, wie tief die Kluft zwischen jenem Land, das er liebte, und dem Land war, das er fortan »regieren« sollte. Er war zum ersten Mal in jenem Land, das er seit seiner frühesten Jugend bewunderte und das er bis zum Ende als seine »zweite Heimat« ansehen würde. Hier war ihm alles vertraut – durch seine frankophile Erziehung und durch die von ihm bevorzugte Lektüre französischer Philosophen. Hier war Entscheidendes so ganz anders als in Schweden. In Frankreich hatten die Könige, nicht die Stände, die wirkliche politische Macht inne, während sein Vater nur eine Repräsentationsfigur der Nation gewesen war, den manche durch einen Stempel mit seinem Namenszug ersetzen zu können meinten. Frankreich war *die* Kulturnation des Zeitalters – in seiner Heimat hingegen, gab es dort überhaupt eine originär schwedische Kultur?

Es waren die Gegensätze zwischen dem Bild einer Nation und Gesellschaft, wie sie ihm vorschwebten, und der Realität Schwedens, die Gustavs Gedanken fesselten, als sich seine Kutsche über die Landstraßen Frankreichs und Deutschlands nach Norden

Gustavs Vater Adolf Fredrik, König von Schweden (1751–1771).
Porträt von Lorenz Pasch dem Jüngeren.

bewegte. Er besaß – anders als sein seliger Vater – zuviel Energie und auch zu viele Träume, um mit den Verhältnissen in dem Land, für das er nun nominell die Verantwortung trug, zufrieden zu sein. Er würde versuchen, etwas zu bewegen, um jene Gegensätze, die bislang sein Leben geprägt hatten, zu überwinden.

Die Vorstellung, ein König mit Krone, doch ohne Glanz sein zu müssen, gehörte von Kindesbeinen an zu seiner Erziehung und weitete sich immer mehr zur Seelenqual aus. Seine Geburt am 24. Januar 1746 war quer durch alle Bevölkerungsschichten Schwedens begrüßt worden. Es war das erste Mal seit mehr als einem halben Jahrhundert, daß ein Thronfolger im Lande und nicht an einem fernen, mit dem Herrscherhaus verwandten Hof geboren wurde. Die Geburt war schwer und das Kind schwächlich. Monatelang fürchtete man um das Überleben des Erstgeborenen, Befürchtungen, die in einem Zeitalter wohlberechtigt waren, in dem auch bei hochgestellten Familien oft die früh verstorbenen Kinder zahlreicher waren als jene, die zumindest das Pubertätsalter erreichten. Durch das kräftige Zupacken der Hebamme, so mutmaßte man später, wurde sein Schädel auf der rechten Seite abgeplattet und führte zu einer leichten Gesichtsunregelmäßigkeit, die er sein Leben lang behielt. Offizielle Porträts wie jenes, das in Stockholms Nationalgalerie hängt, geben kein Zeugnis von irgendeiner Entstellung ab – Hofmaler pflegten im 18. Jahrhundert gnädig mit kleineren Makeln ihrer Auftraggeber umzugehen.

Als Gustav fünf Jahre alt war, bestieg sein Vater Adolf Fredrik den Thron. Er war wie geschaffen für dieses machtlose Amt. Adolf Fredrik war ein unpolitischer Mensch, ohne größere Ambitionen. Sein Hofmarschall beschrieb ihn als den besten Herrn, den Gott je erschaffen hatte, den verläßlichsten Freund, den man sich wünschen könnte, um ein wenig despektierlich, doch treffend hinzuzufügen, daß man den König am besten mit seinen kleinen, unschuldigen Vergnügungen allein ließe.

Da war Gustavs Mutter, Louisa Ulrika, aus ganz anderem Holz geschnitzt. Sie war Preußin, Tochter des »Soldatenkönigs« Friedrich Wilhelm I. und damit Schwester Friedrichs des Großen. Es war eher der Letztere als der Vater, der Einfluß auf ihre Entwicklung ausgeübt hatte. Sie teilte des Bruders Neigung zur französischen Kultur und seine Aversion gegen die etwas derberen Freuden des Vaters wie das berühmte »Tabakskollegium«. An Friedrichs Hof hatte sie Voltaire kennengelernt und sonnte sich im Bewußtsein, Schülerin wie Freundin des allseits verehrten Franzosen zu sein. Ihre wache Intelligenz und ihre in jungen Jahren recht attraktive Erscheinung beeindruckten ihre neuen Lands-

Gustavs Mutter Louisa Ulrika, Schwester des Preußenkönigs Friedrich II. Aus dem Atelier von Lorenz Pasch.

leute auf das Vorteilhafteste, als sie nach Schweden kam, um Kronprinz Adolf Fredrik zu heiraten. Aber ihre Persönlichkeit hatte auch weniger sympathische Eigenschaften. Bruder Friedrich, dem vernichtende Charakterisierungen von Familienmitgliedern keine Gewissensbisse bereiteten, nannte sie kurz und bündig »jähzornig, hochmütig und intrigant«. In der Tat war Louisa Ulrika eine machtbesessene und ehrgeizige Frau, die bald unter der politischen Einengung des schwedischen Herrscherhauses zu leiden begann, das so wenig Ähnlichkeit mit dem hohenzollernschen Absolutismus hatte.

Als die junge Kronprinzessin in Schweden Einzug hielt, gab es kaum etwas an diesem Land, was dem Vergleich mit dem heimatlichen Preußen standhielt. Besonders das Hofleben unter dem alten König Fredrik I. erschien ihr ohne jedwede Raffinesse. »Der König hat einen tauben Kapellmeister«, schrieb sie an Bruder Friedrich, »einen hinkenden Tanzmeister, einen verkrüppelten Fechtmeister und einen blinden Hofmaler.« Auch der alte König selbst, politisch sogar noch indolenter als ihr Gemahl, Kronprinz Adolf Fredrik, fand vor ihren Augen keine Gnade. Als er sich nach einem Schlaganfall wieder erholte und die Thronfolge damit in unbestimmte Ferne rückte, berichtete sie säuerlich nach Potsdam: »Der König hat gedroht, eine Reise in die andere Welt zu machen, aber so wie er niemals Festigkeit in seinen Entschlüssen zeigt, hat er sich es auch diesmal anders überlegt und fühlt sich zur Zeit außerordentlich wohl.«

Was ihr an Ambition unerfüllt blieb, projizierte sie auf die Kinder, zuvörderst auf den Erstgeborenen. Die wechselvolle Beziehung zu seiner Mutter, die in einem Gustavs Privatleben verdüsternden Zerwürfnis enden sollte, prägte seine Entwicklung. Wahrscheinlich lag in dem von übertriebenen Liebkosungen zu übertriebenen Anforderungen wechselnden Verhalten der Mutter der Keim für Gustavs ambivalente Einstellung Frauen gegenüber. Als Gesprächspartnerinnen, auch in politischen Fragen, sollte er sie schätzen, selten jedoch übten sie einen sexuellen Reiz auf ihn aus.

Den kleinen Kronprinzen auf den Namen Gustav zu taufen, beinhaltete eine leicht verbrämte politische Erklärung und war sicherlich eher Louisa Ulrikas als Adolf Fredriks Idee. Er würde der dritte Träger dieses Namens auf dem schwedischen Thron sein. Die beiden anderen galten allgemein als die größten Gestalten in der Geschichte des Landes: Der erste, Gustav Vasa, war der Begründer des modernen Schweden und hatte das Land aus der Abhängigkeit vom Erzrivalen Dänemark geführt, während Gustav II. Adolf aus dem dünnbesiedelten und alles andere als wohlhabenden Schweden eine europäische Großmacht geformt hatte, die im Westfälischen Frieden von 1648 zu den Garantiemächten des Deutschen Reiches gehörte.

Der kleine Gustav war ein Kind, wie es eine ehrgeizige Mutter sich nur wünschen konnte. Er war von hoher Auffassungsgabe und scharfem Verstand, entwickelte schon früh seinen später weithin gerühmten Charme, und, was vielleicht die größte Leistung des Jungen war, er zerbrach nicht an der schonungslosen Erziehung, die man ebensogut als eine Art Dressur bezeichnen konnte. Er lernte schnell, seine Rolle zu spielen, die Position einzunehmen, die von ihm verlangt wurde. Königlich mußte er agieren, auch wenn angesichts der wahren Machtverhältnisse in Schweden das Königtum eher Staffage als Substanz war. So zeigen denn auch die Porträts des Dreijährigen wie des Fünfjährigen kein Kind, sondern einen kleinen Fürsten, der dem heutigen Betrachter der in Schloß Drottningholm hängenden Porträts eher Mitgefühl abnötigt. Da steht der Knirps, in ordenbedeckter Uniform, den die Herrscherwürde anzeigenden Hermelinpelz lässig über einen Stuhl gelegt, vor einem Globus, auf den er mit altkluger Gebärde weist, als stünde es in seiner Macht, die auf der Erdkugel verzeichneten Territorien dereinst neu zu verteilen, so, wie es Schweden im Jahrhundert zuvor mehrfach gelungen war. Brach dann doch das Kind in ihm durch, etwa beim Spiel mit Gleichaltrigen (was selten genug vorkam), so setzte es einen Rüffel von der Mutter: Was können Hoheit von anderen Kindern nur lernen? Kindliches Spiel war reine Zeitverschwendung für Louisa Ulrika, Gustav mußte seine Zeit mit den verschiedenen *guvernören* und dem Erlernen der Staatskunst verbringen. Er enttäuschte seine Mutter nicht, auch nicht in physischer Hinsicht, da er zäh gegen einen Geburtsfehler, eine verkrümmte Wirbelsäule, ankämpfte. Mit um seinen Hals gehängten Gewichten wurde versucht, die Gestalt des Thronfolgers wieder in jene Symmetrie zu bringen, die das Zeitalter so schätzte. Gustav selbst war als Kind wie auch in seinem späteren Leben körperlich höchst aktiv, genoß stundenlange Wanderungen bei strammem Tempo und Ausritte bei Wind und Wetter, auch wenn er nach Ansicht von Beobachtern zu Pferde keine überzeugende Figur machte. Er zeigte jedoch auch hierbei eine Willensstärke, die Louisa Ulrika zweifellos mit dem – von ihr als Kompliment verstandenen – Prädikat »preußisch« versehen hätte.

Keine Hoffnung auf historische Größe konnte sich Louisa Ulrika indes bei ihren anderen Kindern machen. Der zweite Sohn Carl, der traditionsgemäß den Rang eines Herzogs von Södermanland einnahm, war nicht unintelligent, aber leichtlebig, ohne größeren Ehrgeiz und faul. Was ihm Louisa Ulrika besonders verargte, war die Tatsache, daß er sich stärker als Gustav ihrem Einfluß entwand und seinen älteren Bruder als Leitbild sah. Dieser wiederum schätzte ihn als »tendre ami« – freundschaftliche Gefühle, die in Gustavs letzten Lebensjahren möglicherweise von Carl nicht ganz erwidert wurden. Der dritte Sohn, Fredrik Adolf, war wenig begabt und sollte sich ebenso wie die junge Schwester Sofia Albertina in den vielen in Zukunft anstehenden Familienstreitigkeiten meist auf die Seite der Mutter schlagen, die ihre jüngeren Kinder »nach preußischer Art« erzog.

Die Erziehung eines Kronprinzen war alles andere als Sache der Eltern. Nach der schwedischen Verfassung von 1719 hatten die Reichsstände das Recht, jene *guvernöre* auszusuchen, die für »der königlichen Kinder anständige Erziehung und Unterweisung« verantwortlich waren – natürlich zu »der königlichen Majestäten gnädigstem Gefallen«. Es war eine hochpolitische Entscheidung, und es wurde obendrein eine gute – zumindest unter diesen Umständen. Die Wahl fiel auf Carl Gustav Tessin. Der umfassend gebildete Graf gehörte zu den wenigen Schweden, die Louisa Ulrikas Vorstellungen eines weltgewandten *homme de lettre* entsprachen. Als langjähriger Botschafter Schwedens in Frankreich hatte er die Kultur des Gastlandes begeistert in sich aufgenommen. Nach seiner Rückkehr in den Norden hatte er das Amt des Kanzleipräsidenten inne, das etwa dem eines modernen Ministerpräsidenten entspricht. Es war ein Staatsmann der ersten Güteklasse, der den Geist des kleinen Gustav formen sollte. Louisa Ulrika schätzte seine Feinsinnigkeit und auch, daß er es gewesen war, der 1743 ihre Verbindung mit dem schwedischen Kronprinzen arrangiert hatte – bei aller Abneigung gegen das aus ihrer Sicht rückständige Land hatte ihr der Graf damit doch immerhin den Weg gebahnt, eines Tages auf einem Thron zu sitzen.

Tessin machte sich mit großem Enthusiasmus an seine erzieherische Aufgabe und wertete sie als die Erfüllung seiner reiferen Schaffensjahre: »Ich hatte die Leitung über unsere Bautätigkeit. Es fehlte an Geld. Ich hatte die Verantwortung für unsere auswärtigen Angelegenheiten. Es fehlte an Truppen und Geld. Nun darf ich Seine Königliche Hoheit Prinz Gustav betreuen. Es ist das einzige meiner Ämter, in dem ich etwas bewegen kann.« So viel guten Willen der würdige Herr auch hatte, ein Pädagoge war er deshalb mitnichten. Kindliche Spontaneität und Lebensfreude zu fördern stand nicht auf dem Lehrplan. Der kleine Prinz hatte zu lernen, sich fürstlich zu benehmen, nicht zu hopsen, sondern zu schreiten, nicht zu lachen oder zu weinen, sondern immer gnädig zu lächeln. Später haben Gustavs Gegner ihm seine Fähigkeit zur Verstellung, die Neigung zum Theaterspiel, auf der Bühne wie im Leben, als augenscheinlichste Makel eines schwer durchschaubaren Charakters vorgeworfen.

Die Erziehung wurde auch dadurch nicht gerade erleichtert, daß die Königsfamilie in einem sprachlichen Dilemma steckte. Beide Elternteile stammten aus Deutschland, sowohl Adolf Fredrik als auch Louisa Ulrika scheinen sich unter vier Augen des Deutschen bedient zu haben. Wie jedes Fürstenpaar in Europa parlierten sie weitgehend fehlerfrei die Sprache der unangefochtenen, führenden Kulturnation, Französisch, während sie die Sprache ihrer Untertanen, Schwedisch, allenfalls radebrechen konnten. Gustav wurde zweisprachig erzogen. Schwedisch scheint dabei seine »Muttersprache« gewesen zu sein, während er Französisch fast simultan erlernte. Es schien dem französischen Botschafter jedenfalls eine Erwähnung in seinen Depeschen an den Versailler Hof wert zu sein, daß er mit dem Dreijährigen ein paar Sätze Französisch gewechselt hatte und daß dies, wie man am Hof bemerkte, das erste Mal war, daß der Kleine sich in dieser Sprache ausdrückte. Sicherlich ein Zeichen, so bedeutete der Diplomat seinem obersten Dienstherren, Ludwig XV., daß der künftige schwedische König als außerordentlich frankophil angesehen werden könne – eine Voraussage, die sich bewahrheiten sollte.

Auch die staatsrechtliche Rolle, auf die Tessin mit Geduld und Güte den Prinzen vorzubereiten suchte, war ähnlich janusköpfig, ja geradezu eine einzige Vortäuschung. Er mußte König werden, was in fast jedem anderen Land bedeutete, absolute Macht zu erhalten. In Schweden jedoch, so beschreibt ein moderner Historiker Gustavs Dilemma, mußte der Monarch ein Schauspiel aufführen: das eines Regenten, der vorgab, über Wohl und Wehe seiner Untertanen entscheiden zu können, und der doch nur eine Puppe in den Händen der wirklich Mächtigen war. Wie ganz anders war doch die Rolle jener Könige aus Schwedens Vergangenheit, von denen der Prinz in Tessins Unterricht hörte. Der uneingeschränkt, ähnlich dem Sonnenkönig in Versailles als Verkörperung des Absolutismus herrschende Carl XI. etwa. Oder dessen Vorgänger, der zehnte Carl, dem zwar nur sechs Jahre als König vergönnt waren, der in dieser Zeit jedoch mit halb Europa Krieg führte und den Erzfeind Dänemark niederrang, bevor – vermutlich durch Magenkrebs – der streitbare Herrscher mit dem wallenden Langhaar plötzlich aus seinem martialischen Wirken abberufen wurde. Der Held seiner Jugend war jedoch jener Vorgänger, dessen großen Namen er tragen durfte: Gustav II. Adolf. Er konnte sich nicht satthören an Geschichten aus der bewegten Zeit dieses Herrschers, der nacheinander die drei Rivalen Dänemark, Polen und Rußland besiegt hatte und sich dann zu jenem Unternehmen aufmachte, das ihn zu einem *hjältekung,* einem Heldenkönig, machte. Der Vorfahr hatte 1630 in den damals schon ein Dutzend Jahre währenden Dreißigjährigen Krieg eingegriffen, um die bedrängten evangelischen Glaubensbrüder zu retten, aber auch um aus dem rückständigen Schweden eine Großmacht zu schmieden. Gustav Adolf war, so wußte der junge Prinz, wie es einem Helden geziemt, bei Lützen gefallen, doch vor Schweden, seinem Heer und seinen Herrschern sollte fast ein Jahrhundert lang der Kontinent zittern.

Ein *hjältekung* zu werden war der Traum des jungen Gustav. Immer wieder berief er sich stolz auf das Vasablut, das in seinen Adern flösse. Es können nur wenige Tropfen gewesen sein, denn seine Mutter hatte als Hohenzollerin keine und sein Vater aus dem Hause Holstein, ehedem Fürstbischof von Lübeck, nur recht weitläufige genetische Verbindungen zum alten schwedischen Herrscherhaus. Doch es war weniger die eher entfernte Verwandtschaft zum großen Vorbild, die Gustav als ein Hemmnis erschien, ebenfalls ein König von historischer Größe zu werden, als vielmehr die triste Realität des Royalismus, in die er hineingeboren war und in der er eine Rolle spielen sollte, die ihm denkbar verhaßt war. Graf Tessin und sein zweiter Lehrer, der Dichter Olof von Dahlin, erklärten dem Kronprinzen das schwedische Regierungssystem des 18. Jahrhunderts und seinen Platz innerhalb dieses Systems. Es hatte nur wenig mit Gustavs Träumen von der verflossenen *stormaktstid,* dem Zeitalter schwedischer Großmachtstellung, gemein.

Die Epoche der sogenannten *frihetstids,* der Freiheitszeit, die bei Gustavs Geburt gerade zur Hälfte abgelaufen war, markiert das Rückschwingen des Pendels zum anderen Extrem, von der Autokratie der Großmachtzeit zu einem Ständestaat, in dem die politische Macht auf eine breite aristo-demokratische Basis gestellt wurde. Sie begann so, wie Gustavs eigenes Zeitalter einst enden würde: mit einem Schuß in der Nacht. Carl XII. hatte in zwanzig Jahren Krieg fast alles verspielt, was seine Vorgänger in zwei Jahrhunderten angehäuft hatten. Er hatte Schwedens Armee in den Weiten Rußlands in den Untergang geführt. Bei Poltawa war 1709 der Traum von der Großmacht ausgeträumt, auch wenn Carl noch mehrere Jahre von der Türkei aus gegen das Zarenreich kämpfte. In die Heimat zurückgekehrt, mußte der Abenteurer das an Ressourcen wie Menschen ausgeblutete Land gegen eine übermächtige Allianz von Feinden verteidigen. Möglicherweise war es kein Däne in der von den Schweden belagerten Festung Fredriksten, sondern einer von Carls Gefolgsleuten, der am Abend des 30. November 1718, als Carl einen Inspektionsgang durch die Gräben vor dem Fort vornahm, den Schuß abfeuerte, der den König in die Schläfe traf. Carls Tod war bei aller Tragik ein Segen für das erschöpfte Land. Er beendete das immer sinnloser gewordene Schlachten und ermöglichte einen Frieden, der Schweden zwar seinen Einfluß auf das europäische Konzert der Mächte nahm, das Land aber territorial nicht allzu sehr verkrüppelte. Einige der deutschen Besitzungen gingen verloren, doch mit Schwedisch-Pommern behielt es einen Fuß auf dem Kontinent, und auch das von den Russen schon weitgehend besetzte Finnland blieb, leicht verkleinert, unter schwedischer Hoheit.

Doch innenpolitisch war Schweden seit 1719 nicht mehr wiederzuerkennen. Nicht nur waren seine Könige von schwacher Persönlichkeit, ihnen wurde darüber hinaus in der Verfassung, zunächst in der *regeringsform* von 1719 und weitergehend noch in der von 1720, eine rein repräsentative Rolle zugewiesen. Die wirkliche Macht lag bei den vier Reichsständen – Adel, Geistlichkeit, Bürger und Bauern –, die regelmäßig zu einem *riksdag* zusammentraten. Es war ein quasiparlamentarisches System: Die Vertreter der Stände wählten die Mitglieder des Reichsrates und des Kanzleikollegiums, des höchsten Verwaltungsorgans. Bemerkenswert war die Teilnahme der in vielen anderen europäischen Ländern weitgehend entrechteten Bauernschaft, die in Schweden über ein gesundes Selbstbewußtsein verfügte. Leibeigenschaft, bei den Nachbarn im Osten und Süden traurige gesellschaftliche Realität, hat es in Schweden nie gegeben.

Geradezu modern – und in den Augen des jungen Gustav besonders abstoßend – wirkt die Freiheitszeit durch die Ausbildung eines Parteienwesens mit einigen typischen Merkmalen des Parlamentarismus wie Parteiveranstaltungen, Klubs, Gremien zur Vorbereitung von Wahlen und Einpeitschern, die auf dem *riksdag* die Mitglieder beieinander zu halten hatten. Programme hatten die beiden konkurrierenden Organisationen jedoch nicht, und auch ideologische Abgrenzungen waren kaum erkennbar. Der Wechsel führender Repräsentanten von der einen zur anderen Partei war nicht ungewöhnlich. Die beiden Gruppierungen bezogen ihre Namen skurrilerweise aus Kopfbedeckungen, die in einem Fall gar nicht und im anderen keineswegs regelmäßig getragen wurden: Fünfzig Jahre lang herrschte in Schweden die politische Auseinandersetzung zwischen Hüten und Mützen. Die Bezeichnung *hattar* (Hüte) rührte vom Dreispitz her, die Bezeichnung *mössor* (Mützen) hingegen war Folge einer spöttischen Verunglimpfung: Die Anhänger dieser Partei seien so furchtsam, behaupteten politische Gegner, wie alte Damen in ihren Nachtmützen. Ein einheitliches Profil besaßen beide Gruppierungen nicht. Etwas verallgemeinernd läßt sich feststellen, daß die Mützen ihre Basis in Finnland und an der schwedischen Ostküste mit Ausnahme der Hauptstadt hatten und besonders am baltischen Handel interessiert waren. Die Hüte hingegen dominierten in Stockholm und im Westen des Landes. In der Endphase der Freiheitszeit galten die Hüte eher als Vertreter des Hochadels, die Mützen eher als jene der niederen Nobilität, des Klerus und der Bauern. Zur Krone hatten beide eine ähnliche Einstellung – sie so schwach wie möglich zu halten.

In einer Hinsicht jedoch ließen sich beide Parteien bei aller sonst bestehenden Unschärfe eindeutig voneinander abgrenzen: der Herkunft des ausländischen Geldes, das in die Taschen der Politiker floß. Für die Kritiker der Verhältnisse in der Freiheitszeit – nachgeborene Historiker, vor allem aber Gustav III. selbst – war das noch nie dagewesene Ausmaß an Korruption Sinnbild des moralischen Verfalls, den Schweden in diesen fünfzig Jahren durchmachte. Seine politische Klasse stand auf den Gehaltslisten fremder Mächte, die auf diese Weise Einfluß auf seine Politik nahmen. Die staatliche Souveränität Schwedens wurde zunehmend ausgehöhlt, so der Vorwurf der Kritiker, das Land degenerierte zum Spielball der Großmachtinteressen. Die Mützen erhielten ihr Geld aus England, vor allem aber aus Rußland und führten daher eine dem Zarenreich gegenüber recht willfährige Außenpolitik. Die Hüte hingegen empfingen geistigen, mehr aber noch materiellen Zuspruch aus Frankreich. Ihr bekanntester Vertreter war kein anderer als Gustavs Erzieher Carl Gustav Tessin, der 1738, nach zwei Jahrzehnten Mützenherrschaft, an die Macht kam. Die Hüte bewiesen, wie leicht fremdes Geld die Regierenden eines Staates dazu bringen kann, eine Politik zu betreiben, die den Interessen der eigenen Bevölkerung zuwiderläuft. Als sich Schweden demographisch wie wirtschaftlich gerade mühsam von den Folgen des Großen Nordischen Krieges unter Carl XII. zu erholen begann, motivierten französische Subsidien zweimal, 1741 und 1757, die jeweiligen Hüteregierungen zum Eintritt auf Frankreichs Seite in Konflikte, in denen Schweden nichts zu gewinnen und nur zu verlieren hatte. Im ersten Krieg gegen Rußland zeigte sich ebenso wie im zweiten, gegen Preußen, daß Schweden längst keine Militärmacht mehr war. Beide Unternehmungen kosteten das Land Tausende von Menschenleben und endeten mit beschämenden Niederlagen. Im Fall des schwedischen Eingreifens in den Siebenjährigen Krieg konnte Louisa Ulrika immerhin einige diplomatische Meriten für das glanzlose Königshaus erwerben, da sie Kontakt zu ihrem preußischen Bruder aufnahm, was einen Friedensschluß ermöglichte, der Schweden zumindest seinen deutschen Besitz ließ.

Diese Aufbesserung des königlichen Renomees bei Reichsrat und Ständen war auch dringend notwendig gewesen, hatte doch der Monarchie erst wenige Jahre zuvor die vollständige Abschaffung gedroht. Mit der Parteienherrschaft und einem machtlos zuschauenden König wollte sich Gustavs Mutter seit ihrer Ankunft in Schweden ohnehin nicht abfinden. Im Sommer 1756 hatte Louisa Ulrika einen Putsch vorbereitet und den wie immer zögerlichen Adolf Fredrik zum Mitmachen eher getrieben als ermutigt. Mit Hilfe einiger königstreuer Offiziere sollte der Reichsrat verhaftet und der Weg zur Restauration eines aufgeklärten Absolutismus, ähnlich dem preußischen, beschritten werden. Die Verschwörung wurde jedoch rechtzeitig entdeckt. Einige der Vertrauten des Königspaares wurden gefoltert – eine Methode, die in der Freiheitszeit im Umgang mit politischen Gegnern durchaus üblich war. Acht von ihnen, darunter der aus einer der besten Familien Schwedens stammende junge Adelige Erik Brahe, wurden vor der Riddarholm-Kirche in Stockholms Altstadt geköpft. Der König und seine Frau mußten sich der beispiellosen Demütigung unterziehen, von den Ständen öffentlich gemaßregelt zu werden und Besserungsgelobigungen ablegen zu müssen. Zeuge dieser Vorgänge war der zehnjährige Kronprinz Gustav, der einige wichtige Lektionen lernte: Daß Verstellung gegenüber den Herrschenden ratsam war, solange diesen anders nicht beizukommen war. Und daß ein Putsch gegen das System durchaus denkbar war, er jedoch besser vorbereitet werden mußte. Schließlich ließ die Behandlung seiner Eltern seine Aversion gegen die Regentschaft der Parteipolitiker zum Haß auf die Machenschaften dieser Söldlinge werden.

Als Neunzehnjähriger verfaßte Gustav eine längere Schrift, in der er über Schwedens Geschichte reflektierte und seine eigene Rolle als künftiger König analysierte. Er war sich bewußt, daß breite Bevölkerungsschichten der herrschenden politischen Klasse mit Ablehnung gegenüberstanden und die Käuflichkeit der Staatsmänner und Beamten das Vertrauen der Menschen in den Staat erschüttert hatte. Gustav sprach von einer »völligen und vollständigen Revolution«, die der König bewerkstelligen müsse, um Schweden wieder zu besseren Zeiten zurückzuführen. Zeiten, wie sie das Land seiner Meinung nach unter den fast uneingeschränkt herrschenden Königen der Vergangenheit erlebt hatte. Daß die Freiheitszeit jedoch auch zu einer Reihe von gesellschaftlichen Fortschritten geführt hatte, nahm er nicht wahr: die wenn auch unvollkommene Beteiligung der Bevölkerung am politischen Willensbildungsprozeß, die Stärkung der Volkssouveränität und – ebenfalls in gewissen Grenzen – das Recht auf freie Meinungsäußerung, das in einem der damals liberalsten Pressegesetze der Welt 1766 Bestandteil der Verfassung wurde. Eine Rückkehr zur Autokratie eines *hjältekung* würde nicht nur die Laster der Epoche seit 1718 beseitigen, sondern auch einige ihrer Errungenschaften.

Eine zumindest teilweise restaurative Absicht lag auch Gustavs politischem Debüt im Dezember 1768 zugrunde. Die wirtschaftliche Lage Schwedens hatte sich unter der Mützenregierung einschneidend verschlechtert. Gravierender noch: Schweden war auf dem Weg, seine staatliche Unabhängigkeit zu verspielen. Der russische Botschafter war zum einflußreichsten »Berater« von Reichsrat und Kanzleikollegium geworden. Frankreich stellte daraufhin seine Subsidienzahlungen an den alten Verbündeten aus Gustav Adolfs Tagen ein. Die Franzosen setzten große Hoffnung auf den Kronprinzen, dessen Neigung zu Frankreich und seiner Kultur längst bekannt war. Durch ihn hofften sie, die rußlandfreundliche Regierung stürzen und eine profranzösisch orientierte etablieren zu können. Gustav traf sich heimlich mit dem französischen Botschafter Modène, um auszuloten, wie Frankreich auf eine bewaffnete Erhebung gegen das Mützenregime reagieren würde. Man bevorzugte jedoch die legale Variante, eine Änderung der Verfassung mit Zustimmung der Reichsstände. Louisa Ulrika stand diesem Vorhaben zurückhaltend gegenüber. Dies geschah allerdings nicht nur aus der schlechten Erfahrung mit dem gescheiterten Putsch von 1756, sondern auch, weil es ihrem Ego weh tat, den zweiundzwanzigjährigen Sohn aus ihrem Schatten treten zu sehen.

Gustav hatte ein Memorandum erarbeitet, in dem er die Grundlinien einer konstitutionellen Reform darlegte, wie sie sich aus seiner Sicht abzuspielen hatte. In Schweden, so konstatierte er, herrsche inzwischen Anarchie. Dies sei eine Folge des Despotismus der Stände, zu dem es nur habe kommen können, weil Legislative und Exekutive in einer Hand, nämlich der der Stände, lägen. Eine Machtbalance gäbe es in Schweden nicht mehr. Die Stände seien permanent gespalten, Parteiinteresse gehe dabei vor Staatsraison. Um das Land zu retten, müßte nach Gustavs Ansicht jene Konstitution wiederbelebt werden, unter deren Gültigkeit das Land zu einer Großmacht geworden war. Die Macht müsse geteilt werden in einen gesetzgebenden und in einen ausführenden Arm. Letzteres sollte der König sein, dem der Reichsrat als beratendes Gremium zur Seite stehen sollte. Neben der Gesetzgebung gehöre die Steuererhebung zu den Grundrechten der Stände, die Rechtssicherheit der Untertanen müsse garantiert werden. Trotz dieser Bekenntnisse zur Rechtsstaatlichkeit und Gewaltenteilung war die Restitution eines fast alles entscheidenden Monarchen unverkennbar Kern des Gustavschen Programmes.

Voraussetzung für einen Machtwechsel und damit auch für eine Verfassungsänderung war die Einberufung eines Reichstages, an der den regierenden Mützen begreiflicherweise wenig gelegen war. In Absprache mit Modène und einigen royalistischen Vertretern der Reichsstände wurde der Plan gefaßt, den Reichsrat mit der Forderung nach Einberufung eines Reichstages zu konfrontieren und mit dem Rücktritt des Königs zu drohen, sollte dem nicht nachgekommen werden. Falls binnen 15 Tagen kein Nachgeben des Reichsrates zu erkennen war, sollte die militärische Option, die Machtübernahme mit Hilfe königtreuer Offiziere und deren Regimenter, gewählt werden.

Am 12. Dezember trug Gustav die von ihm vorbereitete Rede Adolf Fredriks, der wieder einmal das schwächste Glied auf seiten des Hofes war und durch sanften Druck seines Sohnes zum Mitmachen bewogen werden mußte, dem Reichsrat vor. Falls man seinem Verlangen nach Einberufung des Reichstages nicht nachkomme, so verlas der Kronprinz, »lege ich die Bürde eines Regimentes ab, welches von den Tränen unzähliger Menschen und dem täglich zunehmenden Verfall der Staatsgewalt unerträglich geworden ist. Ich behalte mir das Recht vor, meinen würdigen Ratgebern, den Reichsständen, wann immer sie zusammentreten, die Gründe für meinen Rücktritt darzulegen. Ich verbiete dem Reichsrat, in der Zwischenzeit in meinem Namen Verordnungen zu erlassen.« Adolf Fredrik verließ den Saal, sein Stuhl wurde umgedreht, Schweden war ohne König.

Die Reaktion der Herren war eine Mischung aus Betroffenheit, Wut und Ratlosigkeit, hatten sie doch entschlossene Worte aus dem Mund einer rein repräsentativen Figur nicht erwartet und von einem Prinzen seit Menschengedenken nicht mehr vernommen. Als nach drei Tagen der Beratung, vornehmlich mit dem russischen Botschafter, der Reichsrat sich erneut mit Adolf Fredrik traf, beschworen ihn die Räte in einer Mischung aus Drohungen und teilweise kniefälligem Flehen, seinen Schritt rückgängig zu machen. Adolf Fredrik war nahe daran, schwach zu werden, wurde jedoch von Gustav mit dem zugeflüsterten Hinweis, daß Louisa Ulrika für ein solches Nachgeben kein Verständnis haben würde, rechtzeitig aus dem Raum bugsiert. Die Stimmung in der Bevölkerung war einer der Faktoren, der die Reichsräte nachdenklich machte. Zum ersten Mal spürte Gustav die Welle der Popularität, die ihm die Menschen in Stockholm, lange der Kabalen und Intrigen ihrer vom Ausland entlohnten Regierung müde, entgegenbrachten. Wo immer sich seine Kutsche auf den Straßen sehen ließ, wurde er mit Beifall und Hurrarufen begrüßt. Er merkte, daß die sogenannten einfachen Leute ihm großes Vertrauen entgegenbrachten und in einer Krisensituation eine verläßlichere Stütze sein würden als die etablierte und ihm gegenüber mißtrauische politische Elite. Seine geschickte Propaganda zeigte ihre Wirkung: In der Königlichen Druckerei hergestellte Flugblätter mit dem Wortlaut seiner Proklamation waren unter das Volk gebracht worden. Die Bürger der Hauptstadt erfuhren, daß der König »herabgestiegen ist, um das Volk zu retten«. Neben dem einflußreichen Aristokraten Axel von Fersen, dem Kommandanten der Garde, machte auch der Oberst der Artillerie zu Stockholm, Carl Ehrensvärd, dem Reichsrat klar, daß das Militär die Aufrechterhaltung von Ruhe und Ordnung nicht garantieren könnte. Am 19. Dezember gab der Rat nach und erklärte sich mit der Einberufung eines Reichstages einverstanden. Seinem Jugendfreund Nils Adam Bielke schrieb Gustav: »Ihr könnt mich beglückwünschen, mein lieber Becka. Der große Tag ist endlich zu Ende, und der Staat ist gerettet.«

Ganz so weit war es noch nicht. Wenngleich das Nahziel erreicht war, konnte Gustav nicht zufrieden sein. Das Zurückweichen des Rates war nicht allein sein Verdienst, sondern vor allem auf das geschickte Fädenziehen von Fersens zurückzuführen. Der Parteipolitiker, dessen militärischer Rang ihm zusätzliche Autorität verlieh, hatte ebensoviel Grund, die Einberufung der Stände als Erfolg zu verbuchen. Sein Ziel war weniger die Wiederbelebung des Königtums als vielmehr der reine Machtwechsel, die Ablösung der Mützen durch seine Partei, die Hüte. In Frankreich allerdings hatte sich Gustav ein beträchtliches Renomee erworben. Er hatte den Anstoß zu einem Kurswechsel der schwedischen Politik gegeben, von dem sich Ludwig XV. und seine Minister viel versprachen.

Der Reichstag, der im Frühjahr 1769 in Norrköping zusammentrat, brachte indes nicht die von Gustav erhoffte Verfassungsänderung. Fersen entpuppte sich einmal mehr als Regisseur, während die Royalisten in den Hintergrund gedrängt wurden. Es kam zu dem von ihm angestrebten Machtwechsel, als die Mützenherrschaft durch eine Regierung der Hüte abgelöst wurden. Statt der Restauration eines starken Königtums wurde jedoch nur eine unbestimmt gehaltene *säkerhetsakten* (Sicherheitakte) verabschiedet, in der vage von Gewaltentrennung und Persönlichkeitsrechten die Rede war. Weitergehende Entwürfe, die dem König das Recht der Benennung von Reichsräten und die Reduktion dieses Gremiums zu einem den König beratenden Organ vorsahen, scheiterten daran, daß einer der gerissensten Politiker der Freiheitszeit, Carl Fredrik Pechlin, wieder einmal die Seiten wechselte, mit seinen Getreuen zu den Mützen überging und damit eine beschlußfähige Mehrheit der Hüte verhinderte.

Während Fersen zeitlebens ein Gegenspieler Gustavs war, zu diesem jedoch trotz aller Differenzen in einem Verhältnis gegenseitiger Hochachtung stand, kreuzten sich Gustavs Wege hier erstmals mit einem bis zu persönlichen Haßgefühlen unversöhnlichen Gegner. Pechlin, Sohn des Holsteinischen Gesandten in Schweden, hatte zunächst die Militärlaufbahn eingeschlagen, begann sich jedoch ganz der Politik zu widmen, nachdem ihn die Heirat mit einer reichen Kaufmannstochter finanziell unabhängig gemacht hatte. Er war korrumpierbar, und er korrumpierte, doch in einer Hinsicht blieb er sich, welcher Partei er auch gerade angehören mochte, treu: Er stellte sich mit Nachdruck jedem Erstarken der Königsmacht entgegen, am Ende auch mit den äußersten Mitteln.

Trotz seiner Enttäuschung über den Ausgang des Reichstages von Norrköping hatte Gustav seine Lektion gelernt. Er hatte gesehen, daß die Machtstrukturen der Freiheitszeit nicht unangreifbar waren, und, wichtiger noch, er hatte erfahren, daß ihm die Sympathien derer, die ein späteres Zeitalter die »schweigende Mehrheit« nennen würde, gewiß waren, wenn er den Putsch gegen die bestehende Ordnung nur schlau genug und unter Hinweis auf die Rettung des Landes vor dem endgültigen Zerfall durchführen würde.

Die Zeit war reif für Gustav, den Blick über die manchmal recht enge Welt schwedischer Standespolitik hinaus zu werfen und andere Länder kennenzulernen, von denen er bislang nur aus Büchern und Protokollen der Auslandsabteilung der Kanzlei gehört hatte. Vor allem Frankreich, den alten Verbündeten Schwedens und die führende Kulturnation der Epoche, galt es mit eigenen Augen zu sehen. Frankreich war das Land, dessen Sitten an allen Höfen Europas imitiert wurden, dessen Sprache viele Fürsten besser beherrschten als die ihrer Untertanen und dessen Schriftsteller und Philosophen Gegenstand jedes halbwegs niveauvollen Salongespräches waren. Im November 1770 machte sich Gustav unter dem leicht durchschaubaren Alias eines Grafen von Gotland zusammen mit seinem jüngsten Bruder Fredrik Adolf und seinem ehemaligen Erzieher, Carl Fredrik Scheffer, auf die Reise über den stürmischen Sund.

Die erste Station dieser Weltentdeckung des Vierundzwanzigjährigen war Dänemark, ein Land, das seit mehr als zweieinhalb Jahrhunderten ein zuverlässiger Feind Schwedens war. Bei fast jedem bewaffneten Konflikt seit Gustav Vasas Tagen – und Schwedens Geschichte vom 16. bis zum 18. Jahrhundert ist eine stetige Abfolge kriegerischer Auseinandersetzungen – standen beide Länder in feindlichen Lagern. Das hinderte das dänische Königshaus jedoch keineswegs, den Besucher mit auserlesener Freundlichkeit willkommen zu heißen – die gekrönten Häupter des Zeitalters und ihre weitverzweigten, oft über Koalitionsgrenzen hinweg verwandtschaftlich verbundenen Familien pflegten stilvollen Umgang auch zu jenen Zeiten miteinander, da sich die Söhne ihrer respektiven Nationen auf den Schlachtfeldern gegenseitig niedermetzelten. Gustav hütete sich, in seinen Briefen an die Mutter den dänischen Hof in allzu leuchtenden Farben zu zeichnen, wußte er doch um die fast pathologische Aversion Louisa Ulrikas gegen das Nachbarland und dessen Herrscherhaus. Er schilderte die körperlich unbeeindruckende Erscheinung von König Christian, der wie ein Dreizehnjähriger oder wie ein als Knabe verkleidetes Mädchen wirke. Er verhehlte nicht seinen Mißmut, daß sich auch hier – wenngleich aus anderen Gründen – der Monarch in einer schwachen politischen Stellung befand und der leitende Minister Struensee der wahre starke Mann Dänemarks war. Doch er konnte auch seine Bewunderung über die verfeinerte Kultur des Nachbarlandes, seine *»magnificence«,* über die prächtigen Schlösser seiner führenden Familien, die wunderschönen Gärten von Fredriksborg und die ungewohnt opulente Ernährungsweise – frische Wassermelonen und Ananas! – nicht verhehlen. Dergleichen Begeisterung des Sohnes über den Lebensstandard des Erbfeindes nahm Louisa Ulrika, wie zu erwarten, übel auf: »Da sieht Er wohl, daß wir die vollendetsten Bettler Europas sind und daß es im ganzen Kaiserreich keinen kleinen Grafen gibt, der nicht schönere Möbel, reichhaltigere Tafelfreuden und einen Hofstaat hat, der ihm Ehre macht!« Schwedens wahre Reichtümer, vor allem das schöpferische Potential seiner Menschen, hat Louisa Ulrika nie erkannt.

Reisen war auch für Wohlhabende in dieser Epoche kein reines Vergnügen. Auf Phasen der Fortbewegung in ungefederten Kutschen folgten oft ebenso lange Zeiten des Wartens. Nach neuen, faszinierenden Eindrücken von Städten und Landschaften gab es Tage der Langeweile. In einem Inselreich wie Dänemark war der Reisende auf die alles andere als regelmäßig verkehrenden Fährboote zwischen den einzelnen Eilanden angewiesen. Das Herumlungern im Gasthof eines Hafenstädtchens, bis sich das die Überfahrt verheißende Segel am Horizont zeigte, war der aktiven, oft angespannten Natur Gustavs höchst zuwider. Als er endlich das Festland des Kontinents unter seinen Füßen spürte, kam er erst recht in den Genuß der Unbequemlichkeiten des frühneuzeitlichen Tourismus. Nicht immer gab es an den dafür eingerichteten

Stationen frische Pferde, und Reparaturen an den Kaleschen nahmen oft mehr Zeit in Anspruch, als ihm lieb war. Auch das Beherbergungswesen seines Zeitalters war, wie Gustav schnell erkennen mußte, weder quantitativ noch qualitativ einem gehobenen Anspruch genügend. Kam die Reisegesellschaft spät abends in einem Ort an, war der einzige Gasthof oft ausgebucht, und der Reisende von königlichem Geblüt mußte es sich mehr als einmal auf einer als behelfsmäßigem Bett dienenden Pritsche bequem machen. Immerhin, für seine Ausbildung zum Monarchen waren diese Erfahrungen wertvoll, vermittelten sie ihm doch einen genaueren Einblick in die Lebensverhältnisse der Bürger – und diese, die Stadtbewohner, waren zweifellos im Hinblick auf die Wohnverhältnisse im Vergleich zu den Bauern vom ökonomischen Schicksal begünstigt. Und noch etwas registrierte er auf der Überlandfahrt mit Erstaunen, wenn nicht Belustigung. Er sah, wie unglaublich zerrissen Deutschlands staatliche Territorialität war. Die Zahl der Zollstationen, an denen gestoppt werden mußte und Grenzwächter in mehr oder weniger imposanten Uniformen die Papiere zu sehen verlangten, war Legion. Das Reich mit seinen Hunderten von Fürstentümern, Grafschaften, freien Städten, bischöflichen Liegenschaften und dergleichen war jener berühmte Flickenteppich auf der Landkarte, im Vergleich zu dem Schweden in seiner Homogenität denn doch wie ein großes und geeintes Land wirkte.

Auf der Fahrt durch Norddeutschland erhielt die kleine Reisegesellschaft die Nachricht, daß der Besuch in Versailles größere politische Bedeutung erhalten könnte als geahnt. Außenminister Choiseul, ein Freund und Gönner Schwedens, war plötzlich entlassen und mit einem kurzen, barschen Handschreiben vom Hof verbannt worden. Es galt zu prüfen, welchen Stellenwert Schweden im Konzept der neuen Administration unter dem Herzog d'Aiguillon einnehmen würde.

Der Besuch in Paris, wo die Gruppe am 4. Februar 1771 eintraf, wurde zu einem berauschenden und Gustav für den Rest seines Lebens prägenden Ereignis. So sehr er in seiner Politik später das nationalschwedische Element herauszustellen und den Patriotismus seiner Landsleute zu fördern suchte, er war von nun an ein Mensch mit einem »zweiten Heimatland«, wie er es später nannte. Die Lebensart, mit der er hier konfrontiert wurde, änderte ihn und verhinderte, daß der Dunstkreis des Stockholmer Schlosses alleiniges Zentrum seines Weltbildes wurde. Die Pariser Gesellschaft empfing den jungen Prinzen aus dem Norden mit wahren Beifallsstürmen. Er wurde von einem Ball zur nächsten Soiree, von einer Salongesellschaft zum nächsten Teegespräch weitergereicht. Und immer wieder: Theater und Oper, die Fixpunkte in Gustavs Welt werden sollten. »Ich stelle mir die Freude vor«, schrieb er begeistert nach dem Besuch der komischen Oper *L'amitie à l'Epreuve* an Sofia Albertina, »die Ihr empfunden hättet, wenn Ihr sie gehört hättet. Adieu, meine liebe Schwester, ich umarme Euch zärtlich.« Ein Geistesleben wie in Frankreich, doch auf originär schwedische Art – war es ein Traum oder eine reale Chance, daß so etwas mitzugestalten in seinen Händen lag?

Er erwies sich bei seiner ersten außenpolitischen Nagelprobe als geschickter Diplomat. Zu der neuen Regierung stellte er ein solides Vertrauensverhältnis her, ohne den Kontakt zu Choiseul abreißen zu lassen. Von Ludwig XV. wurde er geradezu herzlich aufgenommen. Der alte Charmeur auf dem Bourbonenthron ließ den jungen Gast nicht spüren, wie sehr sich die Weltsicht eines absolutistischen Königs von der eines Fürsten unterschied, der nur repräsentative Aufgaben zu erfüllen hatte, und vermittelte ihm den schmeichelhaften Eindruck, bei Seinesgleichen zu sein. »Er sagte uns«, so schrieb Gustav über den ›Vielgeliebten‹, »tausend Liebenswürdigkeiten und Komplimente und wirkte insgesamt außerordentlich unbeschwert.« Gustav entwickelte zu dem französischen König binnen kurzem ein fast herzliches Vater-Sohn-Verhältnis und erblickte in ihm eine wertvolle Stütze bei seinen künftigen Plänen. Von einer gewaltsamen Veränderung der Verhältnisse in seinem Land rieten ihm sowohl Ludwig als auch d'Aiguillon ab; die Franzosen waren bereits vollständig zufriedengestellt, seit ihre alten Verbündeten, die Hüte, in Schweden wieder die Oberhand gewonnen hatten. Das gute Klima am Versailler Hof ermöglichte es Botschafter Creutz, in Verhandlungen mit dem französischen Außenministerium die Auszahlung von Subsidien an Schweden zu erreichen, die von den Franzosen vorübergehend eingefroren worden waren. Nicht ganz so positiv beeindruckt wie vom König war Gustav von seinem französischen Pendant, dem Kronprinzen, der später als Ludwig XVI. einem tragischen Schicksal entgegenging. Dessen Frau Marie Antoinette attestierte Gustav ein »sehr angenehmes Aussehen«.

Neben dem Politischen stand immer wieder das Schöngeistige im Mittelpunkt des Parisaufenthaltes. Er lernte einer Reihe jener Philosophen der Aufklärung kennen, deren Werke er daheim gelesen hatte, wie d'Alembert, Helvétius und Marmontel. Seinem scharfen Auge entgingen die menschlichen Schwächen dieser Geistesgrößen, denen eine Aura der Selbstgefälligkeit entströmte, nicht. »Angenehmer zu lesen als zu treffen« lautete sein knappes Urteil über diese intellektuelle Elite. Auch das Gespräch mit dem geistig schon recht hinfälligen Rousseau in dessen bescheidener Privatwohnung im dritten Stockwerk eines einfachen Hauses in der Rue Plâtière dürfte nicht den hochgesteckten Erwartungen entsprochen haben.

Als wesentlich angenehmer empfand Gustav hingegen den Umgang mit einer Reihe hochgebildeter und charmanter Frauen der französischen Oberschicht. Sein Interesse an ihnen war rein intellektueller Natur; fleischlichen Gelüsten in dieser Welthauptstadt der Sinnesfreuden nachzugehen, war ein Gedanke, der dem erotisch schon in jungen Jahren harmlosen Gustav fremd war. So überrascht es kaum, daß das Durchschnittsalter jener Damen, deren Gegenwart er genoß, um die Siebzig lag. »Die Freundschaft«, so erklärte er charmant und etwas entschuldigend, »ist ewig jung.« Eine Freundin fürs Leben gewann er in der damals sechsundvierzigjährigen Gräfin de Boufflers. Bis zu seinem Ende führte Gustav mit ihr eine Privates wie Politisches berührende Korrespondenz, die wie keine andere Quelle Einblick in die Gedankenwelt des Königs gewährt, dem seine Gegner immer wieder Verstellung und Unaufrichtigkeit vorwerfen sollten.

Die Nachricht vom Tode seines Vaters verstärkte noch die Verbundenheit zwischen Gustav und Ludwig XV. Warmherzig und väterlich tröstete Ludwig seinen jungen Gast, der unverhofft zum König über Frankreichs einzigem Verbündeten geworden war, und gab ihm außerdem ein paar gute Ratschläge für das künftige Dasein als gekröntes Haupt mit auf den Weg. Gustav verließ Paris am 25. März 1771, gleichermaßen verzaubert von der Welt, die er hier kennengelernt hatte, wie gespannt auf das, was seiner harrte.

Zunächst stand jedoch noch einmal Verwandtschaftliches und der Besuch eines weniger glanzvollen Hofes im Vordergrund. Die Route nach Norden führte ihn über Berlin und Potsdam, wo er seinem Oheim, Friedrich dem Großen, seine Aufwartung machte. Der Preußenkönig nahm den Neffen freundlich auf, ließ die Potsdamer Garnison zur Parade antreten und ermahnte ihn zur Freundschaft mit Rußland. Außerdem gab er dem Schwedenkönig noch die Empfehlung, umsichtig zu agieren, also möglichst alles beim Alten zu belassen. Preußen sah sich ebenso wie Rußland als Garantiemacht der schwedischen Verfassung von 1720, welche gleichbedeutend war mit einem schwachen, Einflüssen von außen offen liegenden Schweden. Gustavs Bemühungen um die Revision der Ständeautokratie im darauffolgenden Jahr sollte ihn in Konflikt mit beiden Mächten stürzen. Dabei würden verwandtschaftliche Gefühle auf Friedrichs Seite gegenüber der Staatsraison schnell in den Hintergrund treten. Einstweilen war Gustav jedoch von diesem König, der so ganz anders auftrat als der pompöse Ludwig XV., angetan: Der Oheim sehe »recht nobel« aus und erinnere ihn an den würdigen alten Grafen Tessin.

Wenn Gustav auf der Fahrt durch die karge Mark Brandenburg, gen Norden zum Hafen von Stralsund, wo das Schiff für die Überfahrt nach Schweden auf ihn wartete, sein bisheriges Leben Revue passieren ließ, so konnte er mehrere Grundzüge erkennen, die ihn geformt hatten. Da war der Enthusiasmus, den Theater und Literatur, vor allem französischer Provenienz, bei ihm auslösten und der Teil seines Lebensinhaltes werden sollte. Da war das Spielen jener Rolle, auf die man ihn seit Kindertagen vorbereitet hatte, die eines Königs, und von der er doch ganz andere Vorstellungen hatte als jene, die bislang als Regisseure aufgetreten waren. Und da war Wehmut. Kraft und Stärke aus privatem Glück zu ziehen sollte ihm nicht vergönnt sein.

Bereits als Fünfjähriger war er mit der dänischen Prinzessin Sofia Magdalena verlobt worden. Politische Ehen zwischen den Kindern von Fürsten waren im 18. Jahrhundert eher die Regel als die Ausnahme; nicht selten gewöhnten sich beide Partner aneinander und entwickelten, wenn nicht gerade stürmische Leidenschaft, so doch aufrichtige Zuneigung zueinander. Zwischen Gustav und Sofia Magdalena – eine Beziehung, die arrangiert worden war, um der alten Feindschaft zwischen beiden Ländern die Spitze zu nehmen – kam es nicht dazu. Ihre Charaktere waren zu unterschiedlich. Als der Zwanzigjährige wenige Tage vor der Hochzeitszeremonie seine Braut im Herbst 1766 in Hälsingborg

Der Hof war ihr kein Heim: Sofia Magdalena, Gustavs oft verspottete und gedemütigte Gemahlin. Porträt von Alexander Roslin.

auf schwedischem Boden willkommen hieß, versuchte er, das Beste in der Verbindung zu sehen. »Sie ist hübsch, ohne eine Schönheit zu sein«, analysierte er in seinem ersten Eindruck an Scheffer, »ihre Gestalt ist wohlgeformt, ihr Betragen würdig. Allerdings erscheint sie etwas zu unterwürfig für ihren Rang und ihre Schüchternheit etwas zu ausgeprägt für eine Dame ihres Standes. Sie ist mild und angenehm (die Güte selbst), und ihre Briefe zeigen, daß sie nicht ohne Geist ist, wenngleich extreme Zurückhaltung es nicht zuläßt, diesen in der Konversation zu zeigen. Alles in allem, ich glaube, ich habe eine Frau gefunden, die zu mir paßt.«

Es sollte Wunschdenken bleiben. Sofia Magdalena war eine sympathische junge Frau, doch ohne Temperament und äußerst scheu. Dazu war sie von einer Frömmigkeit, die kaum zu dem nicht besonders strenggläubigen schwedischen Königshaus paßte. Am schlimmsten war jedoch, daß sie die Neigungen ihres Mannes nicht teilte. Das Theater bedeutete ihr nichts, und über zeitgenössische Literatur und Philosophie konnte sich Gustav mit ihr ebenfalls nicht austauschen – ihre bevorzugte Lektüre war die Bibel, ihre Lieblingsmusik waren Kirchenchoräle. Besonders tragisch war es für die junge Frau, daß ihre Schwiegermutter ihren Haß auf Dänemark auf sie übertrug und sich redlich bemühte – und dabei an Einflüsterungen auf Gustav nicht sparte – ihr das Leben in Schweden zur Hölle zu machen. Da Louisa Ulrika in Stockholm nie richtig heimisch geworden war, durfte es ihre Schwiegertochter auch nicht sein. Sofia Magdalena wurde wie eine Gefangene gehalten, durfte keinen Besuch empfangen und mußte ihre dänischen Zofen nach Hause schicken – keine guten Voraussetzungen für eine glückliche Ehe. Nur bei kurzen Aufenthalten außerhalb der Hauptstadt, so auf ihrer Hochzeitsreise zum Schloß Ekholmsund, kamen sich die Eheleute vorübergehend etwas näher. Zurückgekehrt, lebten sie wieder aneinander vorbei.

Nur ein einziges Mal scheint Gustav wirklich verliebt gewesen zu sein. Im Sommer 1768, kurz bevor er erstmals Einfluß auf die Politik zu nehmen suchte, hatte er ein Verhältnis mit Charlotte du Riez, geborene de Geer, Tochter einer der besten Familien Schwedens, die mit einem sechsundzwanzig Jahre älteren General verheiratet worden war. Gustav schrieb zum ersten und einzigen Mal in seinem Leben romantische Liebesbriefe: »Ja, Sie sind meine Herrscherin, meines Herzens und meines Willens Herrscherin, mein ganzes Dasein. Sie sind die bezauberndste aller Frauen.« Er sprach von den herrlichen Freuden in ihren Armen, Freuden, die er bei seiner Frau nie erlebt habe. »Ach, warum müssen Sie und ich an Personen gebunden sein, die sich von unserem Charakter so unterscheiden. Warum ist ein Tausch nicht zulässig, dann gäbe es statt vier unglücklicher Menschen zumindest zwei Glückliche.« Auch sie geizte nicht mit schönen Worten, war doch die Aussicht, Maitresse eines Königs zu sein, verlockend: »Mein lieber und zärtlicher Liebhaber und Prinz, erlauben Sie Ihrer besorgten und treuen Geliebten diese vielleicht zu gefühlvollen Worte, doch ich kann meines Herzens Gefühle nicht zurückhalten. A mon Dieu, quel trésor je possède!«

Es dauerte nur einen Sommer. Dann merkte er bei seinem Besuch auf ihrem Gut Leufstad, daß er nicht der einzige Ritter ihres Herzens war. Die sexuell aktive Charlotte schlief am gleichen Tag mit ihrem unerfahrenen königlichen wie mit einem anderen, vermutlich einfallsreicheren Liebhaber. Das war für Gustav das Ende der Beziehung.

Als er sich von der langen Reise auf den Kontinent 1771 seiner Heimat näherte, schienen zwei Dinge Gustav gewiß. Er würde, was immer dieser Titel bedeutete oder er aus ihm zu machen verstand, König sein. Und einsam.

2. Das Land

Das Land, sein Land, das Gustav am 18. Mai 1771 in Carlscrona nach seiner Heimkehr aus Frankreich und erstmals als König betrat, mochte unter einem zunehmend verrottenden und verfilzten politischen System leiden, krank war Schweden deswegen bei weitem nicht. Im Gegenteil, der machtpolitisch steile Sturz von einem Staat allerersten Ranges im »Konzert der Mächte« nach der verheerenden Niederlage 1718 zu einer Nation zweiter, wenn nicht gar dritter Klasse – wenn man, wie die Herrschenden der damaligen Zeit, die Vitalität eines Landes ausschließlich in der Zahl von Divisionen, Kanonen und Kriegsschiffen maß – ging nicht mit einem parallelen Niedergang im Wirtschafts- oder Geistesleben einher. Vielmehr schienen die enormen Kräfte des schwedischen Volkes sich endlich im Inneren entfalten zu können, nachdem sie nicht länger für Kriegszüge durch die Steppen Rußlands oder entlang der Flüsse Deutschlands benötigt wurden.

Geschäftige Metropole eines armen Landes: Stockholm im späten 18. Jahrhundert.

Nichts spricht eine so deutliche Sprache über die rasche Adaptierung der Schweden an neue Zeitumstände, in denen nicht länger ausschließlich militärische, sondern wirtschaftliche und geistige Kraft gefordert wurde, wie die Bevölkerungsentwicklung. Die demographischen Verhältnisse darzustellen fällt dem Historiographen des 18. Jahrhunderts für Schweden leichter als in jedem anderen Land der Welt: Schweden begann als erster Staat zunächst 1721, mit umfassenderem Datenmaterial ab 1749, eine Bevölkerungsstatistik zu führen. Sie zeigt kein explosives, aber ein kontinuierliches Wachstum einer Bevölkerung, der die ganz großen Katastrophen wie die Pestzüge früherer Jahrhunderte und die langjährigen Kriege im eigenen Land erspart geblieben waren. Die beiden einzigen militärischen Konflikte der Freiheitszeit von 1741–43 und 1757–63 waren trotz der dabei erlittenen Verluste bei weitem kein solcher Aderlaß wie die beinah zwanzig ununterbrochenen Kriegsjahre unter dem »Heldenkönig« Carl XII. Lebten auf dem eigentlichen Staatsgebiet Schwedens (in seinen heutigen Grenzen) im Jahr 1721 zu Beginn der Freiheitszeit 1,44 Millionen Menschen, so war diese Zahl nach dreißig Jahren bereits auf 1,78 Millionen gestiegen, ein Zuwachs von fast vierundzwanzig Prozent. Als Gustav in Carlscrona an Land ging, betrug die Einwohnerzahl Schwedens knapp zwei Millionen, dazu kamen noch etwa 600 000 Finnen und rund 100 000 deutsche Untertanen in Schwedisch-Pommern und Wismar. Nur in jenem Jahr, da Gustav den Thron bestieg, überwogen die Todesfälle die Zahl der Geburten als Folge einer katastrophalen Mißernte, ansonsten weist jedes in der Statistik aufgeführte Jahr einen Geburtenüberschuß und damit ein Bevölkerungswachstum auf.

Die überwiegende Mehrheit der schwedischen Bevölkerung lebte auf dem Land und arbeitete direkt oder indirekt in der Landwirtschaft. Weniger als zehn Prozent wohnten in den wenigen Städten, von denen Stockholm mit 75 000 Einwohnern die mit Abstand größte war. Die Lebensbedingungen der einfachen Menschen waren, wie in fast allen Großstädten im 18. Jahrhundert, katastrophal. Ohne eine Kanalisation und mit der Gewohnheit, Abfälle und Exkremente einfach auf die Straße zu werfen, war

Stockholm – nicht anders als Paris oder Neapel – eine Brutstätte für Krankheiten. Das Landleben war schwer, aber nicht ganz so unhygienisch. Wenngleich regelmäßig Hungersnöte als Folgen von Mißernten drohten, wurde Schwedens Volksernährung in der zweiten Hälfte des 18. Jahrhunderts um eine Innovation bereichert, die das Land unabhängiger von der Qualität der Getreideernte machte. Obwohl seit mehr als einem Jahrhundert in Skandinavien bekannt, setzte sich die Kartoffel erst jetzt als Grundnahrungsmittel durch. Der Durchbruch für die Knolle kam, als Eva de la Gardie der Akademie der Wissenschaften eine Studie unterbreitete, in der sie nachwies, daß Kartoffeln sich hervorragend zur Destillierung von Aquavit eigneten – und die private Hausbrennerei war die stille Leidenschaft der meisten schwedischen Bauern. Die Autorin der Schrift wurde als erste und einzige Frau des Jahrhunderts in das erlauchte Gremium der Akademie aufgenommen, während sich die Kartoffel auf den Mittagstischen schwedischer Familien durchsetzte – oft gleichzeitig dampfend im Originalzustand und als Ausgangsprodukt eines Destillationsprozesses in kleinen Schnapsgläsern.

Hätte sich Gustav für das Prinzip einer repräsentativen Volksvertretung interessiert (kaum etwas lag ihm ferner), wäre ihm das eklatante Mißverhältnis zwischen der demographischen Struktur des Landes und der Machtverteilung auf dem Reichstag aufgefallen. Über achtzig Prozent der Bevölkerung gehörten dem untersten sozialen Stand an, waren Bauern oder Arbeiter in Schwedens wichtigstem Industriesektor, dem Bergbau, oder einfach nur Tagelöhner in der Landwirtschaft, doch ihre Repräsentation auf den Reichstagen lag numerisch nur bei einem Viertel der Ständevertreter und war an politischem Einfluß noch weiter in den Hintergrund gedrängt. So wurden Vertreter des Vierten Standes zu bestimmten Gremien wie dem sogenannten Geheimen Ausschuß, der vor allem außenpolitische Aufgaben wahrnahm, gar nicht erst zugelassen. Ganz anders sah es bei den Einflußreichsten der schwedischen Gesellschaft aus. Ob bei Grundbesitz, bei Führungspositionen in Militär und Verwaltung, mehr aber noch bei den Entscheidungsträgern politischer Macht – der Adel war immer vertreten. Dabei stellten die *ståndspersoner,* die Oberschicht im weiteren Sinne, weniger als fünf Prozent der Bevölkerung, der eigentliche Adel gar nur ein halbes Prozent. So wird die oft gebrauchte Bezeichnung einer Ständedemokratie für das konstitutionelle System der Freiheitszeit den Verhältnissen nicht gerecht, es handelt sich eher um eine vorwiegend aristokratisch geprägte Oligarchie mit bescheidenen Mitspracherechten der übrigen Volksvertreter, die leicht variierten, je nachdem, welche Partei an der Macht war, die stärker aristokratischen Hüte oder die eher bürgerlichen Mützen.

Auf kaum einem Feld war das Wiedererstarken der Nation jenseits des Machtpolitischen so deutlich spürbar wie bei den Wissenschaften. Schwedische Forscher kamen in stärkerem Ausmaß als in vergangenen Jahrhunderten in Kontakt mit den Geistesgrößen des kontinentalen Europa. Mit ihren wissenschaftlichen und technischen Innovationen gehörten sie keineswegs zur Provinz des intellektuellen Lebens im Europa der Aufklärung, sondern konnten sehr wohl mit dem mithalten, was an anderen Tempeln höherer Bildung zwischen Leiden und Königsberg, Paris und Greenwich gelehrt und entdeckt wurde.

Der ältesten Alma mater, der in Uppsala 1477 gegründeten Universität, hatten sich im vergangenen Jahrhundert die von Lund (1666) und jene im finnischen Åbo (1640) hinzugesellt. Die Universität, von Uppsala stand noch vor Beginn der Freiheitszeit unter der Leitung von Olaf Rudbeck, der nicht nur ein fähiger Rektor der Hochschule war, sondern auch einer der größten Anatomen seiner Zeit. Das heute noch bestehende Gustavianum, das anatomische Theater, verkörpert den Aufbruch aus der selbstverordneten Bescheidung der Menschheit bei der Erforschung von Aufbau und Funktion des menschlichen Körpers. Nach Jahrhunderten, in denen die Sektion verpönt war, wurde an Orten wie Rudbecks Uppsala die Entdeckungsreise in die weltliche, doch damit keineswegs unbedeutende Hülle der menschlichen Seele begonnen. Allerdings ging mit Rudbeck, wie mit vielen Forschern dieser Zeit, die Phantasie hin und wieder etwas durch, so, als er in seinem Werk *Atlantica* Schweden als den wahren Garten Eden, als die Vagina des Universums herausstellte.

Ebenfalls an der Universität Uppsala absolvierte Christopher Polhem sein Studium, eines der größten technischen Genies der Epoche, der ungezählte technische Verbesserungen und Erfindungen hinterließ. Besonders mit Verbesserungen im für Schwedens Wirtschaft entscheidenden Bergbau befaßt, erfand er unter anderem den Kachelofen, der die Bürgerhäuser und Bauernstuben zuverlässig und kostengünstig wärmen konnte – in einem Land mit strengen Wintern ein entscheidender Beitrag zur Hebung des Lebensstandards.

Mit Temperaturen hatte auch das Lebenswerk des früh verstorbenen Anders Celsius zu tun. Mit einer französischen Expedition brach er in die nördlichsten Zonen Schwedisch-Lapplands auf, um dort geodätische Messungen vorzunehmen und die lange diskutierte Frage zu beantworten, ob die Erde an den Polen abgeplattet ist. Von der physisch extrem anstrengenden Exkursion zurückgekehrt, gründete er das erste Observatorium in Schweden und vermachte der Menschheit das nach ihm benannte Thermometer – allerdings lag nach seiner Skalierung der Siedepunkt bei 0 und der Gefrierpunkt bei 100 Grad.

Mit Nils Rosén von Rosenstein verfügte Schweden – lange bevor die Spezialisierungssucht in der Medizin Einzug hielt – über den ersten richtigen Kinderarzt. Nach dem Studium in Paris, Leiden, Halle, Turin und einigen anderen Universitäten, veröffentlichte Rosenstein ein Werk, das ein internationaler Bestseller werden sollte. Sein Buch über Kinderkrankheiten und ihre Behandlung wurde in die meisten Sprachen Europas übersetzt und ließ die Ausführungen des schwedischen Arztes zu einem unersetzlichen Ratgeber für Eltern (zumindest solche aus den gebildeten Schichten) in ganz Europa werden. Er unterstrich die Bedeutung der Muttermilch und propagierte die Inokulation gegen Pocken, eine nicht ganz ungefährliche Vorform der Impfung, die er selbst bei dem jungen Gustav durchführte.

Ihren prominentesten Kopf hatte die schwedische Wissenschaft jener Jahre zweifelsohne in Carl von Linné. Das von ihm propagierte Prinzip, daß sämtliche Pflanzen und Tiere, letztlich aber alle Naturerscheinungen in ein System gehörten und sich also dem menschlichen Forschergeist erschlössen, setzte sich binnen kurzem in der gesamten gelehrten Welt durch. Linnés Sammlungen und die von ihm (nach streng logischen Ordnungsprinzipien) angelegten botanischen Gärten lockten Besucher aus ganz Europa an – plötzlich war Schweden ein Land, in dem man lernen konnte, und nicht länger eine intellektuelle Einöde am Rande der zivilisierten Welt. Linné hinterließ nicht nur einen umfangreichen literarischen Nachlaß, er war auch Spiritus rector einer Reihe von Studenten, die in seinem Geiste wirkten und in den verschiedensten Teilen der Welt forschten – und natürlich systematisierten. Linné-Schüler tauchten in China und Ägypten, im Jemen und in Japan auf. Einer von ihnen, Pehr Kalm, bereiste in den 1750er Jahren Nordamerika, sammelte Pflanzen und Gesteinsproben (wie beim Meister gelernt), hörte aber auch den Menschen in den englischen Kolonien zu. In absehbarer Zukunft, prophezeite er seinen Landsleuten nachdenklich, würden sich die Kolonisten vom Mutterland England lösen und ein eigenes Königreich errichten – eine erstaunliche Vorhersage, wenngleich der in weniger als zwanzig Jahren jenseits des Atlantik entstehende Staat ohne einen König auszukommen glaubte, da er einen George Washington hatte.

Während die Politiker der Freiheitszeit, wie es der Historiker Franklin D. Scott süffisant formulierte, keine Ordnung schaffen konnten, war die Einordnung, das Systematisieren der große Beitrag schwedischer Forscher zum Aufschwung der Naturwissenschaften im 18. Jahrhundert. Gustav betrat ein Land mit einem erneuerungsbedürftigen politischen System, aber einer ungebrochen vitalen und schaffensfrohen Bevölkerung. Er würde versuchen, den Boden dafür zu bereiten, daß nach der exakten Wissenschaft auch das Schöngeistige in Schweden eine Heimat finden könnte. Vielleicht würde er kein *hjältekung*, aber doch ein *tjusarkung* werden, ein Zauberkönig, der das Land mit den endlos langen Winternächten im Glanz von Kultur und Esprit würde erstrahlen lassen. Dazu sollte ein junger Mann aus dem »einfachen Stand« entscheidend beitragen, dessen Lebensweg eng mit dem Gustavs verknüpft war und der das bürgerliche Pendant des Königs bei der kulturellen Illumination des Landes wurde.

3. Debüt eines Dichters

Dem neunzehnjährigen Carl Michael Bellman ging das Herz über, als er nach mehrmonatiger Abwesenheit den Blick über seine geliebte Vaterstadt Stockholm in all ihrer sommerlichen Pracht wandern ließ. Durch das Wasser glitten Jachten, »des Mälaren cytherische Stränder verherrlichend«, und auch auf den Insassen der verschiedenen, die sanften, goldglänzenden Wogen des Sees durchkämmenden Fahrzeuge ruhte sein Auge mit Wohlgefallen: »Ein Schiff nach dem anderen, mit gebauschten Segeln und scharfem Kiel pflügte die von der Abendsonne glitzernden Wellen. Ruderboote mit Schönheiten an Bord schmiegten sich zwischen die bugsierenden Segler.« Aber auch der Blick an den Strand und die dort über ihre Waschbretter gebeugten Stockholmerinnen erfreute den just gescheiterten Studiosus und demonstrierte ihm nachdrücklich den Unterschied zwischen dem prallen Leben und dem trockenen Lehrstoff, dem er ein schnelles *valet* gesagt hatte: »Andere köstliche Mädchen boten über ihren Zuber gebeugt ihre Brüste dar, und das Rattern auf den Brettern schien ein Echo abzugeben: und ab hoc und ab hac und ab illa.«

Sowenig die hehre Wissenschaft seine Sache war, so sehr verzückte ihn ein Leben lang das alltägliche Schauspiel menschlichen Strebens und Scheiterns mit all seinem Glück und, mehr noch, seiner Tragik in dieser Stadt, die in Harmonie mit einer überwältigenden Natur – herb im allzu langen Winter, von unglaublicher Farbenpracht und Leichtigkeit im viel zu kurzen Sommer – existierte. Carl Michael Bellman würde sein einzigartiges Talent dazu benutzen, der *skald* der einfachen Menschen und ihrer Sinnesfreuden zu sein, jener Menschen, die nur wenige Meter von Gustav und seinem Schloß entfernt wohnten und doch einer anderen Welt anzugehören schienen. Nach einer Legende soll er, von den Fieberkrämpfen der damals auch im hohen Norden ständig grassierenden Malaria geschüttelt, als Zehn- oder Zwölfjähriger

Carl Michael Bellman beim Vortrag seiner burlesken Weisen. Gemälde von Per Krafft.

erstmals Verse zur Laute vorgetragen und seine Familie dabei auf seine ungewöhnliche Begabung aufmerksam gemacht haben. Die Umstände, unter denen der im Februar 1740 geborene Carl Michael Bellman heranwuchs, waren jedenfalls sehr prosaisch. Sein Vater, Johan Arndt Bellman, hatte als Beamter zwar einen relativ krisensicheren Posten inne, die Bezahlung konnte jedoch kaum mit dem Wachstum der Bellmanschen Familie mithalten: Carl Michael konnte sich nicht weniger als vierzehn Geschwister rühmen.

Die Familie Bellmans gehörte dem respektierten Bürgertum an, jener Schicht eines durchaus gebildeten Mittelstandes (Carl Michael sprach recht flüssig Deutsch und Französisch), der sich jedoch nur selten seiner wirtschaftlichen Existenzgrundlage wirklich sicher sein konnte. Der Abstieg in die Gruppe der Gescheiterten oder zumindest immer hart am Rande des Bankrottes Stehenden, die in Bellmans Werk zu den Hauptfiguren avancierten, war bei jeder Rezession denkbar. Schon der erste in Stockholm lebende Bellman hatte es zu einer angesehenen Position gebracht. Carl Michaels Urgroßvater war ein Schneidermeister aus Bremen, der sich Mitte des 17. Jahrhunderts in der Hauptstadt des nach dem Dreißigjährigen Krieg zu einer Großmacht aufgestiegenen Landes niederließ und zum Vorsteher seiner Zunft aufstieg. Das älteste seiner insgesamt neun Kinder reüssierte im akademischen Leben der neuen Heimat: Bellmans Großvater wurde Professor für lateinische Rhetorik und Poesie an der Universität Uppsala und mochte seinem Nachfahren den Sinn für wenn auch wesentlich bodenständigere Reime vererbt haben. Professor Bellman heiratete erst im Alter von vierzig Jahren, nach damaligem Verständnis beinahe schon ein alter Mann. Nach fünf Jahren Ehe nahm ihm der Tod seine Frau Catharina Elisabeth, er folgte ihr nur einen Monat später ins Grab. Sein ältester Sohn, der so früh zum Waisen gewordene Johan Arndt, heiratete die Tochter des Rektors der Marienkirche auf Södermalm. Die Tatsache, daß Johan Arndt und Catharina Bellman eine überaus glückliche und harmonische Ehe führten, trug nicht wenig bei zur ständigen ökonomischen Gefährdung des im Staatsdienst tätigen Gatten: Nicht weniger als einundzwanzig Kindern schenkte Catharina Bellman das Leben und gehörte damit selbst in jenem Zeitalter, das für Frauen oft war als für das Bankfach. Seine mathematischen Kenntnisse waren rudimentär, und selbst mit dem eigenen Geld konnte er nicht haushalten, auch wenn es sich nur um die bescheidene Summe seines Lehrlingsgehaltes handelte. Mit den ersten selbstverdienten Schillingen in der Tasche wurde Bellman magisch von den Verlockungen des Stockholmer Sündenpfuhls angezogen, dem halbseidenen Milieu einer Residenz- und Handelsstadt, das den Humus für seine literarischen Ambitionen lieferte.

Das Alltagsleben im Stockholm des späten 18. Jahrhunderts war wie die grandiose schwedische Landschaft an einem Herbstabend: viel Licht, doch noch mehr Schatten. Wie schon in den vorhergegangenen gut fünf Jahrhunderten in der Geschichte der Stadt lebten die meisten ihrer knapp 75 000 Einwohner auf jener kleinen Insel an der Nahtstelle des Mälarsees mit einer landeinwärts ragenden Bucht der Ostsee, die man heute »die Stadt zwischen den Brücken« oder kurz *Gamla Stan* (Altstadt) nennt. Stadtgründer Birger Jarl hatte Anfang des 13. Jahrhunderts den Ort ausgewählt, weil er rundum von Wasser umgeben und in seiner territorialen Begrenztheit gut zu verteidigen war. Mit dem Wegfall äußerer Bedrohung hatte sich Stockholm in den letzten Jahrzehnten vor Gustavs und Bellmans Zeitalter auf die beiden benachbarten Inseln ausgedehnt: nach Süden, auf Södermalm, wo so etwas wie eine vorindustrielle Landschaft mit Manufakturen, Seidenspinnereien, Brauereien und ähnlichen Betrieben entstanden war. Hier gab es auch die engen Wohnquartiere jener vorproletarischen Unterschicht, die in den Manufakturen arbeitete. Bellmans (nicht mehr existierendes) Geburtshaus lag ebenfalls in diesem Viertel, das damals ebensowenig wie heute dem entspricht, was man eine »gute Wohngegend« nennt. Auch nach Norden hatte Stockholm ausgegriffen, auf Norrmalm und das Inselchen Blasieholmen. Hier entstanden die großzügigen Häuser der führenden Adelsfamilien, aber auch zunehmend einer reicher werdenden bürgerlichen Oberschicht, die im Handel – vor allem mit Schwedens wichtigsten Exportprodukten, Eisenerz, Kupfer, Teer und Holzprodukten – den Quell ihrer Prosperität hatte. Diese oberen Eintausend Stockholms blickten geistig ausschließlich nach Frankreich. Man parlierte fließend Französisch, kleidete sich nach französischer Mode, las französische Literatur, vornehmlich die Werke der *philosophes* wie Voltaire, Rousseau und Raynal, und besuchte im nahegelegenen Theater die Aufführungen französischer Ensembles.

Nur wenig Französisch sprach man hingegen bei den Freizeitgestaltungen, denen sich die übrigen Schichten der Stockholmer Bevölkerung hingaben, dafür ein um so rauheres und wenig schriftreines Schwedisch. Immerhin hatten die einfachen Bürger, die Handwerker, Dienstboten, Tagelöhner und ihre Familien, eines mit Ihresgleichen im hochverehrten Paris gemein: Auch in Stockholm war das Leben hart, gefährlich und im Durchschnitt kurz. Die Schilderungen zeitgenössischer Reisender, die schon Meilen vor Betreten der französischen Hauptstadt über einen zum Himmel schreienden Fäkaliengestank berichteten und erschrocken über den Unrat schrieben, der fußhoch die Gassen im Schatten des Palais Royal oder des Pont Neuf bedeckten – sie hätten mit gleichem Tenor auch über Stockholm verfaßt werden können. Glücklicherweise war alles in Schweden, so auch die Verdreckung, eine Nummer kleiner als in der Welthauptstadt von Kultur und gutem Geschmack. Wie in fast jeder Stadt des Zeitalters war die Entsorgung der menschlichen und tierischen Produkte (denn Schweine und Hühner lebten nach wie vor friedlich ein paar Blöcke von Gustavs Schloß entfernt) ein noch nicht entschlossen angegangenes Problem – allenfalls im technologisch fortgeschrittenen England versuchte man sich gerade im Bau von Kanalisationen. Der allgegenwärtige Dreck war der beste Nährboden für Krankheiten, die zum Leben in der Großstadt (groß nach zeitgenössischem Verständnis) gehörten wie das frühe Aufstehen: Typhus, Tuberkulose und unzählige andere Infektionen. Lediglich der Pest, der Geißel der vergangenen Jahrhunderte, war man im Zeitalter der Aufklärung Herr geworden.

Unter diesen hygienischen Umständen lag das Durchschnittsalter nicht wesentlich über dreißig Jahren, war die Kindersterblichkeit hoch. Bellmans Familie mit fünfzehn der Krippe entwachsenen Sprößlingen war die Ausnahme. Typischer waren Familien, wie sie auf Gruppenporträts vornehmer Stände der Epoche den Betrachter anschauen: Vater, Mutter, drei oder vier Kinder mit sorgsam gepudertem Haar und, im Hintergrund, mindestens ebenso viele Krippen, jene unglücklichen Nachkommen würdigend, denen es niemals vergönnt gewesen war, auf eigenen Beinen zu stehen.

Zu den Seuchen gesellte sich ein weiterer der Gesundheit der einfachen Menschen nicht förderlicher Faktor: die meist recht einseitige Ernährung, die in Stockholm immer noch besser war als in anderen Metropolen. Gemüse und Obst blieben Ausnahmeerscheinungen auf der Tafel, Hauptgericht war Fisch, selten frisch, meist heftig gesalzen – Salz war nach wie vor das einzige zuverlässige Konservierungsmittel. Doch es gab noch einen anderen dominierenden Nahrungsbestandteil, und der war flüssig. Alkohol war aus dem Leben der Stockholmer Bevölkerung nicht wegzudenken. Bier aus heimischen Brauereien wie jenen des steinreichen Brauers Abraham Westman, einem Gönner Bellmans, Wein, überwiegend aus Deutschland importiert, vor allem aber das Lebenselixier des »kleinen Mannes« (und seiner Frau): *akvavit.* Nicht so stark wie das heutige skandinavische Getränk gleichen Namens, aber wesentlich unreiner hergestellt und oft wahrer Fusel, war eine Mahlzeit ohne den *snaps* undenkbar. Wein und *akvavit* waren der Mittelpunkt der Freizeitgestaltung jener, die keinen Zugang zu den Rokokobällen und gepflegten Séancen der Elite hatten. Ihre Heimat nach getaner Arbeit war das Kaffeehaus, das Kellerlokal oder die Schänke, Etablissements, die es in Stockholm in einer weltweit unübertroffenen Dichte gab. Siebenhundert Spelunken, also eine auf hundert Einwohner, machten Gustavs Residenz zur Kneipen-Welthauptstadt. Der Konsum geisthaltiger Getränke entzieht sich dem modernen Vorstellungsvermögen: Nach den Schätzungen des Wirtschaftshistorikers Eli Heckscher soll er pro Kopf das *Vierzigfache* des heutigen (keineswegs niedrigen) betragen haben!

Der Konsum geisthaltiger Getränke beschränkte sich außerdem mitnichten auf die zahlreichen *krogar* und Kellerlokale. Ein Besucher aus Polen vermerkte mit Schrecken, daß der Teufel Alkohol auch vor den Häusern des Herrn nicht haltmachte und dessen (allerdings protestantische) Jünger sich nicht schämten, mit diesem Handel zu treiben. Die Pfarrer »verkaufen Bier, Branntwein und dergleichen, sowohl innerhalb wie außerhalb des Kirchhofes, an Matrosen und an andere, die so etwas kaufen möchten«.

Bellmans Vater sah mit nicht gelindem Schrecken, daß Carl Michael immer häufiger betrunken oder, schlimmer noch, gar nicht ins kinderreiche Heim zurückkehrte und sich die Zahl seiner Gläubiger, bei denen er um die Mittel für das wilde Leben in den Tavernen und Kellerlokalen nachsuchte, stetig vermehrte. Um den Jungen wieder auf die richtige Bahn zu bringen und damit er »Kenntnisse in der Verwaltungskunst und -wissenschaft« erwerbe, schickte er ihn zum Studium an die Universität Uppsala.

In der damals noch kleinen Provinzstadt konnte Bellmans Genius freilich nicht gedeihen. Ganz abgesehen von der im späten 18. Jahrhundert nicht mehr allzu hochstehenden akademischen Reputation der Alma mater und den endlosen Stunden tristen Lateinunterrichtes gab es in Uppsala nichts, was des Jünglings Herz erfreut hätte: keine von der Abendsonne golddurchwirkten Schären, keine Segelboote für Kurzausflüge nach *Djurgården* oder anderen lieblichen Inseln, und auch an halbdunklen, von rauhen Gesängen widerhallenden Kaschemmen und an lockeren Mädchen fehlte es in der glaubensstrengen lutheranischen Kleinstadt mit ihrer überdimensionalen Domkirche fast völlig.

Nach wenigen Monaten des Studiums erklärte Bellman seinen Ausflug in die Welt der Wissenschaft für beendet und machte sich auf den knapp sechzig Kilometer langen Heimweg. In Stockholm suchte er bei der Bank um eine Daueranstellung nach. Daß dem Antrag Erfolg beschieden war, muß an des Vaters Bemühungen hinter den Kulissen gelegen haben und sicher nicht an Carl Michaels Leistungen bei der Aufnahmeprüfung, von denen das erhalten gebliebene Protokoll der Bankherren beredt Auskunft gibt: »Als die Mathematik diskutiert und er gefragt wurde, aus wievielen Teilen sie besteht, konnte Bellman keine Antwort geben, dann äußerte er, daß es zwei Teile seien, deren Namen ihm nicht bekannt wären... Gefragt, ob er die Grundlage allgemeiner Rechenkunst kenne, antwortete er nach einiger Überlegung ›quatvor species‹ (die vier Grundrechenarten). Gefragt, was sieben mal sieben und neun mal neun wären, antwortete er 49 und 81.« Auch der Umstand, daß er beim Bruchrechnen Zähler und Nenner durcheinanderwarf, konnte Bellmans weitere, allerdings kurzlebige Bankkarriere nicht aufhalten.

Sage niemand, Bankleute hätten nur ihr Geschäft im Kopf und wenig Sinn für Schöngeistiges – zumindest im Stockholm des 18. Jahrhunderts hatten die Herrscher der Hochfinanz ein Herz für Poesie und wußten das von ihrem Angestellten vorgetragene und selbstverfaßte Gedicht anläßlich des Neujahrtages 1760 wohlwollend zu schätzen: »C. M. Bellmans Neujahrswünsche wurden

den bevollmächtigten Herren in schwedischen Versen vorgetragen, worin die bevollmächtigten Herren eine so gute Disposition zur Poesie erkannten, daß zu seiner Ermunterung einhundertfünfzig Taler angeordnet wurden.«

Fast überflüssig zu erwähnen, daß Bellman auch diese Gratifikation schleunigst in einige jener Lokalitäten brachte, die er in seinem literarischen Werk verewigte: *Lokatten* (Der Luchs), *Tre Liljor* (Drei Lilien) und andere Schankwirtschaften, die längst den Zeitläuften zum Opfer gefallen sind. Allein eine der von Bellman regelmäßig aufgesuchten Gaststätten ist erhalten geblieben und gibt im späten 20. Jahrhundert, nach weitgehend authentischer Restaurierung, einen stimmungsvollen Einblick in die gastronomische Szene der Bellmanzeit. Im *Den Gyldene Freden* in der Österlanggatan am Südende der Altstadt sind nach wie vor Wachskerzen in zinnernen Haltern die dominierende Lichtquelle, knarren die Dielen wie einst und herrscht im Kellergewölbe die gleiche anheimelnde Finsternis – allerdings hat die simple Nahrung von einst, in der geräucherter Fisch die Hauptrolle spielte, längst moderner skandinavischer Cuisine Platz gemacht, was Bellman, könnte er noch einmal dort tafeln und singen, vermutlich bei Vorlage der Rechnung dazu bringen würde, den nächstsitzenden Zuhörer anzupumpen.

Bellman und seine Zech- und Sangeskumpanen brauchten sich bei ihrer Freizeitgestaltung jedoch keineswegs auf die Schänken in den engen Gassen der Altstadt zu beschränken. Sinnenfrohen Menschen bot die engere Umgebung Stockholms einige reizvolle Ziele für geistvolle Ausflüge. Besonders beliebt waren Fahrten mit kleinen Fährbooten hinüber zur Insel *Djurgården,* einer großen Parkanlage, deren sanfte Hügel und schattige Haine für ein Picknick ideal waren. Sie lag außerhalb der Jurisdiktion der Stockholmer Behörden und war damit für vergnügungssüchtige Großstädter ein beliebtes Ausflugsziel. In Ruder- oder Segelbooten setzten die Ausflugsgesellschaften über, eine Fahrt, die kaum mehr als eine Stunde in Anspruch nahm. Dort gab es eine erstaunliche Anzahl von Wirtshäusern, in denen der Enge ihrer Gassen entfliehende Stockholmer, so sie denn einige Schillinge in der

Tasche hatten, sich an frischem Wild, derbem schwedischen Eintopf oder auch an hausgemachtem Blaubeerkompott delektieren konnten. Und natürlich an *akvavit.*

Djurgården übrigens hat sich ähnlich wie Stockholms Innenstadt etwas vom Flair der Bellmanzeit bewahren können. Nach wie vor drängen Stockholmer Familien an Wochenenden auf die Fähren, die zu dem mit einem Freilichtmuseum und einem Zoo gekrönten Eiland fahren, auf dem wie einst Gasthäuser, oft mit Musikprogramm, auf die Ausflügler warten. Bellman kann der moderne Stockholmer hier nicht entkommen. Seine Büste steht vor einem der prominentesten Lokale oberhalb des Vergnügungsparkes *Gröna Lund Tivoli,* andere Tavernen tragen Namen wie *Bellman* und seiner leicht unmoralischen Heroine *Ulla Winblad.*

In dieser schemenhaft erleuchteten Welt der Kneipen und Kaffeehäuser fand Bellman jene Gestalten, die Vorbild für die Helden seiner Dichtungen wurden. Zentrale Figur und Namensgeber seines dichterischen Hauptwerkes war ein Mann, der schon das Zeitliche gesegnet hatte, als Bellmans Stern am Himmel schwedischer Rokokopoesie aufging. Jean Fredman, dessen Vorfahren aus Frankreich eingewandert waren, gehörte als Hersteller weithin geschätzer Uhren nicht nur zur Creme des Stockholmer Wirtschaftslebens, sondern war auch ein Mann von distinguierter Lebensart mit einer Vorliebe für gepflegte Kleidung und Duftwässerchen französischer Provenienz. Das Leben hätte neben gesellschaftlicher Respektierung auch eine bürgerlich-solide Prosperität für Jean Fredman bereitgehalten, wäre er nicht zwei Dämonen zum Opfer gefallen, die beinah unauflöslich miteinander verknüpft waren, der Teufel Alkohol und die Ehe mit einem grantigen Weib. Fredman hatte eine fünf Jahre ältere und mit einer ansehnlichen Mitgift ausgestattete Witwe geehelicht, deren Contenance sehr zu wünschen übrig ließ. Tobsuchtsanfälle seitens der Gattin stürzten Fredman, der von seiner Umgebung als harmlos und gutmütig geschätzt wurde, in die Krise und gipfelten in Gewaltexzessen wie jenem, bei dem seine Frau ihn mit einer Gabel dienstunfähig malträtierte. Die Flucht dieses Schöpfers zeitgemäßer Chronometer führte hin zum Trunke, machte ihn zu einem Stammgast der verrufensten Stockholmer Spelunken und endete mit seinem Ableben im Mai 1767.

Fredman, dessen Geschäft auf Södermalm in der Nähe von Bellmans Elternhaus lag, muß mit seinem demütig leidenden Naturell und seinem mitleiderregenden Schicksal den jungen Dichter ungemein inspiriert haben. Allein schon der Familienname war es wert, dem Opus, das Bellman in den nächsten Jahren um diese Gestalt und ihr Milieu herum entwickelte, als Galionsfigur vorzustehen: Fredman, Mann des Friedens, zu keiner bösen Tat fähig und ständig Opfer von Umständen, die zu beeinflussen außerhalb seiner Macht wie seiner Ambition lag. Ein Jahr nach seinem Ableben ließ Bellman ihn erstmals zu Wort kommen, in einer Szene, die Schwedens großer Literaturwissenschaftler Oscar Levertin als die »to-be-or-not-to-be«-Sequenz der schwedischen Dichtung würdigte. In der Gosse liegend, vor der Taverne mit dem beziehungsreichen Namen »Kriech-rein«, verflucht er jenen Moment, in dem seine Mutter sich einst seinem Vater zum Zeugungsakt hingegeben hatte. »Ach, meine Mutter, sag, wer dich sandte just in des Vaters Bett? Wo meines Lebens Funken er anbrannte, ah, das war nicht nett! Trunken hier schwank ich, alles das dank ich deiner Liebesglut... Für dein Vergnügen, bei ihm zu liegen, klopfet nun mein Blut! Was gabst du, daß ich bin, dich der Liebe?« Allein, der Verdruß über die eigene Existenz währt nicht ewig. Tiefste Depression und irdische Sinnesfreude liegen im Bellmanschen Werk eng beieinander. Bald findet Fredman die Kraft, sich neuen Aufgaben zu widmen, was heißen soll: neuen Zechgelagen zu frönen. Unterstützung findet er bei seinen Kumpanen Mollberg und Movitz, die ähnlich ihm einen nach unten zeigenden sozialen Werdegang durchmachen, als Freunde unersetzlich, als Rädchen im Getriebe eines absolutistischen Staates völlig unbedeutend. Denn absolutistisch, aber auch aufgeklärt und vor allem der Kreativität seiner Dichter und Denker aufgeschlossen sollte dieser schwedische Staat nun nach dem Willen Gustavs werden, der mit dem Tod seines Vaters den Weg zur Macht antrat.

4. Reform

Die Ironie in den Worten zur Würdigung des dahingeschiedenen Vaters war kaum zu überhören: »Zum siebten Male versammeln sich die Stände in des Königs Raum, um ihren Regenten zum Grab zu begleiten. Ein Grab, das bereits so großen und so würdigen Königen zur Ruhestätte geworden ist und nun den mildesten und frommsten aller Fürsten aufnimmt: Wer erkennt hinter diesen Worten nicht König Adolf Fredrik?« Selbst in seiner Trauerrede anläßlich des Begräbnisses des Vaters konnte sich Gustav nicht des Spottes über seinen Vorgänger auf dem Thron enthalten, dem der Sohn jede historische Größe absprach und bei dem man allenfalls die persönliche Liebenswürdigkeit herausstellen konnte, wollte man denn etwas nachhaltig Gutes aus Anlaß des ewigen Abschiedes über ihn sagen. Wohltönende Worte hatte der neue König in diesem Sommer 1771 auch gefunden, als er den erneut zusammengerufenen Reichstag begrüßte. Zum ersten Mal seit über einhundert Jahren war es der König selbst, der sich an seine Landsleute wandte und darauf verzichtete, seine Rede vorlesen zu lassen. »Ich sehe es als das größte Glück an«, verkündete Gustav den Vertretern der Stände, »ein Schwede zu sein, und als die größte Ehre, der erste Bürger eines freien Volkes zu sein.«

Doch nichts deutete auf den Beginn eines neuen Zeitalters hin oder gar auf eine durch die Person des Herrschers geprägte »Gustavianische« Ära. Ganz im Gegenteil, was immer Gustav an der Freiheitszeit haßte, im Jahr seines Thronantrittes schien es sich zum Exzeß zu steigern. So hatten die Mützen die Mehrheit zurückgewonnen und begannen stärker als je zuvor einen demokratischen Kurs zu steuern. Die Vorrechte des Adels, den Gustav trotz aller Differenzen als *seinen* Stand betrachtete, sollten beschnitten werden. Amt und Würden sollten künftig, so wurde verkündet, nach Verdienst und nicht länger nach adeliger oder nichtadeliger Geburt vergeben werden. Der Gleichheitsgedanke, der von den politischen Schriftstellern des Zeitalters immer wieder ventiliert worden war und der in vier Jahren im fernen Philadelphia von einem jungen Anwalt namens Thomas Jefferson zur Grundlage eines neuen Staatswesens gemacht werden sollte, hatte im politischen Denken Schwedens Fuß gefaßt. Er bedrohte die überkommene Ordnung aufs Schärfste. Was, so fragten sich die Aristokraten, wären denn dann noch die Vorzüge, als *frälse* geboren zu werden gegenüber den *ofrälse,* den Nichtadeligen? Ökonomisch konnte man ohnehin nicht generell von einer Bevorzugung des ersten Standes reden, waren viele Adelsfamilien doch verarmt, während sich im Bürgertum eine teilweise beneidenswerte Prosperität breitmachte. Auch außenpolitisch liefen die Dinge den Wünschen Gustavs diametral entgegen. Die Mützen suchten eine enge Anlehnung an Rußland, die Vorherrschaft der gegenüber seinem geschätzten Frankreich freundlich eingestellten Hüte schien nur ein allzu kurzes Intermezzo gewesen zu sein.

Gerade diese Russophilie der alten und nun wieder neuen Machthaber bereitete Gustav jenseits seiner eigenen außenpolitischen Orientierung Sorge – und nicht nur ihm, sondern vielen Beobachtern der Vorgänge im Europa des Jahres 1772. Im Konzert der Mächte stand ein in dieser Offenheit bislang einzigartiges Schauspiel auf dem Programm: die Zerstückelung eines schwachen Staates. Ähnlich Schweden, wenn auch aus anderen historischen und sozialen Ursachen, galt in Polen eine Verfassung, die die Schwäche des Landes, das einst zu den Großmächten in Europa (auch dies eine Parallele zu Schweden) gehört hatte, geradezu zementierte. Jetzt schlugen die kräftigeren Nachbarn zu: Rußland, Preußen und Österreich schnitten sich dicke Scheiben aus dem polnischen Kuchen und würden in den nächsten gut zwanzig Jahren nicht ruhen, bis der gesamte polnische Staat geschluckt war. Gustav dürfte nicht der einzige Schwede gewesen sein, der ein ähnliches Schicksal auch für sein eigenes, zur Zeit alles andere als geeintes und wehrhaftes Land voraussah. Dazu hatte er um so mehr Anlaß, da im Westen mit Dänemark ein weiterer Feind stand, der sich zweifelsohne an jeder antischwedischen Aktion mit Wonne beteiligen würde. Um das Maß des Unbills vollzumachen, gab es zum zweiten Mal hintereinander eine Mißernte, die zu einer Hungersnot im Land führte, eine Katastrophe, an der etwas zu ändern die verantwortlichen Parteipolitiker sich als unfähig erwiesen. So lagen riesige Getreideladungen im Hafen von Stockholm fest, da die Vertreter des Bauernstandes auf dem Reichstag die offiziellen Preise für zu niedrig hielten, während in manchen Provinzen die Menschen sich von Birkenrinde ernähren mußten und in der Industrie- und Bergbauregion Dalarna die Zahl der Hungertoten in die Hunderte ging. Kurzum, im ersten Jahr unter König Gustav III. befand sich Schweden in einem desolaten Zustand.

Unter diesen Umständen wurde die *kungaförsäkran,* eine Art Amtseid, den ein neuer schwedischer König nach jahrhundertealtem Brauch vor den Ständen abzulegen hatte, zu einem Politikum, um das die Vertreter der beiden Parteien heftig rangen, wobei sie sich in einem Punkt einig waren: Dem König selbst sollte sowenig Mitspracherecht wie möglich bei dieser, »seiner« Erklärung gegeben werden. Die Vertreter der *ofrälse* aus beiden Lagern suchten eine Klausel festzuschreiben, wonach Ämter und Grundbesitz nicht länger an die Gnade hoher Geburt gebunden sein dürfe. Die Mützen stellten eine weitere Forderung auf: Der König müsse sich zu einem ununterbrochenen Regiment bereit erklären, vorübergehende Rücktritte wie die von Gustav inspirierte Abdankung Adolf Fredriks im Dezember 1768 dürften sich nicht wiederholen.

Gustav versuchte zwischen den Lagern zu vermitteln, was nicht nur mißglückte, sondern ihm auch noch dadurch vergolten wurde, daß ein Vorschlag, ihm für diese Initiative zu danken, von den Ständen mit Mehrheit abgelehnt wurde. »Es ist traurig, mit Dummköpfen und Feiglingen zu tun zu haben, und es ist schrecklich, Verräter unter uns zu sehen«, tobte Gustav nach dieser schmählichen Behandlung, wobei er mit »uns« den Adelsstand meinte. Besonders abfällig äußerte er sich über Carl Sparre »und seinen Anhang, die sowohl an ihrer Pflicht als auch an ihres Standes Ehre Verrat begangen haben«. Ein Groll, der nicht nur politische Ursachen hatte: Carl Sparre war jener Adelsmann, der damals gleichzeitig mit Gustav die süße Gunst der Charlotte du Riez hatte genießen dürfen. Gustavs Gefühl, etwas unternehmen zu müssen, wurde bestärkt, als ihm Frankreichs Außenminister d'Aiguillon in einem Brief den Rat gab, nur ein »coup de force« könne Schweden vor Anarchie und davor bewahren, völlig unter russischen Einfluß zu geraten.

Am 29. Juni 1772 fand die feierliche Krönung Gustavs und seiner Frau in der *Storkyrka,* der Großen Kirche in der Stockholmer Altstadt nahe des Schlosses, statt. Um das Zeremoniell hatte er sich bis ins kleinste Detail selbst gekümmert. Aufführungen jedweder Art vor Publikum versetzten ihn zeitlebens in Entzücken. Er gab wie erwartet seine *kungaförsäkran* ab und versprach darin, die Verfassung von 1720 zu respektieren. In Wirklichkeit arbeitete er mit einigen wenigen Vertrauten längst an Plänen, deren Ziel es war, eben jene Verfassung und die politischen Verhältnisse, zu denen sie geführt hatte, abzuschaffen. Diesmal würde – diese Lehre hatte er aus der Krise von 1768 gezogen – zu handfesteren Mitteln gegriffen und Reichsrat wie Stände vor vollendete Tatsachen gestellt werden.

Zu Gustavs Helfern bei der Vorbereitung des Staatsstreiches gehörten neben Carl Fredrik Scheffer, mit dem er die Entwürfe für eine künftige Verfassung diskutierte, die von der uneingeschränkten Ständeherrschaft zu einem aufgeklärt-absolutistischen Königtum führen sollte, zwei Angehörige des politisch engagierten Offizierkorps. Jakob Magnus Sprengtporten war der mittlere von drei Brüdern, die alle eine bedeutende Rolle im Gustavianischen Schweden spielten. Der älteste, Johan Wilhelm, war einer der wichtigsten Diplomaten des Landes, der jüngste, Göran Magnus, sollte – wie noch zu berichten sein wird – in späteren Jahren eine negative Rolle in Gustavs Leben spielen. Jakob Magnus war im Siebenjährigen Krieg schwer verwundet worden und war Gustav aufgefallen, als er in seiner finnischen Heimat einen politischen Klub, *Svenska Botten* (Schwedens Basis), leitete, der sich besonders gegen die Einflußnahme fremder Mächte auf Schwedens innere Angelegenheiten wandte. Hüte wie Mützen verabscheute Sprengtporten gleichermaßen. Er befehligte ein

Gustav III. im Krönungsornat. Kupferstich von Jacob Gillberg.

Regiment, das als verläßlich angesehen werden konnte, und plante, in Absprache mit Gustav sich in Besitz der unweit des späteren Helsinki gelegenen Festung Sveaborg zu setzen, wo der größte Teil der schwedischen Streitkräfte konzentriert war, nahe der Grenze zum übermächtigen Nachbarn im Osten. Sprengtporten huldigte einem Royalismus, der nicht frei von Selbstsucht war. Der mißtrauische und wenig umgängliche Mann schien von einer Restauration der Königsherrschaft für sich und seine Brüder eine Reihe von Vorteilen zu erwarten.

Uneigennütziger scheinen die Motive des damals neunundzwanzigjährigen Offiziers Johan Christopher Toll gewesen zu sein, Kontakt zum Kreis um Gustav zu suchen. Die Pseudodemokratie der Reichsstände hatte in seinen Augen abgewirtschaftet, und der dynamischen Erscheinung des neuen Königs traute er es zu, an einer Veränderung der konstitutionellen Verhältnisse zu arbeiten. Er fand heraus, daß der bis dahin in Hofkreisen wenig hervorgetretene Sprengtporten plötzlich engen Kontakt zum König hielt, und sprach dessen jüngeren Bruder Göran unvermittelt auf eine Verschwörung an, an der Jacob Magnus ganz offensichtlich beteiligt war und zu deren Erfolg er, Toll, beizutragen gedenke. Die Sprengtportens, die Toll anfangs für einen Spion der Mützen hielten, schwankten zwischen zwei Optionen: Toll als gefährlichen Mitwisser aus dem Weg zu räumen oder mit ihm zu kooperieren. Sie entschieden sich für letzteres, wenngleich die Zusammenarbeit zwischen den unterschiedlichen Charakteren sich als schwierig erweisen sollte und Toll sich mit Jacob Sprengtporten beinahe duelliert hätte.

Während Sprengtporten das in Finnland stationierte Militär auf die Seite dessen bringen sollte, was Gustav und seine Vertrauten (und nach ihnen Teile der schwedischen Geschichtsschreibung) als Revolution – obwohl es sich eher um eine Restauration handelte – bezeichneten, richtete Toll sein Augenmerk auf Schwedens Süden, die andere von einem Feind bedrohte und damit durch militärische Anlagen notdürftig geschützte Region des Landes. Tolls Aufgabe innerhalb der royalistischen Verschwörung war es, die Offiziere auf der Festung Christianstad und in Schwedens wichtigstem Flottenstützpunkt Carlscrona den Treueid auf die Ständeherrschaft vergessen zu machen und zum Überlaufen auf die Seite des Königs zu bewegen. Mit Sprengtportens Streitkräften aus Finnland und denen aus Südschweden, über die Herzog

Carl, Gustavs Bruder, nach Tolls Vorbereitungen das Kommando übernehmen sollte, war der Marsch auf Stockholm und die Gefangensetzung des Reichsrates geplant.

Der königliche Revolutionsplan hatte zwei schwache Stellen. Zum einen war die Koordinierung zweier an weit voneinander entfernten Ecken des schwedischen Reiches geplanten Erhebungen mit den Kommunikationsmitteln des späten 18. Jahrhunderts reine Glücksache. Sowohl von Schwedens südlicher Provinz Skåne als auch von Finnland brauchte eine Depesche günstigstenfalls mehrere Tage, auf letzterer Route bei widrigen Winden auch mehr als eine Woche. Sich schnell und auch noch simultan auf veränderte Gegebenheiten einzustellen war in den beiden peripheren Provinzen nicht möglich. Zum anderen hatte der allzeit wache britische Geheimdienst Wind von dem Plan bekommen – zumindest von jenem Teil, der Sprengtportens Part betraf. Die Engländer hatten die Post des französischen Botschafters in Stockholm, Vergennes, die dieser nach Paris sandte, geöffnet und hatten nichts Eiligeres zu tun, als sie den Mützen zu übermitteln. Diese hielten Sprengtportens Anwesenheit bei Hofe für gefährlich und taten ihm den unglaublichen Gefallen, ihn nach Finnland abzukommandieren, ein Glück, das er kaum fassen konnte und in seinem angeborenen Mißtrauen für eine Falle hielt. Im übrigen beunruhigten den Reichsrat Sprengtportens Pläne mitnichten, hielt man doch die Festung Sveaborg für uneinnehmbar und das dortige, oft parteipolitisch selektierte Offizierskorps für immun gegen Sprengtportens pro-royalistische Einflüsterungen. Auch der preußischen und der russischen Regierung, den »Garantiemächten« der Verfassung von 1720, bereiteten die von England zugeleiteten Hinweise auf Sprengtportens Pläne keine schlaflosen Nächte – das Unternehmen wurde als völlig aussichtslos und geradezu tölpelhaft beurteilt.

Gustav beschäftigte sich unterdessen, unterstützt von Carl Fredrik Scheffer, im Kurort Loka mit den Plänen für eine konstitutionelle Umgestaltung. Scheffer und Vergennes bestärkten ihn darin, eine Verfassung mit einem fast allmächtigen König zu inaugurieren, von Sprengtporten hingegen war bekannt, daß er eine konstitutionelle Monarchie nach englischem Muster bevorzugte. Man kann über Gustavs Seelenzustand in dieser angespannten Zeit nur mutmaßen. Sicherlich war er nicht der durch und durch vom Erfolg seiner Sache überzeugte Draufgänger, als den ihn manche Autoren darstellen, die mit dem Wissen um den glücklichen Ausgang des Unternehmens ausgestattet sind, ein Ausgang, an dem Gustav im Innersten wohl doch immer wieder zweifelte. Überdies war er – und darin unterschied er sich gründlich von seinen Vorbildern, den *hjältekungar* – alles andere als eine Feldherrennatur. Militärisches war kaum – sicher auf Betreiben der Ständeregierung – Bestandteil seiner Erziehung gewesen. Seine Freude an kriegerischen Auseinandersetzungen beschränkte sich auf jene, über die er in den Geschichtsbüchern nachlesen konnte. Was er vermutlich in diesen Wochen der Vorbereitung des Coups am meisten befürchtete, war Blutvergießen. Gewalt jeder Art war dem feinsinnigen Gustav ein Greuel. Auch hier sollte er während seines ganzen Lebens ein Schauspieler bleiben: Er trat oft martialisch und entschlossen auf, doch nur ein einziges Mal, gegen Ende seiner Regierungszeit, wurde aus dem Spiel Ernst. Seine Ziele mit der Theatralik eines Dramaturgen zu erreichen, war ihm bei weitem lieber als Kanonendonner und wirkliches »Heldendasein«. Es paßt in dieses Bild eines nach außen entschlossen und kämpferisch wirkenden, in Wahrheit jedoch fast zarten Menschen, daß er im Gegensatz zu den meisten gekrönten Häuptern seiner Zeit die Jagd geradezu verabscheute.

Beinah hätte Gustav selbst zum Scheitern des Planes beigetragen. Auf der Rückreise von Loka animierte ihn das warme Sommerwetter, ein Bad in einer der Buchten des Mälarsees zu nehmen. Auf der Weiterfahrt merkte er plötzlich, daß ein Memorandum, in dem er Einzelheiten des geplanten Coups festgehalten hatte, aus seiner Rocktasche verschwunden war. Zum Ort des Bades zurückgekehrt, fand er die Papiere zu seiner großen Erleichterung im Schilf flatternd.

Als sich die Verschwörer an ihre Einsatzorte begeben hatten, konnte Gustav nur noch mit Herzog Carl kommunizieren, ohne Aufsehen zu erregen. Mitte August teilte der Theaterenthusiast seinem Bruder mit, daß ungünstige Winde verhindert hätten, von »dem Sie wissen schon« Botschaft zu erhalten, er aber optimistisch sei, daß die »Oper« jetzt begonnen habe: »Ich hoffe mit ganzer Seele, daß Eure Akteure nicht ungeduldiger waren, die Szene zu eröffnen, als meine. Ich rechne damit, daß Euer Theater am Dienstag oder Mittwoch öffnet, denn wenn es am zwölften gemäß der ursprünglichen Ankündigung aufgemacht haben sollte, kommen wir hier in große Schwierigkeiten, aber selbst in so einem Fall ist die Partie sicher, und wir haben gute Möglichkeiten. Laßt das Spiel am Dienstag, dem Neunzehnten dieses Monats, beginnen, mein lieber Bruder; ich versichere Euch, daß wir mit aller Kraft applaudieren werden.«

Den Vorhang zu dem großen Schauspiel, das der *frihetstid* ein endgültiges Ende setzen sollte, hatte Toll in Skåne gehoben. Ohne Begleitung und mit nur geringen finanziellen Mitteln ausgestattet, machte er sich daran, die Stärke der Festungen und die ihrer Kommandanten auszuspionieren. Um beide war es nicht zum Besten bestellt, seien doch die Offiziere »vom Geist unüberwindlicher Langeweile durchdrungen«, wie er seinem Herrscher berichtete. In Christiansstad gelang es ihm bei einem Gelage, den Kommandanten Hellichius von der Notwendigkeit einer Erhebung gegen die Allgewalt der Stände, die Schwedens Souveränität gefährdet habe, zu überzeugen. Die meisten Offiziere schlossen sich an, die wenigen Regierungstreuen wurden verhaftet. Toll konnte sich nicht nur in Besitz der Festung, sondern auch der Kriegskasse setzen und hatte damit die Mittel, um pekuniär nachzuhelfen, wo Überzeugungsarbeit und der übliche Hinweis darauf, daß der König in Gefahr sei, nicht ausreichten.

Dieser Coup in Südschweden lag genau im Zeitplan der Verschwörer und kam keinen Tag zu früh. Die Stände hatten nämlich einen der führenden Politiker der Mützen, Oberstatthalter Rudbeck, auf eine Inspektionsreise nach Christiansstad geschickt, um dort zu erkunden, ob sich in der Festung etwas zusammenbraue. Kurz vor Christiansstad wurde die Kutsche Rudbecks abrupt gestoppt, der Ständepolitiker blickte in eine Reihe blitzender Bajonette. Toll erzählte später in seinen Memoiren, daß Rudbeck, auf seinen hohen Rang verweisend, den kommandierenden Offizier fragte, warum ihm die Einfahrt verweigert wurde, und ein »Ich weiß nicht« zur Antwort erhielt. Gäbe es eine feindliche Invasion? »Ich weiß nicht.« Wer hat hier das Kommando? »Ich weiß nicht.« Rudbeck fragte nach dem Namen des Offiziers. »Ich weiß nicht.« Schließlich verlor der Politiker die Geduld und brüllte: »Mann, sind Sie verrückt?« »Ich weiß nicht.« Nur einen einzigen aussagefähigeren Satz hörte Rudbeck, ein Deutsch gesprochenes »Hier kommt keiner durch, und wenn es auch der Teufel wäre!« Toll hatte Angehörige einer Einheit aus Schwedisch-Pommern mit der Bewachung der Zufahrt nach Christiansstad vertraut, wohl wissend, daß die Argumentationskünste Rudbecks bei den der schwedischen Sprache nicht mächtigen Soldaten vergebens waren.

Rudbeck kehrte am 16. August nach Stockholm zurück und berichtete dem Reichsrat über die Revolte im Süden. Stimmen, den König zu verhaften, wurden laut. Die Räte nahmen jedoch davon Abstand, gab es doch keine sicheren Beweise für eine Verwicklung Gustavs in die Ereignisse. Zwei Tage darauf traf eine Nachricht in der Hauptstadt ein, die bei der Regierung wie eine Bombe einschlug: Der so offenkundig wahnwitzige Plan Sprengtportens war gelungen. Er hatte sich, ohne auf größeren Widerstand zu treffen, in den Besitz der Festung Sveaborg gebracht. In Finnland wie in Skåne war kein einziger Tropfen Blut vergossen worden.

Nun geriet Gustav in eine Zwangslage. Die Mützen mochten nicht länger glauben, daß Revolten in zwei ganz unterschiedlichen und recht weit voneinander entfernten Teilen des Königreiches unkoordiniert und ohne Gustavs Wissen hatten inszeniert werden können. Man erwog nun ernsthaft, den König festzunehmen. Hilfe konnte Gustav weder von Sprengtporten noch von Toll und Herzog Carl, der das Oberkommando im Süden übernommen hatte, erwarten. Die beiden nun royalistisch zu nennenden Verbände brauchten noch mehrere Tage bis zum Eintreffen in der Hauptstadt. Er mußte selbst die Initiative ergreifen, und er tat es ohne Zögern. Er traf sich noch einmal mit Vergennes, dankte ihm für die Unterstützung Frankreichs und erklärte, er werde sich der Freundschaft König Ludwigs würdig erweisen, selbst wenn er den Tod bei dem Unternehmen fände. Dann lieferte er wieder einmal seiner Umgebung eine Probe seiner Schauspielkunst, doch diesmal wurde es von seinen Gegnern nicht länger als Marotte belächelt, sondern als Durchtriebenheit verdammt. Am Abend des 18. August gab es wieder einmal einen großen Ball. Der König zeigte nicht die mindeste Spur von Aufgeregtheit, war charmanter denn je. Dieser Mann verschwendete ganz offensichtlich keinen Gedanken an Politik, geschweige denn an Revolution! Er wußte seine Gesprächspartner mit geistreichen Bemerkungen zu verzaubern und führte seine Gäste als Höhepunkt zu einer Aufführung. Wieder einmal stand an einem entscheidenden Wendepunkt im Leben Gustavs eine Oper auf dem Programm. Doch diese war etwas Besonderes: Sie wurde in Schwedisch gesungen. Es war mehr als ein Zufall – auch der Kurs des Landes sollte nach Gustavs Willen vom morgigen Tag an wieder von schwedischen Interessen und nicht länger von ausländischen Bestechungsgeldern bestimmt werden.

Am Morgen des 19. August 1772 stand Gustav gegen sechs Uhr auf, legte vor dem Hofprediger Wrangel die Beichte ab und machte sich ans Werk. Er bestieg sein Pferd und besuchte verschiedene Garnisonen in der Hauptstadt, inspizierte die Truppen und bat die Offiziere und einige Unteroffiziere, ihm ins Schloß zu folgen. Dort, im Rapportsaal des Wachflügels, begann er eine Ansprache an die Offiziere. Hier verließ ihn zunächst der Mut. Er wurde nervös, brachte nur einige unzusammenhängende Sätze heraus und sah in die undurchdringlichen Mienen der Männer. Doch wie sich zeigte, konnte Gustav, wenn Gefahr drohte, über sich hinauswachsen. Er faßte sich und legte seinen Zuhörern die Bedrängnis dar, in der sich das Land befand. In dieser Notlage, so sagte er, wende er sich an seine getreue Leibwache. Er verabscheue Despotismus, doch ohne eine Änderung des Regierungssystemes würde Schweden untergehen. Wären sie bereit, fragte er die Männer, in dieser Notlage ihm so zu folgen, wie ihre Vorfahren Gustav Vasa und Gustav Adolf gefolgt seien. Ein Leutnant,

Gustav und eine Handvoll auf ihn eingeschworene Soldaten auf dem Weg zum Staatsstreich. Gemälde von Per Hilleström.

Baron Liewen, rief: »Wir wagen Leib und Blut im Dienst Eurer Majestät!« Darauf brachen alle anderen in ein begeistertes »Ja!« aus. Ein einziger, Hauptmann Cederström, erklärte, er könne seinen Eid auf die Stände nicht brechen, und übergab Gustav seinen Degen mit dem Versprechen, den Wachraum nicht zu verlassen. Gustav hatte die erste Runde seiner Revolution gewonnen.

Darauf hielt Gustav eine kurze Ansprache, in der er ankündigte, die »uralte schwedische Freiheit« wiederherstellen zu wollen, und ließ die Versammelten einen Treueid auf ihn ablegen. Auch der Rest der Revolution glich eher einer Operette denn einer Tragödie. Der Rat tagte gerade, um über Maßnahmen gegen Gustav zu beraten, als einer der Herren beim Blick auf die aufmarschierende Garde süffisant-resignierend erklärte, Seine Majestät sei gerade im Begriff, ihnen allen die Mühe weiterer Erörterungen zu ersparen. Die meisten Ratsmitglieder ergaben sich in ihr Schicksal, vorübergehend von den royalistischen Truppen festgehalten zu werden. Zu Gewaltanwendung kam es auch hier nicht.

Nach diesem gleichermaßen schnellen wie unblutigen Außerkraftsetzen der bisherigen Staatsgewalt bestieg Gustav sein Pferd und ritt, wie seine Anhänger mit einer weißen Armbinde gekennzeichnet, durch die Straßen Stockholms. Gerüchte über das Vorgefallene hatten bereits in der Bevölkerung die Runde gemacht. Der Ritt wurde zu einer eindrucksvollen Demonstration. Überall jubelten ihm die Menschen zu, auch Parteigänger des alten Systems wie Bürgermeister Ekman legten unverzüglich die weiße Armbinde an. Was als Rebellion geplant war, endete in einem Volksfest. Die Kosten der *fête,* 300 000 Livres, trug Frankreich. Keine Hand rührte sich zur Verteidigung der Ständeherrschaft, deren politische Klasse längst den Kontakt zum Volk verloren hatte, das in Gustav eine neue Lichtgestalt erblickte. Die Epoche der Freiheitszeit ging weder mit einem Knall noch mit einem Wimmern zu Ende. In ihrer Endphase ungeliebt, zerplatzte sie lautlos wie eine Seifenblase.

Zu jenen, die den Umsturz enthusiastisch begrüßten, gehörte auch Bellman, der seiner Sympathie für den jungen Monarchen bereits in mehreren poetischen Huldigungen Ausdruck verliehen hatte. Eine von ihm verfaßte Ode – wie bei vielen seiner Stücke schrieb er den Text zu einer bereits existierenden Melodie – wurde zur Hymne der unblutigen Revolution. Der Kommandeur der Stockholmer Marinebasis, Admiral Tersmeden, erinnerte sich in seinen Memoiren, daß die Offiziere und Mannschaften von Gardekorps und Flotte auf der Insel Blasieholmen Bellmans *Gustafs skål, den bäste kung, som jorden äger* (auf Gustavs Wohl, den besten König, den die Welt besitzt) an diesem Morgen sangen und das Stück sofort intonierten, als Gustav bei seinem Triumphzug bei den Soldaten eintraf. Als Tersmeden am folgenden Tag ins Schloß kam, fragte ihn der König nach dem Schöpfer des Liedes. »Allergnädigster Herr«, antwortete Tersmeden, »der bekannteste Poet der Stadt, Bellman.« Der Admiral mußte der anwesenden Hofgesellschaft den Text von *Gustafs skål* in die Notizbücher diktieren und beobachtete, daß »als Seine Majestät um 12 Uhr die Treppe am Schloßplatz herabstieg, die Gardekapelle sofort *Gustafs skål* spielte. Wir konnten alle sehen, wie sehr es dem König schmeichelte.«

Gustav war erstmals auf diesen Dichter, der sowenig mit der offiziellen Hofkultur gemein zu haben schien, aufmerksam geworden. Man vermutete, daß er sich dem fast ständig in Geldnot schwebenden Bellman umgehend erkenntlich zeigte. Die Göteborger Zeitung *Hwad Nytt? Hwad Nytt?* mutmaßte am 5. November: »Der bekannte Bellman soll nun, wie verlautet, eine behagliche Pension erhalten haben.«

Nachdem Gustav an jenem 19. August auch in den südlichen Stadtteilen und im Hafen von einer Welle der Begeisterung empfangen wurde, kehrte er zum Schloß zurück und bestellte die ausländischen Botschafter zu sich. Er versicherte den Diplomaten, daß die Ereignisse des Tages keine Auswirkungen auf Schwedens freundschaftliche Gefühle gegenüber einem jeden von ihnen hätten, und bot ihnen an, wegen der aufrüttelnden Ereignisse zur eigenen Sicherheit bei ihm im Schloß zu wohnen. Der zweite Sieger dieses Tages, Frankreichs Botschafter Vergennes, beobachtete mit Befriedigung, wie sich »Verzweifelung und Schmerz in ihren Gesichtern widerspiegelten«, besonders in jenen der Diplomaten aus Dänemark, Preußen und Rußland.

Nur einer versuchte dem Staatsstreich Gustavs Widerstand entgegenzusetzen: Gustavs alter Kontrahent Pechlin. Er war aus der Hauptstadt entkommen und hatte auch den Bemühungen eines ihm nachgesandten Offiziers, ihn zu verhaften, erfolgreich widerstanden. Seine Hoffnungen setzte der alte General darauf, die Festung Jönköping zu erreichen und mit den dort stationierten Truppen den Kampf gegen die royalistische Insurrektion aufzunehmen. Die Nachricht vom erfolgreichen Coup war jedoch schneller als er. Pechlin wurde festgenommen und vor Gericht gestellt. Einmal mehr hatte der gerissene Taktiker dafür gesorgt, daß sich kein Beweismaterial fand, das gegen ihn hätte Verwendung finden können. Gustav begnadigte ihn schließlich im Januar 1773 – bei der Behandlung seiner Feinde zeigte der König einen Sanftmut, der ihm im Falle Pechlins teuer zu stehen kommen sollte. Anpassungsfähig wie er war, legte Pechlin den Eid auf die neue Verfassung ab und beschloß zu warten, bis seine Zeit gekommen war.

Drei Tage nach dem Coup versammelten sich die Reichsstände im *rikssal* des Schlosses. Vor dem Schloß standen Soldaten in dichten Reihen, eine Reihe geladener Kanonen verdeutlichten den Repräsentanten des alten Systems überdies, daß Widerspruch in Schweden nicht länger eine Tugend war. »Das Wetter war so vorteilhaft«, erinnerte sich ein Beobachter, »daß man den Geruch der Lunten im Saal noch gut riechen konnte.« Ein Ratsmitglied formulierte spitzfindig, daß es das »canonische« Recht sei, das auf seiten des Herrschers stand. Gustav verlas die Grundzüge seines Verfassungsentwurfes und begründete den Staatsstreich mit der Notlage, in der das Land sich befunden habe. Er bezeichnete einen »aristokratischen Despotismus« als Wurzel allen Übels in den letzten Jahren der Freiheitszeit, was nicht ganz wörtlich genommen werden durfte: Die letzte Mützenregierung stützte sich überwiegend auf die Vertreter der *ofrälse* auf dem Reichstag, während es fast ausschließlich Angehörige des ersten Standes waren, die den König bei seinem Coup d'Etat unterstützt hatten. In diesem negativen Sinn verstand er die führenden Parteipolitiker und korrupte, von diesen abhängige Beamte als »aristokratische Despoten«.

Die neue Verfassung sah auf dem Papier eine Gewaltenteilung zwischen Krone und Reichsständen vor. Der Rat und alle anderen Gremien waren ausschließlich dem König Rechenschaft schuldig und konnten diesen beraten, aber nicht eigenständig entscheiden. Die Außenpolitik wurde zur Sache des Königs erklärt, allerdings bedurften Kriegserklärungen wie Friedens- und Allianzabschlüsse der Zustimmung der Stände. Manche der Rechte des Reichsrates standen lediglich auf dem Papier wie das Vorschlagsrecht bei der Besetzung höherer Ämter. Diese wurden ebenso wie vakant gewordene Bischofssitze überwiegend von Gustav nach eigenem Gutdünken besetzt. Voraussetzung zur Beförderung im Staatsdienst sollten zwar *skicklighet och erfarenhet* (Können und Erfahrung) sein, angeblich ohne Rücksicht auf eine hohe Geburt, doch von einem konstitutionellen Gleichheitsprinzip konnte keine Rede sein, wie der Zusatz bewies, daß sich bei Angehörigen des ersten Standes ja ohnehin kein Mangel an Talent finde.

Den Ständen oblag das Bewilligungsrecht für den Staatshaushalt. Allerdings ließ die Verfassung auch hier dem königlichen

Absolutismus eine Hintertür offen: Hatte der Reichstag nicht binnen dreier Monate über Besteuerung und Staatshaushalt entschieden, konnte Gustav die Stände nach Hause schicken, und der alte Haushalt behielt fortgesetzt seine Gültigkeit. Gustav berief sich bei der konstitutionellen Reform – oder sollte man eher sagen, Reaktion? – immer wieder auf die seiner Einschätzung nach gute, alte Zeit vor 1680. Alle seither in Kraft getretenen Verfassungsänderungen wurden für ungültig erklärt. Damit war durch die Abschaffung der 1762 beschlossenen Klausel, die eine Nobilitierung Bürgerlicher verbot, auch wieder der Aufstieg aus einer der unteren Klassen in den ersten Stand durch königliches Dekret möglich. Gustav machte hiervon umgehend Gebrauch und sprach rund einhundert Ernennungen in den Adelsstand aus, in einigen Fällen zur Belohnung für die Unterstützung während des Staatsstreiches. Für ein Parteiwesen in seiner bisherigen Form, als sinnfälligstes Symbol dessen, was an der Freiheitszeit schlecht war, gab es in der Verfassung von 1772 keinen Platz mehr.

Gustav verlas seinen Verfassungsentwurf mit feierlicher Stimme, mit der Krone auf dem Haupt und dem Szepter in der Hand. Es war die Rolle, von der er ein Leben lang geträumt hatte: endlich König zu sein, uneingeschränkter König wie seine Vorgänger in besseren Zeiten. Die Verfassung, die erste schriftliche in einem Zeitalter revolutionären Umbruchs, hätte bei einer schwachen Gestalt auf dem Thron den Ständen genügend Raum gelassen, einiges von ihrer so plötzlich verlorengegangenen Macht in der Routine alltäglicher politischer Arbeit zurückzugewinnen. Einer starken Persönlichkeit jedoch ließ sie genügend Freiraum, den Staat nach ihren Vorstellungen zu leiten – und Gustav sollte sich schnell als ein entschlossener Herrscher erweisen. Die Verfassung des neuen Schweden wurde, wie unter diesen Umständen kaum anders zu erwarten, ohne Gegenstimmen von den Reichsständen bestätigt. Der Herold, der die Formel »Es lebe König Gustav! Er ist König aller Schweden und Goten und niemand anders!« ausrufen sollte, war in Anbetracht der ungewöhnlichen Umstände etwas nervös und rief, verkürzend und den Sinn entstellend: »Es lebe König Gustav, er und niemand anders!« Das wäre, so wandte

Gustav schlagfertig ein, doch etwas übertrieben, dann habe er ja niemanden, den er regieren könne. Wann die Reichsstände wieder einzuberufen waren, entschied von nun an allein der König, der die Volksvertreter mit der Ankündigung, daß es in sechs Jahren wieder soweit sei und daß er dann Rechenschaft über die bis dahin sanierte Wirtschaft des Landes ablegen werde, huldvoll nach Hause schickte. Die bei dem Coup festgenommenen Angehörigen des Reichsrates durften nach zwei Tagen als »Gäste« des Königs ebenfalls wieder ohne weitere Behelligungen zurück zu ihren Familien. Die nun auch offiziell abgesegnete Verfassung bildete, wie die Historikerin Beth Hennings feststellte, die Voraussetzung für eine dynamische Entwicklung im Kulturleben und in anderen Bereichen der Gesellschaft, die ihren Ausgangspunkt in der Gestalt eines geistreichen Königs hatte. Sie ebnete auch den Weg für eine Phase sozialer Reformen, wie sie das skandinavische Land noch nicht erlebt hatte.

Gustav wurde ein arbeitender König. Selbst bei Ausflügen nach Gripsholm und anderen Lustschlössern gehörten Akten und Memoranden zu seinem Gepäck, ein Vierzehnstundentag war für den König nichts Ungewöhnliches. »Dieser König«, so beobachtete Bischof Wallquist, »liebt es zu regieren. Ein geistreicher Kopf auf einem Thron ist niemals ohne dieses Verlangen.« Neben dem persönlichen Einsatz hatte Gustav eine glückliche Hand in der Wahl seiner engsten Mitarbeiter, jener Männer, die zu den Katalysatoren der Reformepoche zählten.

Die erste Gesetzesinitiative Gustavs, nur sechs Tage nach der Zerschlagung des alten Systems, war eine seiner ehrenhaftesten Handlungen. Folter, oft auch beschönigend »peinliche Befragung« genannt, würde aus dem schwedischen Rechtssystem für alle Zeiten verschwinden. Die Folterkammer im Rathauskeller wurde geschlossen, Gustav zeigte sich der Verwandtschaft mit seinem preußischen Onkel würdig, der die Abschaffung der Tortur ebenfalls bald nach Regierungsantritt im Jahre 1740 verordnet hatte. Allein die Anwendung dieser Methode spricht Bände über das humanitäre Bewußtsein der politischen Klasse in der Zeit der Ständeherrschaft und führt den Terminus Freiheitszeit ad absurdum.

Auch eine weitere Reform war ganz im Geiste des preußischen Onkels. Wie Friedrich war Gustav kein übermäßig frommer Mensch, wenngleich er in Phasen großer Anspannung (wie am Morgen des Staatsstreiches) gern geistigen Beistand suchte. Er teilte vollständig des Oheims Maxime, daß ein jeder nach seiner Fasson selig werden solle. Unter Gustavs Herrschaft wurde im streng lutherischen Schweden die bislang weitreichendste, wenngleich alles andere als vollständige Religionsfreiheit eingeführt. Jeder konnte in Schweden seinen Glauben ausüben, solange er nicht versuchte, lutherische Schweden zum Übertritt in eine andere Religionsgemeinschaft zu bekehren. Für schwedische Untertanen nämlich, die dem Glauben abtrünnig wurden, für dessen Freiheit – so die offizielle Lesart – der verehrte Ahnherr Gustav Adolf bei Lützen sein Leben gelassen hatte, galt nach wie vor die Strafe der Landesverweisung. Die Religionsausübung des einstigen Erzfeindes, des Katholizismus, wurde auf eine rechtliche Basis gestellt, was Gustav zehn Jahre später beim Besuch Roms einen freundlichen Empfang durch den Papst einbrachte. Zum ersten Mal wurde darüber hinaus Menschen jüdischen Glaubens in Schweden eine Heimstatt mit verbrieftem Recht auf freie Ausübung ihres Glaubens gegeben. Auch hier jedoch gab es Grenzen der Freizügigkeit. Die jüdischen Gemeinden, die nun auch Synagogen bauen durften, mußten sich auf Stockholm, Göteborg und Norrköping beschränken.

Bald nach der Abschaffung der Folter kamen weitere rechtliche Reformen hinzu. Für eine Reihe von Vergehen wurde die Todesstrafe aufgehoben, so unter anderem für unabsichtliche Kindstötung und für *dubbelt hor,* die sexuelle Beziehung zwischen zwei jeweils mit anderen Partnern verheirateten Untertanen. Auch *trolldom,* Zauberei und Hexerei, der in Schweden wie in fast allen Regionen Europas im Laufe der Jahrhunderte unzählige Unschuldige zum Opfer gefallen waren, wurde nun, ganz im Geiste eines aufgeklärten Zeitalters, aus dem Strafrechtskatalog gestrichen.

Unter den verschiedenen Reformen des Verwaltungsapparates stellte die Pensionierung der Beamten bei Erreichen des siebzigsten Lebensjahres eine Veränderung dar, die der Effektivität des

Staatsapparates wohltat – bis dahin mußten die Beamten auf ihrem Posten ausharren, bis der Tod sie abberief. Gewinnbringend, nicht nur für die Verwaltung, sondern auch für das Wirtschaftsleben, war die Abschaffung einiger der Feiertage, an denen der schwedische Kalender so reich war. So merkten die Schweden schnell, daß man gut ohne die dritten und vierten Oster- und Weihnachtstage auskommen konnte.

Der wirtschaftliche Sektor war derjenige, auf dem ein Kurswechsel am dringlichsten war. Hier war – wieder einmal – das Glück auf Gustavs Seite. Nachdem in den beiden letzten Jahren Mißernten zu katastrophalen Hungersnöten geführt hatten, schien die Ernte des Jahres 1772 für alles entschädigen zu wollen, was abergläubischen Zeitgenossen als ein Zeichen von oben erschien, daß das Wirken des neuen Herrschers mit allerhöchstem Segen geschehe. Es bedurfte aber mehr als günstiger Witterungsbedingungen um die wirtschaftlichen Verhältnisse des Landes auf eine gesunde Grundlage zu stellen. Gustavs Regierung bemühte sich durch eine rege Bautätigkeit, die Infrastruktur des weitgehend agrarisch geprägten Landes zu verbessern. Kanäle und Hospitäler, Werften und Manufakturen wurden in seiner Regierungszeit gegründet. Der entscheidende Schritt für stabile wirtschaftliche Verhältnisse war jedoch eine Reform der völlig chaotischen Währung.

Gustav hatte mehrmals in seinem Leben das Glück, auf herausragende Persönlichkeiten bei der Realisierung seiner Pläne zurückgreifen zu können. Einer von ihnen war Johan Westerman, der nach seiner Erhebung in den Adelsstand den Nachnamen Liljencrantz führte. Im Jahr 1730 in Gävle geboren, machte er eine Karriere im Verwaltungswesen. Gustav erkannte schnell die außerordentlichen Fähigkeiten dieses Finanzfachmannes und ernannte ihn zum Sekretär der *Handels- och Finansexpedition,* machte ihn also faktisch zum Finanz- und Wirtschaftsminister Schwedens. Liljencrantz enttäuschte ihn nicht. Bereits ein Jahr nach seiner Ernennung war sein Plan zur Münzreform fertig, der sich entgegen allen Unkenrufen anderer Fachleute als praktikabel erwies. Kernpunkt der Reform war die Abschaffung der seit über vierzig Jahren von der Reichsbank herausgegebenen und immer wertloser gewordenen Banknoten. Am 1. Januar 1777 trat die Reform in Kraft. Die Staatsbank nahm alle Banknoten zurück und wechselte sie zum halben Nominalwert gegen Silbermünzen ein. Silber wurde die Grundlage des neugeschaffenen Münzsystemes, das endlich zu einer einheitlichen Währung führte. Die alte und oft verwirrende Unterscheidung, ob man seine Rechnung in *dalar kopparmynt* (auf Kupfergrundlage) oder *dalar silvermynt* zahlte, gehörte der Vergangenheit an. Es gab nur noch den *riksdaler,* und auch dessen Untereinheiten wurden neu definiert: Statt der bislang gebräuchlichen Öre bestand der neue Reichstaler aus 48 Schillingen und jeder Schilling wiederum aus 12 *runstycken,* der kleinsten Münzeinheit. Unterstützt wurde das Gelingen der Reform durch die gute Konjunktur, die in weiten Teilen Europas in den 1770er Jahren vorherrschte, und durch zwei große Kredite bei Amsterdamer Bankhäusern. Daß diese für das Unternehmen zur Verfügung gestellt wurden, spricht für ein gewisses Vertrauen, das Gustavs Regierung schon nach wenigen Jahren in der europäischen Wirtschaftswelt (wenn auch nicht an allen Höfen) genoß.

Ähnlich Liljencrantz konnte Gustav einen Staatsmann von Rang auch für den Posten seines wichtigsten politischen Beraters gewinnen, der das in normalen Zeiten einem Regierungschef entsprechende Amt des Kanzleipräsidenten übernahm. Ulrik Scheffer, der Sohn von Gustavs altem Mentor Carl Fredrik Scheffer, war ein Verwaltungsfachmann von hohen Gnaden und wurde in den nächsten zehn Jahren Gustavs unersetzliche Stütze.

Die Machthaber von einst, vornehmlich jene Adelsfamilien, die in der Freiheitszeit tonangebend gewesen waren, hielten still. Zu überraschend war der Umsturz gekommen, als daß man Pläne für Widerstand oder gar eine Gegenrevolution gehabt hätte. Außerdem war die Volksstimmung so unzweideutig auf seiten des jungen Monarchen, daß es ratsam schien, zunächst abzuwarten und gute Miene aufzusetzen. Da Gustav immer wieder betonte, daß er den Adel als »seinen« Stand ansähe, stand ohnehin zu hoffen, daß sich früher oder später wieder Einflußmöglichkeiten ergeben würden.

Ohne offen feindselig zu wirken, hielten die vornehmsten Familien des Landes doch eine gewisse Distanz zu Gustav. Dies galt vor allem für die Fersens, die sich als erstes Haus Schwedens ansahen, dem Herrschergeschlecht der »zugereisten« Holstein-Gottorper, dem Gustavs Vater entstammte, mindestens gleichwertig. Mindestens.

Axel von Fersen (der Ältere), der Grandseigneur schwedischer Innenpolitik der letzten drei Jahrzehnte, hielt dem wesentlich jüngeren König gegenüber die Miene eines gutwilligen *elder statesman* bei, ohne sich je zu unangemessener Vertraulichkeit hinreißen zu lassen, die Gustav für sein Ego vermutlich gut hätte gebrauchen können. Ganz im Gegenteil, schon bald sollte sich die Gelegenheit ergeben, dem Königshaus die Grenzen der konstitutionell verbürgten Macht aufzuzeigen und Gustav daran zu erinnern, wer die Fersens waren. Des Monarchen Allgewalt endete nämlich buchstäblich an der Türschwelle der umfangreichen, über ganz Schweden und Finnland verstreuten Güter der Fersens.

Gustav hatte sich mit Fersens Sohn angefreundet, Axel von Fersen dem Jüngeren, der ihm ein Vertrauter besonders in außenpolitischen Angelegenheiten wurde und später während der Französischen Revolution eine (fast) entscheidende Rolle spielen sollte. Die Beziehungen zwischen dem Königshaus und den Fersens hätten jedoch nach dem Geschmack von Gustavs jüngstem Bruder Fredrik noch intensiver sein können. Jener hatte sich nämlich bis über beide Ohren in Fersens Tochter Sophie verliebt. Ein Fürst aus regierendem Hause, dazu, angesichts noch kinderloser älterer Brüder (Gustav und Carl), die Nummer Zwei in der Thronfolge – in jedem anderen europäischen Land wäre die führende Adelsfamilie hoch geehrt gewesen, wäre ein solcher Bewerber um die Hand der Tochter aufgetreten. In Schweden und ganz besonders bei den Fersens sah man dies etwas anders.

Fredrik war, nach allen Beschreibungen von Augenzeugen, ein außerordentlich hübscher, wohlgewachsener junger Mann. Er hatte die gleichen träumerischen dunklen Augen wie Gustav und war in Gegensatz zu jenem, der leicht gekrümmt ging und fast humpelte, von sportlicher Erscheinung. Das reichte aus, um später unzählige Schauspielerinnen und Tänzerinnen zu verzücken, für Sophie Fersen jedoch war Äußerliches allein noch lange kein Grund, schwach zu werden. Die junge Frau mit dem bissigen Humor hatte schnell bemerkt, daß sich unter Fredriks sorgsam gepudertem Haarschopf wenig Beeindruckendes verborgen hielt, er von sehr bescheidener Intelligenz war. Sie stellte sich somit gegenüber seinen Annäherungsversuchen bei öffentlichen Begegnungen taub.

Fredrik trieb die Erfolglosigkeit seiner Bemühungen zur Raserei, so daß er auf einen Ausweg verfiel, der für ein Mitglied des Herrscherhauses so wenig *comme il faut* war, daß sich daran allein schon seine Dummheit bemerkbar machte. Er schrieb Sophie einen schmachtenden Brief, eine Bloßstellung seiner Gefühle und seiner schwachen Position, die, wäre der Inhalt bekannt geworden, zu herzhaftem Gelächter innerhalb der schwedischen Aristokratie geführt hätte. Doch er hatte noch Glück im Unglück. Der von einem Boten ins Fersensche Palais überbrachte Brief kam umgehend zurück. Auf dem – ungeöffneten – Couvert fand sich die handschriftliche Notiz Axel von Fersens, daß seine Tochter keine Post von Herren entgegennähme, er, der Vater, aber gern zu einer Antwort bereit wäre, würde man an ihn adressieren.

Der frustrierte Jüngling beschloß nun, an allerhöchster Stelle Hilfe zu suchen, und zog seinen Bruder in die Angelegenheit hinein, die zu einer Blamage für das Herrscherhaus werden konnte. Der Stoff hätte aus Gustavs Feder stammen und den Entwurf für eine Komödie abgeben können, wäre nicht die Rolle der Deppen dem königlichen Brüderpaar vorbehalten gewesen. Gustav war nämlich so unrealistisch, sich für seinen Bruder eine Chance bei Sophie Fersen auszurechnen, und hielt sein, des Königs Wort für das entscheidende Mittel, den Widerstand der Zögernden zu brechen. Der Verbindung wäre er aus politischen Gründen nicht abgeneigt gewesen, hätte es doch zu einer engen Allianz zwischen seinem und dem Haus des einflußreichsten Politikers der Freiheitszeit geführt. Fersen wäre damit an den Thron gekettet worden. Aus genau jenem Grund konnte Fersen diese Verbindung nicht gutheißen, selbst wenn Sophie für den jungen Mann nur irgend etwas übrig gehabt hätte.

Gustav jedenfalls ließ sich breitschlagen, Fredrik auf dem Weg zum vermeintlichen künftigen Schwiegervater zu begleiten und sein königliches Gewicht in die Waagschale zu werfen. Die Fersens bekamen Wind von dem kaum erwünschten Besuch und verließen rechtzeitig ihr Stadtpalais. Gustav und Fredrik mußten sich – der Demütigung erster Akt – mit kleinem Gefolge auf den Weg zum Fersenschen Gut Mälsker machen. Auf schweißnassen Pferden kamen der König und sein Bruder an. Der Empfang durch Fersen war von ausgesuchter Höflichkeit. Er und der König machten es sich im Garten bequem, nahmen Tee und leichtes Gebäck zu sich und plauderten über aktuelle tagespolitische Fragen, während Fredrik mit Sophie einen Rundgang machte. Nachdem König und oberster Untertan, wie in Gesprächen unter Politikern üblich, weitgehende Übereinstimmung konstatiert hatten, brachte Gustav – geschickt, wie er vermeinte – das Thema Fredrik und Sophie zur Sprache. Fersen spielte den völlig Überraschten und erklärte treuherzig, natürlich wäre es für die Familie die allergrößte Ehre, wenn ein Prinz von königlichem Geblüt bei den Fersens einheirate – wohlgemerkt, nicht umgekehrt. Fortschrittlicher Vater, der er war, wolle er sich jedoch nicht in die Herzensangelegenheiten seiner Tochter einmischen. Sie selbst müsse entscheiden, wer ihr Auserwählter werden solle.

Diese Auskunft befriedigte Gustav hochgradig, das Spiel schien ihm gewonnen, der Parforceritt nach Mälsker hatte sich doch noch gelohnt. Daß irgendeine junge Dame in Schweden ihn nicht als Schwager haben wollte, schien ihm undenkbar. Sein Optimismus erstarb, als Fredrik auftauchte, zitternd, den Schweiß auf der Stirn stehend und noch ein wenig unbegabter wirkend als sonst. Seine Plauderei mit Sophie war eine einzige Abfuhr geworden. Wann immer er zärtlich werden wollte, in Worten oder Gesten, wurde sie kalt, an Händchenhalten, Küssen oder gar an das Betasten ihres verführerischen Körpers war nicht zu denken. Da sehen Sie es, Majestät, gab der Senior mit scheinbar betrübter Miene dem verduzten König zu verstehen, diese jungen

Leute haben eben ihren eigenen Kopf. Da könne man nichts machen.

In dieser Nacht litten auf dem Fersenschen Gut mehrere Personen an Schlaflosigkeit, wie uns der auf Klatsch spezialisierte Historiker Crusenstolpe überliefert. Fredrik war geradezu toll vor Frustration und heulte hemmungslos in sein Kopfkissen hinein. Gustav wälzte sich ebenso rastlos in seinem Gästebett hin und her. Er fühlte sich bis auf die Knochen blamiert und lag mit diesem Gefühl völlig richtig. Der alte Fersen war genauso aufgeregt. Bei ihm allerdings war es die gelungene Schadenfreude und das Bewußtsein, daß er den König übel hatte auflaufen lassen, die ihn um die Nachtruhe brachten. Lediglich Sophie schlief seelenruhig den Schlaf der Gerechten, ein eindeutiges Symptom, daß sie keinen Gedanken an den Möchtegernliebhaber verschwendete.

Am anderen Tag parlierten Fersen und der König freundschaftlich weiter, während Fredrik nur regungslos vor sich hin starrte. Sophie tauchte nicht mehr auf. Eine plötzliche Übelkeit, ließ ihre Mutter die königlichen Besucher wissen, habe sie gezwungen, sich umgehend wieder zu Bette zu begeben. Als Fersen dem sichtlich blassen Gustav charmant-vertraulich den Vorschlag machte, doch möglichst Stillschweigen über die ganze Sache zu bewahren, fiel dem König ein Stein vom Herzen. Das Bekanntwerden seines Versagens als Brautwerber und die eindeutige Abfuhr durch Mademoiselle Fersen hätte seinen Ruf arg ramponiert. Man schied von Fersen unter gegenseitigen Freundschaftsbeteuerungen. Auf dem schweigend zurückgelegten Heimweg nach Stockholm mag sich Gustav geschworen haben, sich nie wieder als Heiratsvermittler zu betätigen.

Über der Revolution Gustavs und der sich bald entwickelnden Reformtätigkeit hing von Anfang an das Damoklesschwert einer ausländischen Intervention. In der Tat war in den ersten Monaten seiner Herrschaft die Souveränität Schwedens bedroht. Die Garantiemächte der alten Verfassung und damit eines außenpolitisch so angenehm schwachen Schwedens schienen den System-

Der Oheim war von des schwedischen Neffen Initiative alles andere als begeistert: Friedrich II. von Preußen. Porträt von Anton Graff.

wechsel nicht tolerieren zu wollen. Keiner drückte es so offen und brutal aus wie der preußische Oheim, Friedrich der Große, der einen säbelrasselnden Brief an den Stockholmer Regenten schickte, in dem er mit dem militärischen Eingreifen Preußens zur Wiederherstellung der alten Zustände drohte.

Gustav konnte daraufhin nur einige hilflose Rechtfertigungen nach Potsdam senden und im übrigen darauf vertrauen, daß bei Friedrich doch noch verwandtschaftliche Gefühle zu Tage treten würden. Zeitweise überlegte er auch, seine Mutter Louisa Ulrika zur Gouverneurin in Schwedisch-Pommern zu machen, jenem an Preußen angrenzenden Teil des schwedischen Reiches, in der Hoffnung, daß dieser Schritt Friedrich von einem Angriff auf ein von seiner Schwester verwaltetes Territorium abhalten würde. Dieses eine Mal war Louisa Ulrika ihrem Sohn wirklich eine Stütze. Als ein im Wortlaut ähnlicher Drohbrief ihres Bruders bei ihr eintraf, antwortete sie diesem kühl, daß er schon über ihre Leiche und jene der tapferen Stralsunder würde gehen müssen, wollte er sich Schwedisch-Pommern einverleiben.

Auch von seiten Dänemarks war nichts Gutes zu erwarten. Gustav bemühte sich, die Verteidigungsbereitschaft der an das unter dänischer Hoheit stehende Norwegen grenzenden westlichen Provinzen des Landes zu erhöhen, indem er eine Inspektionsreise durch die Region machte, sich von der Bevölkerung feiern ließ und die Vergangenheit beschwor: So wie ihre Vorfahren Gustav Vasa im Kampf gegen die Dänen unterstützt hatten, so erhoffte er jetzt die Hilfe seiner Untertanen, falls es zum erneuten Kampf gegen den alten Rivalen kommen sollte. Einige Tage schwelgte Gustav einmal mehr im Traum, ein *hjältekung* zu werden. Er phantasierte von der Eroberung Norwegens, glaubte dort Mißstimmung unter der Bevölkerung gegen die dänische Oberhoheit wahrgenommen zu haben und hielt einen Überraschungsangriff mit Einverleibung des Nachbarlandes für denkbar. Wie immer, wenn er den Heldentraum träumte, kam er schnell wieder in die Realität zurück und war angesichts des ungünstigen Kräfteverhältnisses froh, daß es im Westen ruhig blieb. Aus Dänemark liefen zwar Nachrichten über militärische Rüstungen ein, doch auch Beruhigendes: Das Land hatte nach dem Sturz des einst allgewaltigen Struensee plötzlich einige innere Probleme.

Diese hatte Rußland, der dritte Gegner, zwar nicht, dafür waren ihm aber – und dies war ein Glücksfall für Gustav – außenpolitisch zunächst die Hände gebunden. Das Zarenreich befand sich im Kriegszustand mit der Türkei und hatte kein Interesse daran, in einen Zweifrontenkrieg zu geraten und zu dem Feind im Süden noch einen weiteren im Norden zu haben. Rußland hatte im Dezember 1769 ein Abkommen mit Dänemark geschlossen, wonach eine Änderung der schwedischen Verfassung von 1720 als eine Aggression Schwedens gewertet werden sollte. Der russische Kanzler Panin mußte sich jedoch auf einige symbolische Schritte wie Verstärkungen der Garnisonen an der Grenze zu Finnland beschränken. Überdies übte Schwedens einziger Verbündeter Frankreich diplomatischen Druck aus. Dessen Beziehungen zum alten Rivalen England verschlechterten sich zusehends, so daß der Ausbruch eines neuen großen europäischen Krieges, eine Neuauflage des erst vor zehn Jahren zu Ende gegangenen Siebenjährigen Krieges, möglich erschien. Letztlich siegte doch die Vernunft. Nachdem eine russisch-türkische Friedenkonferenz gescheitert war, gab der russische Geschäftsträger in Stockholm im April 1773 schließlich eine Erklärung über die friedlichen Absichten der

Zarin gegenüber Schweden ab, der sich Dänemarks Gesandter binnen Tagen wohl oder übel anschließen mußte. Auch die Beziehungen zwischen England und Frankreich entspannten sich wieder. Preußens König schließlich schreckte nach der zeitweise existentiellen Bedrohung und den Verwüstungen, die sein Land im letzten Ringen hatte erleiden müssen, letztlich doch vor einem Waffengang zurück. Noch einmal sandte er ein Schreiben nach Stockholm, in dem er von seiner Verpflichtung für die alte Regierungsform sprach und sich nebenbei düster-ahnungsvoll über die Iden des März ausließ, an denen Cäsar seinen Mördern zum Opfer gefallen war. Gustav hatte von nun an in der Tat einen Schauer vor der geschichtsträchtigen Mitte dieses Frühlingsmonats – wie sich zeigen sollte, eine Vorahnung, die vom Schicksal erfüllt wurde, da Anckarströms Anschlag fast genau auf diesen Tag fallen sollte. Abgesehen von dieser dunklen Prophezeiung ließ Friedrich seinen Verwandten nun in Ruhe. Vielleicht kam es dem Preußenkönig zu Bewußtsein, daß sein Neffe in Stockholm nichts anderes tat, als ihn zu imitieren, und einfach ein bißchen regieren wollte à la Roi de Prusse.

Die akute Gefahr für das von Gustav neugeordnete Schweden war vorüber, die Einkreisung sollte allerdings noch einige Jahre bestehen bleiben. Doch Gustav hatte nun endlich die Muße, sich dem zu widmen, was er für die vornehmste Aufgabe eines Königs hielt, die Förderung von Kultur und Wissenschaft, Dichtkunst und Theater. Von diesem Vorhaben profitierte das ganze Land, auch der in Stockholm längst zu einer lokalen Berühmtheit gewordene Carl Michael Bellman.

5. Blütezeit

Irgendwann in den Jahren 1768 oder 1769 machte Carl Michael Bellman die Bekanntschaft einer jungen Frau, die in der Stockholmer Halbwelt zu Hause war. Für Bellman war sie die Inspiration zur Schöpfung seiner bemerkenswertesten Gestalt. Maja-Stina Kjellström entstammte armen Verhältnissen und hatte sich wie viele Mädchen ihres Standes in einer Seidenfabrik verdingt, war unehelich schwanger geworden und hatte schnell einen nach den Moralvorstellungen der Zeit schlechten Ruf weg. Sie geriet mit dem Gesetz in Konflikt, konnte aber einer Verurteilung wegen Prostitution und den damit verbundenen harten Strafen entgehen.

Während Maja-Stina zwei unglücklichen Ehen und unzähligen Affären entgegensteuerte, wurde ihr Alter ego in Stockholm bald stadtbekannt. In Bellmans Balladen tauchte sie als Ulla Winblad wieder auf, eine Figur, der die Herzen von Bellmans Publikum zuflogen. Ulla Winblad war eine ungewöhnliche Frauengestalt, lebensfroh mit einem ausgeprägten Hang zur Laszivität, von einer für damalige Verhältnisse fast schockierenden Unabhängigkeit. Die Männer huldigten ihr, ohne sie beherrschen zu können. Sie war, hundert Jahre vor Ibsens Nora, die wahrscheinlich erste emanzipierte Frauengestalt moderner skandinavischer Literatur und war Ausdruck des großen Respektes und der Zuneigung, die Bellman den beiden wichtigsten Frauen in seinem Leben, seiner Mutter und seiner Gattin, entgegenbrachte. Wenn die Männer in Bellmans Werken schwach waren, trunken wurden und sich in der Gosse suhlten, war Ulla Winblad souverän und brachte eine unverhüllt erotische Komponente in Bellmans Werk.

Zum Zeitpunkt der Schöpfung seiner Heldin war Bellman alles andere als namenlos in der Stockholmer »Szene«. Er hatte Gleichgesinnte, also Freunde mit Hang zur Poesie und zur Genußsucht, um sich versammelt und einen Club gegründet, dessen Bezeich-

Den Gott des Weines anbeten – zeitgenössische Illustration zu den Umtrieben Bellmans und des Bacchusordens.

nung sein Programm hinreichend beschrieb: *Bacchi orden,* der Orden des Bacchus. Die Zusammenkünfte des Ordens dienten nur vordergündig der Anbetung des antiken Gottes der Weinseligen, wichtiger als der Umtrunk erschien Bellman und seinen Ordensbrüdern die Aufführung selbstgeschriebener, selten auch selbstkomponierter Balladen, die den Rausch verherrlichten, aber auch die gesellschaftlichen Verhältnisse aufs Korn nahmen. Der Orden des Bacchus war vor allem eine Persiflage auf die im 18. Jahrhundert florierenden Geheimbünde wie die der Freimaurer und Rosenkreuzer. In jenen trafen sich die Herren der gehobenen Gesellschaft und genossen für die Stunden des Zusammenseins das Gefühl vollständiger Gleichheit, von Logenbruder zu Logenbruder, eine Gleichheit, die ihnen im »normalen« Leben als verabscheuungswürdig und wider die von Gott eingerichtete Ordnung der Dinge erschienen wäre. Selbst Gustav suchte gelegentlich derartige Logen auf, wohl eher aus Berechnung denn aus

Neigung, konnte er dort die führenden Kreise seiner Untertanen doch besser beobachten, als wenn diese sich ohne ihn in verschwörerischen Zirkeln getroffen hätten. Die Rituale derartiger Logen und ihr zeremonielles Gepränge wurden im Orden des Bacchus bis zur Lächerlichkeit nachgeahmt. Die Ritter der Sangesrunde waren in Bellmans Zirkel im Gegensatz zu den realen Geheimbünden nicht von Adel und gehörten auch nur in Ausnahmefällen dem besitzenden Bürgertum an, sondern waren wie Bellman selbst meist nicht mit irdischen Gütern gesegnet, jedoch von durchaus beachtlichem Bildungsniveau und vor allem einer sprühenden Lebensfreude. Drastisch wie die Aufführungen der Teilnehmer waren auch deren Wappen, die sie natürlich ähnlich ihren Leitbildern brauchten. Einer von ihnen, ein Herr von Ehrensugga, hatte sich als Enblem die von leeren Krügen und Flaschen umrankte Darstellung eines Schweines ausgesucht, das gierig aus seinem Trog frißt.

Bellmans Schöpfungen für den Orden des Bacchus waren die Vorstufe für sein späteres Hauptwerk *Fredmans Epistlar,* das erst 1790 erschienen ist. Das dichte Beieinander von Sinnesfreuden im Überschwang und abgründiger Melancholie ist hier bereits ebenso anzutreffen, wenn auch noch nicht zur Meisterschaft ausgeformt, wie seine Parodien von Bibelpassagen, die ihn verschiedentlich mit den Autoritäten der mit nicht allzu viel Humor gesegneten lutherischen Staatskirche Schwedens in Konflikt brachten.

Ein junger Dichter, Johan Gabriel Oxenstierna, war bald nach seiner Ankunft in Stockholm in die frivole Ordensgesellschaft eingeführt worden. In seinem Tagebuch spiegelt sich der Eindruck wider, den Bellman auf den aus einer der angesehensten Adelsfamilien Schwedens stammenden Jüngling machte: »Bergklint und Kexel holten mich ab und überredeten mich, in das Lissandersche Haus mitzukommen, um Bellmans Possen anzusehen. Ich ging mit ihnen und habe in meinem ganzen Leben nicht so lachen müssen wie an diesem Abend. Bellman hat einen Orden zur Ehre des Bacchus eingerichtet, in den niemand aufgenommen wird, der nicht mindestens zweimal vor aller Augen betrunken im Rinn-

Johan Gabriel Oxenstierna.
Porträt von Ulrika Pasch.

stein gelegen hat. An diesem Abend hat er einen Nachruf auf einen verstorbenen Ordensritter gehalten, alles in Versen und Opernstücken. Er singt selbst und spielt die Zitter. Seine Gesten, seine Stimme, sein Spielen, welche alle so unvergleichlich sind, erhöhen noch das Vergnügen, das man von den Versen selbst hat. Diese sind stets hübsch und enthalten Gedanken, die mal sublim, mal lachhaft sind, doch sie sind stets neu, stets stark, stets unerwartet. Durch sie ist man immer wieder verblüfft und muß entweder nachdenklich werden oder aus vollem Hals lachen.« Einen Abend später ließen Bellmans Rezitationen Oxenstierna noch immer nicht los: »Ich konnte die ganze Nacht nicht einschlafen, denn mein Kopf war voll von den komischen Dingen, die ich gestern gesehen habe. Während ich so lag, mußte ich hin und wieder schallend lachen.« Am Tag darauf treibt es den an die ausgesuchten Lebensformen des Hochadels gewohnten Oxenstierna erneut zum Poeten der Unterschicht. »Nach der Arbeit ging ich aus, um wieder Bellman zu hören. Ich wurde genauso gut unterhalten wie am ersten Abend. Er ist ein wirklicher Genius, ein Original der Poesie und hat einen ganz eigenen Wert, allen anderen unvergleichbar. Eine Pension zu seiner Unterstützung wäre sicher ebenso gut angelegt wie ähnliche Summen, die für einen Haufen unnützer Dinge ausgegeben werden.«

Dem hätte Bellman kaum widersprochen. Die Finanzen waren und blieben bis zu seinem Lebensende sein großes Problem. Offensichtlich hat Bellman sein Einkommen, so er denn ein regelmäßiges hatte, keineswegs vorwiegend dem Trunke geopfert. Zum einen waren Wein, Bier und Spirituosen damals unvorstellbar billig, zum anderen schien es Bellman durchaus nicht mit seinem Alter ego Fredman oder mit Movitz zu halten und dem Branntwein bis zum Umfallen zu frönen. Er scheint weniger eine Schwäche für den in den Kellerlokalen sonst meist ausgeschenkten billigen Fusel gehabt zu haben, sondern bevorzugte offensichtlich französischen Wein. Wahrscheinlich waren die Exzesse, die er in seinen Balladen beschrieb, bei ihm eher die Ausnahme als die Regel. Ökonomisch schlimmer war sein Unvermögen *nej* zu sagen. Wer immer ihn anpumpte und sein Mitleid erweckte, mit dem er in überreichem Maße gesegnet war, konnte sicher sein, daß er seine Börse zückte und das Wenige teilte, das sein eigen war.

So konnte er, wie unzählige Dichter vor und nach ihm, von seines Geistes Arbeit nicht leben. Dem Verhungern war er jedoch nicht ausgesetzt, regierte doch seit 1771 pro forma und seit 1772 realpolitisch ein König, der den Schutz der Dichter und Denker zu einem der höchsten Ziele seiner Regierungsarbeit ernannt hatte. Gustav dürften die Texte aus dem Orden des Bacchus sicher kaum jemals vollständig zu Ohren gekommen sein, zu weit entfernt war die Welt höfischen Zeremoniells und gediegener Hofpoesie von jener der Zechbrüder, doch auf Bellman hatte der Monarch spätestens seit dem Umsturz vom August 1772 ein wohlwollendes Auge geworfen, als der Dichter sich als überzeugter Royalist erwies. Einen guten »Draht« zum Hof hatte Bellman überdies in Gestalt Elis Schröderheims, eines alten Freundes, der wiederum den König seit Kindertagen gut kannte. Der geistreiche und humorvolle Schröderheim spielte im inneren Zirkel der Macht eine führende Rolle, war er doch nicht nur als *statssekretare* der Innenminister des Landes, sondern auch eine Art Zeremonienmeister am Hof, zu dessen Hauptaufgaben es gehörte, Lustbarkeiten von der Maskerade über die Dichterlesung bis hin zur Diskussionsrunde über zeitgenössische Ästhetik zu organisieren und vor allem dafür Sorge zu tragen, daß bei Gustav niemals Langeweile aufkam, ein Gemütszustand, der dem König wesensfremd und verhaßt wie kaum ein anderer war.

Schröderheim war ein Original wie Bellman, eine Gestalt, wie sie wohl nur in dem schnellebigen Wirbel der Gustavianischen Epoche und unter der Ägide eines Herrschers mit einer Schwäche für extravagante Persönlichkeiten gedeihen und bis in den inne-

Elis Schröderheim, Vertrauer Gustavs III., Freund Bellmans und Lebemann. Porträt von Per Krafft.

ren Zirkel der Macht vordringen konnte. Anders als Bellman sah man Schröderheim die exzessive Vorliebe für Speis und Trank an. Er war geradezu grotesk korpulent und hatte Mühe, seine massige Gestalt in die von der Mode der Zeit geforderte Kleidung hineinzupressen. Ob es die seidenen Strümpfe, die samtenen Kniehosen oder die brokatbesetzte Weste war, alles spannte auf seinem voluminösen Leib. Seiner chronisch guten Laune tat dies keinen Abbruch.

Obwohl Schröderheim eine der angesehensten Positionen bei Hofe und damit in der schwedischen Regierung innehatte, teilte er mit seinem Freund Bellman das Hauptproblem irdischen Daseins: den ständigen Geldmangel. Der beschwingte Lebenswandel, das Veranstalten von feuchtfröhlichen Festen im Schröderheimschen Haus verschlangen Summen, die in keinem Verhältnis zum Einkommen standen. Wie Bellman, wie andere Künstler der Epoche und wie letztlich Gustav selbst war er nicht zum Haushalten geboren und schwamm mit im Mahlstrom ständig neuer Anleihen, der zu dem Zeitalter gehörte wie der Glanz seiner Theater und seiner Dichter. Auch Schröderheim stürzten jedoch ähnlich seinem Freund die Forderungen der Gläubiger selten in Verwirrung. Eines Abends wurde in seinem Haus wieder einmal ein Empfang gegeben, bei der sich die Gäste in den von Dutzenden von Kandelabern erleuchteten Räumen zwanglos am Büffet des Hausherren labten und seine Weinfässer in fröhlicher Geselligkeit leerten. Plötzlich klopfte es an die Tür. Es war Schröderheims Metzger, bei dem dieser regelmäßig sein Fleisch einkaufte, der Einlaß begehrte und den Gastgeber zu wenn auch unpassendem Anlaß an die angehäuften Schulden des illustren Kunden erinnern wollte. Selbstredend hatte Schröderheim – oder hatten seine Boten – nie Bargeld dabei; er ließ stetig anschreiben. Das Auftauchen des Gläubigers trübte Schröderheims Stimmung mitnichten. Jovial legte er den Arm um den Schlachter, lud ihn ein, stellte ihn seinen Gästen vor und löste mit seinem konzentrierten Charme in dem Mann das unerwartete Wohlgefühl aus, bei diesem Empfang der hohen Herrschaften willkommen zu sein und wie selbstverständlich dazuzugehören. Der Metzger verlebte wie alle anderen Gäste einen entzückenden Abend im Hause Schröderheim und räumte beim Heimgang dem Gastgeber einen neuerlichen Kredit ein, höher als alle vorhergehenden. So waren sie, die Gustavianer, so war ihre Epoche – galant, voller Esprit und damit auf dieser Welt nicht von Dauer.

Durch Schröderheims Vermittlung und dank Gustavs gutem Gedächtnis für loyale Untertanen erhielt Bellman Zugang zum Hof und durfte dort regelmäßig zum Amüsement aufspielen, wann immer es Gustav und seiner Umgebung nach Zerstreuungen aus der Welt des dritten und vierten Standes dürstete. Hinter vorgehaltener Hand mag manch ein Höfling über diesen Bänkelsänger des »Pöbels« gelästert haben, offen wurde dies nicht gewagt. Gustav schätzte seinen Poeten und blieb ihm während seiner ganzen Lebens- und Regierungszeit so gewogen, wie umgekehrt Bellman dem König gegenüber nie an Loyalität nachließ, einem König, den er auch nach dessen Ableben pries, als dies politisch längst nicht mehr opportun war.

Gustavs Wohlwollen trug auch dazu bei, Bellman einen bescheidenen Lebensunterhalt zu sichern. Eine vorübergehende Anstellung bei der Zollbehörde war nicht nur sehr gering dotiert, sondern brachte Bellman in Konflikt mit den dortigen Kollegen, denen es übel aufstieß, daß ihr verseschmiedender Mitarbeiter sich so selten an seinem Arbeitsplatz sehen ließ und sie ungebührlich oft mit der Erstellung der Zollbilanzen allein ließ. Als die Stelle eines Sekretärs bei der staatlichen Lotterie frei wurde, appellierte Bellman an seinen König, »den geringsten Eurer Poeten« nicht zu vergessen, da er ökonomisch eher dem Tode als dem Leben nahe sei. Gustav ließ ein Empfehlungsschreiben an die Frau des Lotteriedirektors – und nicht an diesen selbst, Gustav war ein Meister subtiler Beeinflussung – aufsetzen, dem eine getreue Untertanin kaum zuwiderhandeln konnte. »Wie Ihr wißt«, begann er leutselig, »habe ich Poeten allzeit bewundert und ganz besonders schwedische Poeten. Ihr wißt, daß diese Herren ständig verarmt sind und ewig um irgendwelche Hilfe ersuchen. Ihr wißt, daß ihre Schaffenskraft glückselig und fruchtbar ist, wenn doch nur ihre Geldbeutel wohlgefüllt wären. Nun verhält es sich so, daß mir neulich bekannt wurde, daß die Stelle eines Sekretärs in der Verwaltung der Königlichen Lotterie frei ist, und so habe ich das in Versen geschriebene Ersuchen des berühmten Bellman erhalten, mit anderen Worten des schwedischen Anakreon, in welchem er um meine Vermittlung bei den Herren der Verwaltung bittet. Da ein solches Vorgehen gleichbedeutend mit einer Order wäre und ich niemanden auf dem Wege der Kumpanei versetzen will, wende ich mich an Euch, Madame, mit der Bitte, in dieser Angelegenheit die Fürsprecherin bei Eurem Mann zu sein. Die Musen sind die Göttinnen der Poeten, und da sie Frauen wie Ihr selbst sind, findet sich niemand, dem ich mit größerer Zuversicht meinen armen Schützling anvertrauen kann. Ich überlasse ihn Euren Händen und bitte Euch, für seine Zukunft zu sorgen. Es ist die größte Hochachtung, mit der ich verbleibe etc. etc.«

Bei einem derartig charmanten Fürsprecher öffnete sich der Beamtenkarriere natürlich Tür und Tor. Bellman bekam am 3. Januar 1776 den Posten bei der »Nummernlotterie« und verfügte damit über eine bescheidene Existenzgrundlage. Als ein Jahr darauf eine Gehaltserhöhung für die Staatsdiener im Gespräch war, sollte Bellman nach dem Willen seiner Vorgesetzten davon ausgenommen werden, da er »wegen Krankheit und aus anderen Gründen meist verhindert« gewesen sei. Gustav griff abermals zugunsten seines inzwischen zum »Hofsekretär« ernannten Schützlings ein und ordnete kurzerhand an, auch Bellman bei der verbesserten Lohnauszahlung nicht zu übergehen.

Gustav erwartete als Gegenleistung für die königliche Gunst nicht nur regelmäßiges Amüsement durch Bellman bei dessen Auftritten in der Hofgesellschaft, sondern setzte ihn – geschickter Taktiker, der Gustav zeitlebens war – auch für politische Zwecke ein. Im Herbst 1778 trat, zum ersten Mal nach Gustavs Umsturz, der Reichstag zusammen. Obwohl Gustav einen beträchtlichen Teil der Regierungsgewalt in seinen Händen hielt, war er, nicht zuletzt in Budgetfragen, auf die Kooperation mit den vier Reichsständen – Adel, Geistlichkeit, Bürger und Bauern – angewiesen. Die Bauernschaft, die über neunzig Prozent der Bevölkerung repräsentierte, hatte in Schweden, wo es nie Leibeigenschaft gab,

Eröffnung eines Reichstages durch Gustav III. im Reichssaal des Stockholmer Schlosses. Gemälde von Per Hilleström.

eine traditionell starke Stellung. Darin unterschieden sich die Vertreter der Landbevölkerung deutlich von den Bauern in den meisten anderen Ländern Europas, in denen ihre Standesgenossen zumeist kein Mitspracherecht hatten, wenn sie nicht gar wie im Osten des Kontinentes völlig entrechtet waren.

Schwedens Bauern hingegen verfügten über ein gesundes Selbstbewußtsein. Um ihre Repräsentanten auf dem Reichstag bei Laune zu halten, wählte Gustav die wahrscheinlich liebenswürdigsten Gestalten des öffentlichen Lebens der Epoche aus, seinen Innenminister Elis Schröderheim und dessen alten Freund (und Zechkumpanen) Bellman. Mit dem Rang eines Reichstagssekretärs bzw. eines Reichstagsnotars versehen, oblag ihnen die Betreuung der aus den oft weit entfernten Landesteilen in Stockholm zusammenkommenden Delegierten, die zum Teil eine bis zu zwei Wochen währende Anfahrt in Kauf nahmen, wenn ihre Wahlbezirke in Finnland oder in Schwedisch-Lappland lagen.

Schröderheim und Bellman müssen ihre Sache gut gemacht haben, zeigten sich die Vertreter des Bauernstandes doch als über alle Maßen royalistisch und bewilligten an Mitteln, was immer Gustav sich gewünscht hatte. Es war der harmonischste aller Reichstage Gustavs. Der König befand sich auf dem Höhepunkt seiner Popularität, oppositionelle Strömungen, die ihm die späteren Reichstage herzlich vergällten, spielten kaum eine Rolle. Bei einem der einflußreichsten Politiker der Freiheitszeit, dem

Gustav gegenüber höchst kritischen Fredrik Axel von Fersen, der seine Tochter einst als zu gut für dieses Königshaus empfunden hatte, fand des Königs personalpolitischer Schachzug allerdings keine Gnade: »Sekretär Schröderheim, verschlagen und selbstsüchtig, und Bellman, Poet und Possenreißer der untersten Volksschichten, ein Trinker und allgemein verachtet, haben des Königs Vertrauen erhalten, den Bauernstand zu betreuen.« Verachtet wurden Bellmans Schöpfungen allenfalls bei einzelnen Mitgliedern der Hocharistokratie wie Fersen, deren Gesellschaftsnorm ausschließlich von französischem Geschmack geprägt war und denen Dichtkunst auf Schwedisch – eine Sprache, die bei den Fersens und Gleichrangigen daheim kaum gesprochen wurde – etwas unsagbar Proletarisches war. Merkwürdig fand diese Personalpolitik aber auch ein nicht ganz solchen Standesvorurteilen verhafteter Mann wie der Publizist Gjörwell, der zu allem eine Meinung zu Papier brachte: »Bei Herrn Schröderheim soll täglich Tafel gehalten werden für die Bauern. Am Anfang waren diese Landleute etwas überrascht, einen Adelsmann zum Sekretär und einen Poeten wie Herrn Bellman zum Notar zu erhalten, aber da beide in Saufgelagen ziemlich bewandert sind, fühlten sie sich in dieser Herren Gesellschaft doch schnell wohl.«

Carl Christoffer Gjörwell agierte wie kein anderer als Chronist des Gustavianischen Zeitalters. Als unehelicher Sohn eines hohen Offiziers geboren, wählte er sich seinen Nachnamen selbst und verkündete als frommer Herrenhuter, der er war, damit sein Lebensprogramm: *gjör väl* – mach es gut! Als Angestellter der Königlichen Bibliothek, in der bis heute alles in schwedischer Sprache Gedrucktes eine Heimstatt findet, brachte er es bis zum »Königlichen Bibliothekar«, was ihm ungeachtet der »wenig standesgemäßen« Herkunft nicht zuletzt durch zwei Eigenschaften gelang, sein angenehmes Wesen und seinen ungeheuren Wissens- und Sammeldurst. Gjörwell fühlte sich berufen, über alles zu publizieren, was ihm zu Ohren oder in die Finger kam. Er begann mit der Edition historischer Handschriften, die in der Bibliothek verwahrt wurden, und ging dazu über, Neuigkeiten aus der Welt der Gelehrsamkeit dem Publikum mitzuteilen. Andere seiner

Publikationen dienten der Verbreitung politischen Gedankengutes und von Nachrichten aus allen großen Staaten Europas. Während der Freiheitszeit galt seine Sympathie den Hüten, nach Gustavs Machtübernahme war er ein erklärter Royalist. Anders als den armen und weitgehend unpolitischen Poeten Bellman hat der Monarch Gjörwell nicht protegiert und ihm auch keinen Zugang zum engeren Hof verschafft. Offensichtlich war ihm die Bedeutung einer mit Druckschriften geschickt beeinflußten öffentlichen Meinung nicht bewußt. Gjörwell, dessen vorromantische Schilderungen von Stockholm und seinem Umland wie ein prosaisches Gegenstück zu Bellmans Dichtungen wirken, gab im Laufe der Zeit mehr als ein Dutzend Zeitschriften heraus, die meist im Konkurs endeten. Derartige profane wirtschaftliche Rückschläge hinderten den eifrigen Publizisten, dessen Nachlaß eine kaum übersehbare Papierflut darstellt, nicht daran, sich binnen kurzem auf das nächste Abenteuer in Gestalt eines neuen Journals einzulassen.

Gjörwell war buchstäblich an allem interessiert. Das galt neben den staatstragenden Themen auch für das Privatleben seiner Zeitgenossen, besonders jenen wie Bellman, die ihm eher suspekt waren. Als Bellman, damals noch Junggeselle, sich für die zweiundzwanzigjährige Wilhelmina Elisabeth Norman interessierte, kam Gjörwells Talent als Klatschbase voll zur Entfaltung. »Stellt Euch vor«, schrieb er einem Bekannten, »der Trottel hat sich verliebt! In wen? Es ist Mamsell Norman, die recht angenehm singen kann und ein fröhliches, hübsches und artiges Mädchen ist. Sie kommt schon in die Jahre und braucht etwas zur Erhöhung ihrer Reputation. Sie war der Partie eigentlich nicht abgeneigt, aber ihre Sippe, die an dieser Küchenherdverbindung nichts finden kann, ließ diesen bacchanalischen Familienzuwachs nicht zu. Bellman, stinkwütend wegen dieses Desasters, geht zu seiner Schönen, appelliert an ihr Herz im Hinblick auf diese Härte, doch da war sie schon abweisend und fragte spöttisch: Wann laßt Ihr Eure schmutzigen Bettlaken abholen? Bellman, der arme Schlucker, ging völlig verzagt von hinnen, komponierte eine Ode auf seine Bekümmernis, widmete sie dem König. Der schenkte ihm 3 000

Reichstaler, mit welchen er nun vermutlich die eine oder andere Schenkenrechnung begleicht.« Die großzügige Spende Gustavs für den liebeskranken Poeten war nur eine Ausschmückung, der reichen und leicht gehässigen Phantasie Gjörwells entsprungen. Über 3 000 Reichstaler verfügte Bellman in seinem ganzen Leben nicht.

Wesentlich erfolgreicher als bei der abweisenden Wilhelmina war Bellman – immerhin schon siebenunddreißig Jahre alt – mit seiner Werbung um Louise Frederica Grönlund (nach damaliger Schreibweise auch Lovisa). Er traf die Beamtentochter im Hause seines Freundes Schröderheim und war vom ersten Augenblick an verzückt. Nach der etwas anekdotenhaft klingenden Schilderung seines Sohnes soll Bellman noch am selben Tag ausgerufen haben: »Sie oder keine soll mich durchs Leben begleiten!«

Am 19. Dezember 1777 heiratete Bellman die siebzehn Jahre jüngere Louise, die gewußt zu haben scheint, worauf sie sich einließ. Im Ehevertrag war festgehalten, daß die Möbel und andere von ihr in die Ehe eingebrachte Gegenstände in ihrem Besitz blieben. Damit war einer Totalausräumung der künftigen gemeinsamen Wohnung ein Riegel vorgeschoben: Wann immer die Gerichtsvollzieher bei dem ständig verschuldeten Poeten vorstellig werden mochten, das Mobiliar zumindest war ihrem Zugriff entzogen.

Die Ehe scheint außerordentlich glücklich gewesen zu sein. Der Verbindung entsprangen fünf Kinder, von denen drei das Erwachsenenalter erreichten. Bellmans Sohn Adolf schilderte in seinen Memoiren sein Elternhaus als bescheidenes, doch gleichzeitig harmonisches Heim. Das Einkommen als Lotterieangestellter und Hofsekretär reichte allerdings fast nie zum Unterhalt der Familie, ein nennenswertes Honorar für seine literarischen Schöpfungen erhielt Bellman selten. Er war kein Finanzmensch und, wie einer seiner schwedischen Biographen schreibt, »in dem Wirbel von Schulden, Handgeldern und Kreditverschreibungen der Gustavianischen Zeit ganz einfach zu gut für diese Welt.«

In seinem dichterischen Schaffen herrschte jedoch nicht ausschließlich Sonnenschein. Bellman fand nicht nur begeisterte

Zuhörer für seine Weisen. Mehrmals geriet er mit der Kirche aneinander, der Bellmans Anleihen aus dem Sprachschatz der Religion blasphemisch erschien. Schon 1769 war Bellman mit der lutherischen Staatskirche in Konflikt geraten, als er den alttestamentarischen Noah in einem Gedicht als König der Tippelbrüder porträtiert und nach Ansicht des Konsistoriums in der südschwedischen Bischofsstadt Lund »einen heiligen Mann Gottes als extremen Trinker dargestellt« hatte. Nicht viel besser erging es ihm, als er Fredman ausrufen ließ: »Ich, ein Heide, bete mit Mund, Herz und Kraft den Gott des Weines an.« Die Kirchenleitung klagte Bellman an, der Religion gespottet zu haben, und verlangte vom Justizministerium ein hartes Vorgehen gegen den frivolen Sünder. Gustavs Regierungsbehörden waren jedoch ähnlich ihrem Herrscher höchst säkular und beließen es bei einer ernsten Ermahnung an Bellman, seine Talente nützlicheren Dingen zu widmen als solchen Geschmacklosigkeiten.

Schwerer traf ihn der heftige und unerwartete Angriff, den Johan Henrik Kellgren, der aufsteigende Stern der Gustavianischen Dichterwelt und bald des Landes führender Kulturkritiker, auf ihn richtete. Kellgren, ein stets kränkelnder Mann mit beträchtlichem Ego und dem Enthusiasmus des Fanatikers, kam aus Finnland und hatte schon früh seinen Hang zum Schöngeistigen,

Johan Henrik Kellgren.
Reliefbüste von Johan Tobias Sergel.

aber auch sein Talent für den Journalismus entdeckt. In der Universitätsstadt Åbo (heute Turku) avancierte er zum Dozent für »Poesie« und zum Spiritus rector der dortigen literarischen Gesellschaft mit dem Namen *Aurora.* In der Zeitung *Åbo Tidning* veröffentlichte er Übersetzungen und eigene Gedichte. Am Neujahrstag 1777 nahm er Abschied von der Provinz und siedelte in die Hauptstadt des Königreiches über. Seine Karriere hier war geradezu kometenhaft. Seine Gedichte erschienen binnen kurzem in *Samlaren,* einer der vielen von Gjörwell herausgegebenen Zeitschriften. Bald darauf wurden Kellgrens scharfzüngige Kritiken auch den Lesern in Göteborg in der dortigen Literaturzeitschrift *Hwad Nytt? Hwad Nytt?* vertraut, dann auch jenen der größten schwedischen Tageszeitung, der Stockholmer *Dagligt Allehanda.* Nur ein Jahr später gründete er die *Stockholms Posten,* die sich an das geistig interessierte Bürgertum richtete und schnell zur unumstrittenen Institution wurde, sobald es um kulturpolitische Kritik im Schweden Gustavs III. ging.

Kellgren war ein begeisterter, geradezu radikaler Propagandist der Aufklärung, Voltaire sein Idol. Seine Tiraden richteten sich gegen alle Feinde der Vernunft, ganz besonders gegen klerikale Engstirnigkeit, sah er doch in der Kirche seinen größten Feind, und gegen die in jener Epoche geradezu aufblühenden Geheimgesellschaften. Angriffe gegen diese artikulierte Kellgren, politisch durchaus nicht ungeschickt, jedoch erst, nachdem er sich davon überzeugt hatte, daß Gustav den Logen und Geheimbünden nicht allzu nahe stand. Vor seinem hohen ästhetischen Ideal zu bestehen, war für andere Dichter und Publizisten nicht leicht, denn seine Devise lautete: »Jeder falsche Gedanke, jeder niedrige Ausdruck, ist ein Schlag ins Gesicht des Geschmackes!« Und dieser, *smak,* stand unter Gustavs Ägide hoch im Kurs, wie das Motto der von Gustav 1786 gegründeten Schwedischen Akademie, *Smak och Snille* (Geschmack und Geist), belegt.

Im Gebrauch der schwedischen Sprache brillant, von hoher dichterischer Begabung und in seinem Urteil scharf, oft vernichtend, war Kellgren kein persönlich sympathischer Mensch. »Kellgren«, so beschrieb ihn ein Beobachter, »war groß und dünn. Er hatte eine kahle Stirn, dünnes blondes Haar und tiefsitzende blaue Augen, die zusammen mit seinem gelblichen Gesichtsausdruck die ihn beherrschende Regung demaskierten – Neid. Seine Nase war spitz, seine Lippen zusammengepreßt und, aufgrund seiner eifersüchtigen Natur, in den Mundwinkeln nach unten gezogen, wie man es bei unglücklichen oder bösartigen Leuten sehen kann. Auch sein Lachen war bösartig.«

Mißgunst beherrschte ihn, Mißgunst gegenüber all jenen, die auch erfolgreich waren. So war ihm Bellman per se ein Dorn im Auge, selbst wenn dessen Publikum keineswegs mit jenem identisch war, das seine auf einem ganz anderen Niveau stehenden Schöpfungen goutierte. In einem satirischen Gedicht *Mina Löjen* (Mein Gelächter) schleuderte er den Bannstrahl des sich überlegen dünkenden Kritikers gegen Bellman, einen Verseschmied aus üblen Kaschemmen, für ihn das Musterbeispiel jenes miserablen Geschmackes, gegen den zu Felde zu ziehen Lebensaufgabe und Passion für Johan Henrik Kellgren war. Die Attacke trug einen deutlich emotionalen Charakter, aus dem Kellgrens Neid auf den gleichfalls Berühmten spricht – obwohl ein erst ein Jahr in Stockholm weilender Provinzpoet angesichts des eigenen rasanten Aufstieges kaum Anlaß zu solchen Gefühlen gegen einen Mann hätte haben dürfen, der schon seit mehr als zehn Jahren eine bekannte Größe des schwedischen Kulturlebens war. Kellgren lag keine gedruckte Fassung von Bellmans Episteln vor (die gab es erst viele Jahre später) und verließ sich offensichtlich auf Urteile des Hörensagens. Auch hatte er Bellman noch nicht auftreten sehen – und die Wirkung des Bellmanschen Œuvres ergab sich erst aus der Kombination von Text, Musik und vor allem der unverwechselbaren Präsentation durch den Dichter selbst.

Bellman gab sich nach außen hin locker, war jedoch zweifelsohne besorgt, daß die herbe Kritik an seiner, des frischverheirateten Familienvaters Reputation kratzen könnte. »Des Kellgrens Feder ist gespitzt gegen mich / zu Hofe und in der Stadt / doch um sein Lob oder seine Zensur / scher' ich mich nicht«, dichtete er in einem Schreiben an die Frau seines Freundes Schröderheim. Es dürfte Bellman jedoch klar gewesen sein, daß dieser Giftspritzer mit seiner verfeinerten Ästhetik ihn früher oder später von seinem Platz an Gustavs Hof und nahe des Königs Ohr verdrängen würde. Bellman hatte zwar zum Amüsement der Herrschenden beitragen können, doch in Fragen des Zeitgeistes würde er nie eine Autorität werden.

Die Angriffe Kellgrens schienen indes an Gustavs Verständnis für Bellman, so weit dessen Metier auch von der »offiziellen« Hofdichtung entfernt war, nichts geändert zu haben. Umgekehrt jedoch ist in Bellmans Œuvre eine gewisse Stiländerung festzustellen, seit er Zugang zum König und zur gehobenen Gesellschaft gewonnen hatte. In *Fredmans Epistlar,* in denen der Großteil der Bellmanschen Schöpfungen der 1770er Jahre zusammengefaßt ist, geht es merklich feiner und distinguierter zu als in seinen frühen Gedichten. In den Balladen tauchen immer häufiger Angehörige von Gesellschaftsschichten auf, die sich von den Gestalten der frühen Werke, dem Gesindel der Hafenstadt und heruntergekommenen Bürgern, unterscheiden. Allerdings werden diese Charaktere nicht ausschließlich als Vorbilder für den sozialen Aufstieg dargestellt, sondern meist satirisch gezeichnet wie in der 29. Epistel »An den Adel«, in dem eine noble Runde zur Musik des paukenschlagenden Movitz in gepflegter, mit Gallizismen gewürzter Konversation schwelgt, während ein goldbetreßter Aristokrat einer Nymphe nachjagt, um sie »zur Herzogin für eine Nacht« zu machen.

Besonders auffallend ist die Verlagerung der Szenerie. Seine frühen Schöpfungen spielen fast ausschließlich in abgeschlossenen Räumen, mit den eher düsteren Kellerlokalen der Stockholmer Altstadt als bevorzugter Bühne des Geschehens. Nun entdeckt Bellman die faszinierende Weite der Landschaft. Die Schauplätze verlagern sich nicht selten vor die Stadtgrenze Stockholms. Der Geist dieser Expeditionen in die malerische Umgebung, weg von der Enge der hauptstädtischen Straßen, ihrem Gestank und von der Sittenstrenge ihrer Behörden und ihrer kirchlichen Autoritäten bleibt in Fredmans Episteln lebendig. Vom sanften Morgenwind angetrieben, pflügen die Boote weg vom Kai der Altstadt, durch den leichten und damit ungefährlichen, die Passagiere aber nichtsdestotrotz beschwingenden Wellengang. Die Picknickkörbe sind sicher verstaut, der Wind zerzaust das gepuderte Haar der Herren, die sich ungeachtet aller ökonomischen Bekümmernis in ihre beste Montur geworfen haben, und spielt mit den wallenden Gewändern der Frauen, Reize freigebend, die in landschaftlicher Idylle zu genießen die Herzen aller von Cupidos Pfeilen Getroffenen höher schlagen läßt.

Die Natur, vornehmlich jene des viel zu kurzen schwedischen Sommers, beginnt eine führende Rolle in seinen Stücken zu spielen und liefert den Hintergrund für den Liebesreigen der Ausflügler um die verlockende Ulla Winblad. Es scheint, als sei Bellmans Dichtkunst die lyrische Ergänzung zu den in diesem Zeitalter beliebten Gemälden von Landschaftsmalern wie Jean-Antoine Watteau mit seinen Schäferidyllen abseits der beengenden Zivilisation. Oder, um in der Stockholmer Kulturszene zu bleiben, als spiegele sich in seinen Werken die verklärende Naturverliebheit seines Freundes, des Malers Elias Martin. Wie jener zeichnet Bellman, wenn auch mit Worten, die unglaubliche Frische eines Sonnenaufganges über den Schären, mit den im aufkommenden Wind sich blähenden Segeln der unzähligen, den Mälar besiedelnden Boote und der ein ganz anderes Sinnenvergnügen verheißenden Gestalt der Kapitänstochter, die nachlässig gekleidet auf dem knarrenden Deck lustwandelt.

Auf Djurgården angekommen wartete eine arkadische Parklandschaft auf die Ausflügler mit verschwiegenen, waldumgebenen Auen für jene, die dem Naturgenuß zusammen mit der Fleischeslust frönen wollten, und nicht weniger als achtundreißig Gasthöfen für jene, die eher am Trunke interessiert waren. Diese *krogar* stellten natürlich auch Gastzimmer zur Verfügung, für den Fall, daß das skandinavische Wetter wieder einmal dem Liebesspiel unter freiem Himmel abträglich war. Bellmans Dichtungen sind voller Anspielungen auf das vergnügliche Zusammensein von Mann und Frau jenseits der Konventionen von Staat und Kirche. Zumeist endet es im »plötzlichen Tod«, Bestandteil der von Bellman besungenen Ausflüge.

Doch die freie Liebe hatte auch ihre Gefahren, und ein lebenskundiger Barde wie Bellman (der sich, als offensichtlich treuer

Ehemann und Familienvater, zumindest diesem Laster nicht hingegeben zu haben scheint) verschwieg sie seinem Publikum keineswegs. Sublim sind seine Warnungen und in den Ohren der Nachwelt fast überhörbar, doch die Zeitgenossen wußten, was gemeint war, wenn er der Liebesdienerin zuruft: *Akta näsan din,* paß auf deine Nase auf! Die Sattelnase war eine damals noch allgegenwärtige Spätfolge der Syphilis, jener venerischen Erkrankung, die wie schon seit fast drei Jahrhunderten auch in Bellmans und Gustavs Tagen die Pfeile Amors vergiftete. Nicht umsonst ist der Übergang vom Liebesreigen zum Totentanz in Bellmans Werken und in deren zeitgenössischen wie späteren Illustrationen fließend.

Darüber hinaus drohte einer sexuell aktiven Frau wie Bellmans Heldin Ulla Winblad aber auch permanent Gefahr seitens des Staates. Die Behörden waren auf der ständigen Jagd nach Prostituierten. Das Schicksal aufgegriffener Frauen von obrigkeitlich nicht geduldetem Lebenswandel waren Zwangsarbeit im Spinnhaus auf der Insel Langholmen und in den Salpetermühlen, in denen unter anderem die auf öffentlichen Latrinen gesammelten »Rückstände« verarbeitet wurden. Diese widerwärtige Arbeit glaubten die Behörden nur den käuflichen und in Anbetracht staatlicher Allgewalt wehrlosen Liebesdienerinnen zumuten zu können. Auch hier offenbart sich die Doppelmoral des Rokokostaates, des schwedischen wie jedes anderen. Frauen aus der Unterschicht, die, meist aus drückender ökonomischer Not, ihren Körper verkauften, wurden verfolgt. Frauen von »hoher Geburt« dagegen, die sich gegen »Geschenke« einem Herrn des Hochadels hingaben, galten als Mätressen, vor deren Kutschen die Staatsdiener demütig buckelten. Immerhin, anders als in Frankreich gab es in Schweden an allerhöchster Stelle keine dieser oft einflußreichen Nebenfrauen – Bellmans König und Gönner war zuwenig am anderen Geschlecht interessiert. Daß die Büttel des absolutistischen Staates jedoch erbarmungslos Jagd auf leichtlebige Geschöpfe wie Ulla Winblad machten, veranlaßte den sonst allem Revolutionären abgeneigten Dichter zu einer beißenden Kritik an dieser doppelten Moral des Systems.

Auch einem Vielbegabten wie Bellman waren Grenzen gesetzt. Die Pflege der Oper wurde unter Gustav zur Staatsaffäre von hoher Dringlichkeit, jeder schöpferische Geist des Landes war aufgerufen, an diesem nationalen Anliegen teilzunehmen – als solches sahen es sicher nicht die 98 Prozent der auf dem Lande lebenden Schweden, wohl aber ihr Herrscher. Auch Bellman machte sich ans Werk, seinem König wohlgefällig zu sein. Die Oper des Troubadours sollte *Fiskarena* (Die Fischer) heißen und auf gesetztere Weise von der Idylle und den Freuden des einfachen Lebens künden. Es wollte nicht glücken. Erste Text- und Musikproben kamen bei den verwöhnten Kritikern am Hof nicht an. Bellman wurde dazu verdonnert, den Entwurf umzuarbeiten und gemäß der vorherrschenden Musikästhetik zu verbessern. Es wurde eine »Unvollendete«, irgendwann verließ ihn die Lust an der Opernkomposition.

Der aristokratische Fredrik Sparre wurde Zeuge einer mißglückten Probefahrt der *Fischer,* aber auch davon, daß Bellman bei Rückschlägen schnell wieder in jenes Metier zurückkehrte, in dem er wie kein anderer zu Hause war. »Ich kam gegen zwei Uhr nachts zu einem kleinen Souper, welches in den Gemächern des Königs ausgerichtet wurde«, erinnerte sich Sparre, dabei ein Licht auf den bemerkenswerten Tagesrhythmus Gustavs und – zwangsweise – der Dichter in seinem Umfeld werfend. »Adlerbeth las für uns den dritten und letzten Akt seiner *Iphigenie,* welcher ausgezeichnet war. Gyllenborg folgte mit dem ersten Akt seiner Komödie mit dem Titel *Det nya herrskapet* [Die neue Herrschaft] und Bellman mit seiner Oper in drei Akten, die *Fiskarena* heißt und die allerschlechteste ist. Er muß das Stück ganz umarbeiten, und so verzauberte er uns einstweilen mit seinen bacchanalischen Poesien, die voller Esprit sind, wenngleich in einem niedrigen, burlesken und wollüstigen Ton.«

Zu diesem Zeitpunkt hatten Oper und Theater dank Gustavs rastlosem Bemühen bereits einen unerwartet hohen Stand erreicht und – das war das überraschendste – dies auf eine unverwechselbar schwedische Art. Daß die schwedische Sprache bühnenfähig war, hatten die »Experten« nicht für möglich gehalten, sie galt als zu ungehobelt und wenig akzentuiert. Es ist eines der dauerhaftesten Verdienste Gustavs, daß er, der frankophile Herrscher und Schöngeist, der privat wie in Staatsgeschäften das Französische bevorzugte, die Sprache seiner Nation ungeachtet dieser persönlichen Präferenz zu gesellschaftlicher Akzeptanz führte. Am Ende der Freiheitszeit um 1770 war nach den Erinnerungen des Theaterkenners G. J. Ehrensvärd, der in enger Beziehung zum Hofe stand und ein Tagebuch führte, das später unter dem Titel *Historische Anmerkungen* veröffentlicht wurde, daran nicht zu denken: »Wurde jemals in höheren Kreisen die Frage nach einer Aufführung auf Schwedisch gestellt, so wurde diese Anregung als ein Akt von *débauche* [Ausschweifung] angesehen, ungefähr so, als wenn man Lust verspürte, exotische Tiere anzuschauen oder bei einem Aufenthalt auf dem Lande auf einer Bauernhochzeit mitzutanzen. Man besuchte ein schwedisches Theater nur, wenn man sich über das Allerniedrigste, was vorstellbar war, amüsieren wollte.«

Zu Gustavs ersten Amtshandlungen, noch während des Parisaufenthaltes 1771, gehörte es, die Heimsendung der im Stockholm der nun zu Ende gehenden Freiheitszeit gastierenden französischen Theatertruppe zu verfügen. Nur wenige Monate später, noch vor dem Staatsstreich, wurden in Anwesenheit des Königs im Bollhustheater in Stockholm erstmals zwei schwedische Stücke aufgeführt. Das kleine Theater an der Rückseite des Schlosses war, wie der Name andeutet, eigentlich ein Saal für Ballspiele, wurde jedoch provisorisch als Bühne zweckentfremdet. Ein wirklich zeitgemäßes Gebäude für Aufführungen hatte die Hauptstadt Schwedens nicht, ein Umstand, dem abzuhelfen Gustav fest gewillt war. Die Tatsache, daß diese bisherige Wirkungsstätte ausländischer Ensembles an jenem Abend bis auf den letzten Platz von Besuchern der höheren Gesellschaftsschicht, die auf dieses unter allerhöchster Protektion stehende Experiment neugierig waren, ausgebucht war, steigerte Gustavs Motivation, den eingeschlagenen Weg konsequent weiterzugehen. Er fühlte sich für alles verantwortlich, für die Suche nach Talenten ebenso wie für die geringsten Details der Aufführungen. Ein französischer Diplomat berichtete im Jahr 1773 seiner Regierung: »Er ist der Schöpfer einer Oper, deren Geburt Stockholm miterlebt. Dekorationen, Kostüme, Maschinen, Ballett – alles wird von seiner leuchtenden Vorstellungskraft geprägt, gezeichnet, angeordnet und verschönert. Text wie Musik sind gleichermaßen seinem Urteil unterstellt.«

Die erste in schwedischer Sprache aufgeführte Oper, das auf einem antiken Drama basierende Stück *Thetis och Pelée,* entstand denn auch unter höchst aktiver Mithilfe des Königs. Zwar erfolgte die Übersetzung der französischen Vorlage durch Johann Wellander, der unter anderem die Festkantate anläßlich Gustavs Krönung geschrieben hatte, doch das in Stockholms Königlicher Bibliothek aufbewahrte Manuskript ist angefüllt mit handschriftlichen Ergänzungen und Änderungsvorschlägen des gekrönten Enthusiasten wie »Man möge diese Zeile zu etwas ändern, das weniger lächerlich klingt!« Mit der musikalischen Leitung beauftragte er den schon seit fast zwanzig Jahren in Schweden wirkenden italienischen Kapellmeister Francesco Antonio Uttini. Problematischer war es, die Rollen zu besetzen und Musiker zu finden, deren Fähigkeiten vor Gustavs kritischem Urteil Gnade fanden. Schweden war bis dahin nicht gerade eine Brutstätte für künstlerischen Nachwuchs gewesen. So rekrutierten sich die Musiker überwiegend aus der noch aus der Zeit seines Vaters bestehenden Hofkapelle, ergänzt durch einige hoffnungsvolle Talente, welche die schon im September 1771 von Gustav ins Leben gerufene Musikakademie lieferte. Fehlende Plätze im Orchester wurden außerdem mit Musikern der Militärkapelle des Garderegimentes aufgefüllt.

Das schwierigste Unterfangen war jedoch die Suche nach Sängerinnen und Sängern. Auch hier war Gustav unermüdlich und mit Erfolg tätig. Zu den herausragenden männlichen Solisten des Gustavianischen Zeitalters wurde ein junger Mann, der eigentlich in ein Büro gehörte. Der Hofkanzlist Carl Stenborg war Gustav von diversen Auftritten als hochbegabter Amateur bekannt, seine Verpflichtung für die Oper erwies sich als Glücksgriff, war Stenborg dieser unerwarteten Herausforderung doch durchaus ge-

Elisabeth Olin. Porträt von Lorenz Pasch.

wachsen. Ein anderes Talent, Christian Karsten, sollte erst zur Jahrhundertwende Berühmtheit erlangen, sang jedoch bereits als Sechzehnjähriger im vierzigköpfigen Chor der Stockholmer Oper. Der unumstrittene Star der Gustavianischen Musikszene war die 1740 geborene Elisabeth Olin, der Zeitgenossen einen »übernatürlichen Gesang« attestierten. Sie war nicht nur *die* Primadonna des Landes, sie wußte auch um ihren Wert. Als Gustav sie zum Engagement an seiner Oper verpflichten wollte, mußte er nicht nur seinen ganzen Charme aufwenden, sondern auch tief in das königliche Säckel greifen. Frau Olin hatte Gehaltsvorstellungen, denen Gustav zwar nachkam, jedoch nicht ohne einen Seufzer: »Die Dame hält sich für teuer!«

Er verlangte im Gegenzug auch einiges von seiner Primadonna. Bei der Generalprobe von *Acis och Galathé* saß Gustav wieder einmal in der ersten Reihe, voll gespannter Erwartung und mit zunehmender Mühe, nicht von seinem Sitz aufzuspringen und begeisterte Regieanweisungen von sich zu geben. Frau Olin lief zu großer Form auf. Die Wogen der Begeisterung rissen Gustav mit. »Bravo! Bravo!« rief der Monarch verzückt und immer wieder, an den fulminantesten Stellen, »Da capo! Da capo!« Frau Olin gab ihr Letztes, um den opernfreudigen König zufriedenzustellen. Als der letzte Ton verklungen war, brach die stämmige Frau, von des Königs Anfeuerungen völlig erschöpft, ohnmächtig zusammen und mußte von mehreren Pagen von der Bühne getragen werden. Erst Riechsalz und Luftzufächeln seitens des Ensembles ließen sie wieder munter werden.

Die erste schwedische Oper *Thetis och Pelée,* am 18. Januar 1773 uraufgeführt, wurde ein großer Publikumserfolg. Ebenso wie die Premiere waren die meisten der zweimal wöchentlich stattfindenden Aufführungen ausverkauft. Gustav sah sich das Stück immer wieder an. Ähnlich seinem Publikum hatte er Geschmack an der schwedischen Oper gefunden und sann bald auf Abwechslung. Im Mai des gleichen Jahres kam das nächste Stück auf den Plan, die im wesentlichen auf Vorlagen Händels beruhende Oper *Acis och Galathé,* erneut mit Carl Stenborg und der von der Generalprobe wieder genesenen Elisabeth Olin in den Hauptrollen. Im November 1773 schließlich erlebten Gustav und sein Publikum das Debüt eines neuen Operntyps, des Gluckschen Opus *Orpheus und Eurydike.* Dabei hatte Gustavs Institution gegenüber Frankreich erstmals die Nase vorn: Glucks Oper hatte 1762 ihre Weltpremiere im heimischen Wien erlebt, nach Paris kam *Orpheus* jedoch erst ein Jahr nach seinem Debüt in Schweden. Die Stockholmer berauschten sich geradezu an Glucks Musik, der damals in Europa auf der

Höhe seines Ruhmes stand, und machten das Stück zu einem Dauerbrenner, der bis weit in die 1780er Jahre hinein auf dem Spielplan stand. Selbst der überkritische Kellgren war von dem Werk des Österreichers begeistert: »Man hatte vergessen, daß eine Musik Herz und Seele anrühren könne. Doch Gluck ist wiederauferstanden, diese Musik ist wiedergefunden, und der Dichter muß sein Erstgeburtsrecht wahren: ein Werk zu schaffen und zu formen, das die Musik veredelt und die Malerei schmückt.«

Zur Verfeinerung seiner Oper und des Theaters versuchte Gustav auf ausländische Koryphäen zurückzugreifen – zumindest, so weit diese gewillt waren, dem Ruf in die nördliche Diaspora Folge zu leisten. Einer, dem der Weg nach Stockholm nicht zu weit schien, war der sächsische Hofkapellmeister Johann Gottlieb Naumann. Trotz aller Fortschritte, die unter Gustavs Ägide gemacht wurden, entsprach das, was Naumann bei seinem Eintreffen 1777 auf Schwedens Kulturszene erlebte, mitnichten seinen ästhetischen Vorstellungen: »Es geht hier«, schrieb Naumann vom Schloß Drottningholm, »schlimmer zu als im Krieg. Der König läßt einige seiner Opern und Schauspiele für andere Ausländer und mich aufführen. Dafür mußte das ganze Ensemble hier hinauskommen. Es ist ein scheußliches Durcheinander, der eine hat kein Zimmer, der andere kein Bett, der dritte nichts zu essen. Die Oper kostet erschreckend viel Geld und ist, unter uns gesagt, erbärmlich schlecht. Der gute König spart nicht mit den Ausgaben, doch er wird schlecht bedient. Er liebt das Theater, besonders das große, ernste. Er selbst bringt den Schauspielerinnen und Schauspielern bei, wie sie auftreten sollen, kommt zu allen Proben; mit einem Wort, er läßt es an nichts mangeln. Seine Regisseure jedoch sind Esel und Ignoranten. Von Musik versteht er nicht besonders viel. Das wundert mich nicht, denn er bekommt selten etwas Vernünftiges zu hören. Was ich auch komponiere, er applaudiert begeistert. Meine Kantate wird jeden Abend, an dem es kein Theater gibt, aufgeführt. Ich bin dessen schon ganz überdrüssig.«

Naumanns Oper *Amphion* wurde an Gustavs zweiunddreißigsten Geburtstag, dem 24. Januar 1778, uraufgeführt; die Verknüpfung von Premieren mit Feiertagen in der königlichen Familie wurde eine Tradition. Wenngleich das Niveau der schwedischen Oper, nicht zuletzt durch Naumanns Einfluß, deutlich anstieg, so ließ die Lokalität, das schon recht bejahrte Bollhustheater, sehr zu wünschen übrig. Die Planungen für jenes Gebäude, das *seine* Oper werden sollte, ging Gustav schon 1773 aktiv an, als er zwei Häuser auf dem in Sichtweite des Schlosses gelegenen Norrmalmstorg (heute Gustav Adolftorg) kaufte, abreißen ließ und seinen Chefarchitekten Carl Fredrik Adelcrantz mit dem Bau des neuen Opernhauses beauftragte. Dessen Skizzen mußten Gustav vorgelegt werden, der auch den scheinbar banalsten Details seine Aufmerksamkeit schenkte. Kaum eine Schnittzeichnung verblieb ohne Gustavs Kommentare und Verbesserungsvorschläge, kein größerer Plan ohne ein »inventé et dessiné par le Roi«.

Als das Gebäude 1782 vollendet war, hatte Stockholm mitten in seinem Herzen ein Schmuckstück gewonnen. Seine Fassade war in französischem Klassizismus gehalten, sein Interieur war glei-

Musentempel und Stätte eines Königsmordes: das unter Gustav III. erbaute Opernhaus. Kupferstich von Johan Snack.

chermaßen geräumig wie von nobler Ausstattung. Drei Stockwerke hoch, war der zentrale Bühnenraum von einer Vielzahl kleinerer Räumlichkeiten umgeben, die nach Gustavs Willen eine Heimstatt für das kulturelle Leben Schwedens sein sollten: Salons für Empfänge und Soireen, Ateliers für Künstler, Kabinette für Dichter und Denker und nicht zuletzt eine komplette Wohnung für den König selbst, der hier – wenn auch nur stundenweise – der Illusion frönen konnte, als Künstler unter Künstlern zu leben. Er benutzte dieses »Kabinett« als Schreibraum, durch die Nähe zur Bühne inspiriert. Hierhin brachte man den schwerverletzten Gustav am Abend des Attentates.

Die Schöpfer des Opernhauses hatten eine – gemessen am Standard der Zeit – durchaus soziale Ader. So waren im Erdgeschoß Kachelöfen aufgestellt. Dort hielten sich die Bedienten auf, während sie auf die Herrschaften warteten. Die Herrschaften konnten, so sie zu dem großen Anlaß geladen waren, am 30. September 1782 die festliche Einweihung des Musentempels miterleben. Naumanns Oper *Cora und Alonzo* wurde gegeben, ein Stück über die tragische Liebe eines Spaniers zu einem peruanischen Indianermädchen, das so ganz in den Zeitgeist mit seiner Schwärmerei für die »guten Wilden« paßte. Nach der Aufführung ehrte Gustav seinen Architekten Adelcrantz mit der Verleihung eines diamantenbesetzten Lorbeerkranzes. Gustav war in seinem Element, ganz so, wie es die stolze Inschrift des Opernhauses kündete: »Gustavus III Patriis Musis«. Pünktlich am Vorabend des hundertsten Jahrestages seiner Ermordung wurde Gustavs Opernhaus 1891 abgerissen, um Platz zu schaffen für den heutigen Bau gleicher Bestimmung.

Gustavs Versuche, selbst eine ganze Oper zu schreiben, waren nicht sonderlich erfolgreich. Das zur Oper umgearbeitete Stück *Gustav Adolf und Ebba Brahe,* eine Schnulze über die Jugendliebe des von Gustav verehrten großen Königs, wurde ebenfalls an einem seiner Geburtstage, dem 24. Januar 1788, aufgeführt. Die Resonanz seitens der zur Premiere eingeladenen Führungsschicht des Landes verewigte die stets aufmerksame Hedwig Elisabeth Charlotta, Gustavs Schwägerin, in ihrem Tagebuch: »Das Stück ist schlecht aufgenommen worden und hat viele Mängel, aber das traut sich niemand zu sagen, da der König der eigentliche Verfasser ist. Einer der berühmtesten Dichter unserer Zeit, Herr Kellgren, hat die Verse gemacht, aber sie sind wenig glücklich ausgefallen. Die Musik stammt von einem Abbé Vogler, der nicht ohne Talent, doch im übrigen ein höchst wundersamer Bursche ist.«

Glücklicher war Gustavs Engagement bei der Entstehung von *Gustav Vasa,* welche als die herausragende Schöpfung der Gustavianischen Epoche gilt und – mit Unterbrechungen – immerhin bis 1823 auf dem Spielplan stand. Wieder einmal wurde in einer Oper das Heldentum eines früheren schwedischen Königs besungen, des Gründers der Vasadynastie und Befreiers von den Dänen. Kellgren und Gustav hatten den Text erstellt, Naumann die Musik geschrieben und der Franzose Louis Jean Desprez die opulenten Bühnenbilder erschaffen. 1786 uraufgeführt, war *Gustav Vasa* ein bombastisches Historienspektakel, das seitens seines Schöpfers auch eine propagandistische Funktion erfüllen sollte. Es erinnerte das Publikum an die Treue, die Untertanen ihrem Herrscher in kriegerischen Zeiten zu halten hatten, Zeiten, wie sie angesichts der sich verschlechternden diplomatischen Beziehungen zu Dänemark jederzeit eine Wiederholung erleben konnten. Der Schlußakt war ein bombastisches Schaustück jenes Patriotismus, den Gustav seinen Landsleuten einzuhauchen versuchte, indem er die Übergänge von der im Stück besungenen historischen Gestalt zu seiner eigenen Person bewußt unscharf ließ:

Komm, Gustav, es harrt der Lohn
Den Deine Tugend sich gewann
Sitz auf des Reiches Königsthron
Regiere unser Land fortan
Denn wem gebührte mehr der Lohn
Als ihm, von dem gestürzt ward der Tyrann.

Darüber hinaus zeugte das Stück allerdings, wie schwedische Kulturhistoriker spöttisch anmerkten, auch von Gustavs persönlichen Vorlieben. Einfache Menschen tauchen in der Handlung selten, Erotik überhaupt nicht auf.

Beim Publikum löste das Stück immer wieder einen patriotischen Begeisterungstaumel aus. Und nicht nur bei ihm. Die Statistenrollen, nämlich die der dänischen bzw. schwedischen Soldaten, die als Staffage neben den Hauptpersonen der Handlung auf der Bühne zu stehen hatten, wurden Gegenstand eifrigen Tauschhandels. Diejenigen Komparsen, die dänische Soldaten zu verkörpern hatten, setzten alles daran, zu tauschen und in eine schwedische Uniform schlüpfen zu können. Den entsprechend eingeteilten Kollegen wurden Belohnungen in Aussicht gestellt, nur um aus den verhaßten dänischen Kleidungsstücken hinauszukommen. Es war zweifellos auch deprimierend: Sobald »Dänen« auf der Bühne sichtbar wurden, erging sich das Publikum in Sprechchören: *»Slå på!«* (Haut drauf!)

Ähnlich der Oper erlebte unter Gustavs Ägide das Theater eine in Schweden vorher nicht gekannte Blüte. Hier ging des Königs Einsatz noch weiter. Er schrieb nicht nur Stücke, unterstützte die Aufführung ausländischer, vornehmlich französischer Dramen und förderte schwedische Verfasser, sondern agierte auch auf der Bühne in den unterschiedlichsten Rollen – wobei er die majestätischen eindeutig bevorzugte – und erschien gelegentlich zum Dinner, aber auch zu offiziellen Anlässen zwischen zwei Aufführungen geschminkt und kostümiert.

Gustav bevorzugte für Aufführungen in kleinerem Kreis das Theater, das sich in einem der Türme von Schloß Gripsholm befand und das er aufwendig restaurieren ließ. Das Auditorium bot etwa fünfzig Zuschauern Platz, denen durch die geschickte Anordnung einer Reihe von Spiegeln in dem von antiken Säulen gestützten, überwiegend in Gold und Grün dekorierten Raum die Illusion vermittelt wurde, in einem viel größeren Theater Platz genommen zu haben. Besonders in den Herbst- und Wintermonaten zog sich Gustav mit einem engeren Kreis von Theaterenthusiasten in das unweit von Stockholm gelegene Gripsholm zurück. Nie wieder konnte der Monarch so intensiv seiner Leidenschaft frönen wie im Winter 1775/76. Binnen dreizehn Tagen wurden in dem Schloßtheater nicht weniger als sechs Tragödien und vier andere Stücke, überwiegend französischer Provenienz, aufgeführt. Gustav selbst trat unter anderem in Voltaires *Dschingis Khan,* in Crébillons *Rhadamiste et Zénobie,* in Racines *Athalie* und in Corneilles *Cinna* auf. Letzteres erschien nicht wenigen Besuchern recht pikant, da Gustav, der absolutistische Herrscher, hier mit Hingabe die Rolle eines Republikaners spielte. In den Memoiren und Tagebüchern der überwiegend zum Adel gehörenden Zuschauer haben diese Wintertage, die den Höhepunkt in Gustavs Bühnentätigkeit darstellten, einen unauslöschlichen Eindruck hinterlassen. Er hat dies auch selbst so empfunden und sich mit großem Eifer auf seine Rollen vorbereitet. Eine handschriftliche Aufzeichnung Gustavs über die Zahl der aus diesem Anlaß auswendig gelernten Versreihen ist erhalten geblieben – es waren nicht weniger als 3784.

Der Theaterenthusiasmus Gustavs stieß nicht nur auf Zuspruch. In den Augen des Gustav gegenüber äußerst kritisch eingestellten Axel von Fersen (dem Älteren) fand der Bühnenfleiß des Monarchen in dieser Wintersaison wenig Gnade: »Des Königs vornehmste Tätigkeit während seines Aufenthaltes auf Gripsholm besteht in der Abfassung eines Theaterstückes einschließlich Tanz und Gesang, welches er *Märta Banérs und Lars Sparres Liebeshandel* nennt. Seine Majestät beschäftigt sich so eifrig mit dieser Arbeit, daß er Tage und Nächte dafür opfert. Um dabei nicht unterbrochen zu werden, läßt er allen Ministerien mitteilen, daß jeder, der ihm etwas in zivilen, militärischen oder privaten Angelegenheiten zu sagen hat, sich an die zuständigen Staatssekretäre wenden soll. Da diese sich nicht trauen, ohne seine Anordnungen irgend etwas zu tun, bleiben folglich die Angelegenheiten unerledigt liegen.« Letzteres muß nicht stimmen, Gustavs Biographin Beth Hennings konnte anhand der Ratsprotokolle nachweisen, daß der König in jenem Zeitraum, auf den sich Fersens Tirade bezieht, an nicht weniger als vierundzwanzig Sitzungen dieses Regierungsorgans teilnahm. Ein anderer Zeitzeuge, Johan Gabriel Oxenstierna, beobachtete indes des Königs literarische Aktivität und seinen sich bei der Bühnenarbeit ergebenden, so wenig standesgemäßen Umgang mit gleichem Mißfallen wie Fersen: »Im übrigen habe ich noch nie erlebt, daß die Leidenschaft für das Theater so weit geht. Man lebt ausschließlich für Aufführungen und Repetitionen. Der König bringt den ganzen Tag damit zu, Rollen zu schreiben und die Schauspieler darin einzuüben. Ständig hängt er mit den Kostümschneidern zusammen, die Zugang zu ihm haben, und dies in einem solchen Ausmaß, daß man, wollte man diese Zunft an einem Freitagmorgen besuchen, sie dabei anträfe, wie sie ihm vorschlagen, Brüderschaft zu trinken.«

Kritik an einem König, der sich nicht zu schade war, als Schauspieler zu agieren, kam Gustav auch aus den Kreisen ausländischer Diplomaten zu Ohren, nicht zuletzt vom französischen Botschafter d'Usson, der ihm bei einer Audienz nicht gerade dezent andeutete, daß Louis Seize sich niemals auf einer Bühne den Blicken des Publikums aussetzen würde – wozu letzterem allerdings auch jegliche Begabung fehlte. Gustav reagierte unwirsch auf diese Vorhaltungen des Diplomaten seiner Lieblingsnation, stellte seine schauspielerischen Ambitionen dennoch künftig hintan und wirkte zunehmend hinter den Kulissen.

Im Schauspiel wurde die schwedische Sprache nicht so dominierend wie in der Oper. Nach wie vor wurden französische Stücke, oft auch von französischen Theatergruppen, aufgeführt. Gustav mischte sich kräftig in die Regie solcher Stücke wie Corneilles *Rodogune* und Voltaires *Mérope* ein, die in der Saison 1776/77 auf dem Spielplan standen. In seinem Arbeitsraum auf Gripsholm ließ er eine kleine Druckerpresse aufstellen, mit der die Programmzettel hergestellt wurden. Französische Stücke wurden dabei mit nach damaligem Verständnis großer Schnelligkeit nach Schweden »importiert«, der aufsehenerregende *Barbier von Sevilla* aus der Feder Beaumarchais' kam bereits vier Jahre nach seiner Pariser Premiere in Schweden auf die Bühne. Ein wirklich hochkarätiges Ensemble stand der schwedischen Kulturszene ab 1781 zur Verfügung, als es Gustav gelang, die berühmte Theatertruppe des Jacques Marie Boutet de Monvel zu verpflichten, die von nun an jede Saison zunächst zwei Wochen auf Gripsholm, danach in der Hauptstadt spielte. Monvel war der führende Darsteller der Equipe und wurde darüber hinaus zu Gustavs hochbezahltem Berater in Theaterangelegenheiten. Monvels Schauspielkunst beein-

Jacques Marie Boutet de Monvel. Porträt von C. F. von Breda.

druckte Gustav stark, in einem Fall gar »weinte er vom Beginn der Vorführung bis zum Ende«, wie ein Zeuge sich erinnerte.

Monvel war nicht nur Schauspieler und Regisseur in Gustavs Diensten, sondern auch Lehrer der nächsten Generation schwedischer Bühnenakteure. Da es nach Gustavs Ansicht kaum passable Autoren schwedischer Zunge gab, suchte er diesem Notstand durch eigene Anstrengungen abzuhelfen. Im Winter 1782 wurde sein erstes Stück, die Historienschnulze *Märta Banérs und Lars Sparres Liebeshandel,* die der König im Winter '75 verfaßt hatte, uraufgeführt. In schneller Reihenfolge schlossen sich vier weitere Mehrakter an. Zur Förderung des stückeschreibenden Nachwuchses hatte Gustav die *Förbättringssällskapet för svenska språket* (Gesellschaft zur Verbesserung der schwedischen Sprache) ins Leben gerufen. Die Proben der schwedischen Akteure betrieb Gustav mit ähnlichen Engagement wie die Vorbereitungen der französischsprachigen Aufführungen, was bei einigen seiner adeligen Standesgenossen auf genausoviel Unverständnis stieß. Obwohl von der Nachwelt kaum als überlieferungswürdig betrachtet, trafen einige von Gustavs Bühnenschöpfungen ziemlich gut den Geschmack des damaligen Publikums. Seine Komödie *Den Ena för den Andra* (Einer für den Anderen) war nach der zufriedenen Beobachtung des gekrönten Verfassers ein »succés complet«. Ein anderes auf einer historischen Biographie basierendes Stück, *Siri Brahe,* überlebte seinen Schöpfer bei weitem und gehörte immerhin bis 1808 zum Repertoire des *Dramatiska Theatern* in Stockholm.

Der Vorhang des Gustavianischen Theaters ging auch auf, als der Monarch in der letzten Phase seiner Regierungszeit zunehmend von den Zwängen der Politik und schließlich vom Krieg gegen Rußland in Anspruch genommen wurde. Selbst bei dieser traurigen Angelegenheit ließ er nicht vom Schreiben ab und verfaßte einen Zweiakter im finnischen Feldlager bei Kymmene. Seine Verfasserschaft diente auch der Staatsräson. Kaum von dem noch einigermaßen glimpflich ausgegangenen Feldzug zurückgekehrt, ließ er im Stockholmer Theater ein von ihm verfaßtes Werk unter dem Titel *Födelsedagen* (Der Geburtstag) auf die Bühne bringen und lud die Bürgerschaft seiner Hauptstadt ein, der das Stück gewidmet war – als Dank für die ihm von den Stockholmern während der Kriegsjahre entgegengebrachten Solidarität. Im Publikum dieses Gustavianischen Spätwerkes manifestiert sich auch Gustavs sich wandelndes Verhältnis zu den Ständen der schwedischen Gesellschaft. Der Adel, auf den er in den Anfangsjahren seiner Regierungszeit baute, war ihm zunehmend fremder geworden. Teile der Aristokratie hatten einen regelrechten Haß auf Gustav entwickelt, die erste Konsequenz war für diese Herrschaften der Boykott seiner Aufführungen, die ab den 1780er Jahren immer seltener vor adeligem Publikum gegeben wurden. Das Fernbleiben von der Bühne, die Gustavs Welt bedeutete, war der erste Schritt einer Entfremdung, an deren Ende der Schuß auf dem Maskenball stand.

Gustavs bekanntester Dichter war sich nicht zu schade, selbst – seinem König ähnlich – auf der Bühne zu stehen. Bellman übernahm in der Komödie *Tillfälle gjör tjuven* (Gelegenheit macht Diebe) in mehreren Aufführungen die ihm auf den Leib geschriebene Rolle eines Marktschreiers.

Die Begeisterungsfähigkeit Gustavs, aber auch seine unbestreitbare Begabung – weniger die zum Schauspieler, mehr die zum Regisseur und Verfasser – inspirierten seine Umgebung. »Hört den Vortrag des Königs«, mahnte der Dichter Leopold einen Schauspieler, »das ist die Schule. Imitiert seine Deklamationen, seht seine Gebärden, versetzt Euch in sein Spiel.« Gustav selbst fand in einer der schwärzesten Stunden, im Herbst 1788 in Göteborg in Erwartung des dänischen Angriffes, in einem Brief an einen Vertrauten zur folgenden Selbstdiagnose: »Meine väterlichen Gefühle für die Kunst des Dramas werden stets dieselben bleiben; ich betrachte sie als einen ruhigen Hafen, in dem man nach dem Unwetter zur Ruhe kommt.«

Was ihm an Kulturgenuß trotz all seiner Bemühungen im eigenen Land versagt blieb, dem jagte Gustav bei seinen Auslandsreisen nach. Sein erster Aufenthalt außerhalb Schwedens, die Frankreichreise im Jahre 1771, hatte ihn geprägt. Der Glanz des französischen Gesellschaftslebens, die Pracht der Opern und Theater, aber natürlich auch die Machtstellung seiner Könige hatten einen unauslöschlichen Eindruck hinterlassen. Bei seiner ersten Auslandsreise als König dominierten die Staatsgeschäfte: 1778 traf er sich mit Katharina von Rußland, ein recht ergebnisloses Unterfangen. Zwei Jahre später unternahm er eine Exkursion auf den europäischen Kontinent, die eine reine Vergnügungs- und Erholungsreise sein sollte. Letzteres war auch vonnöten, erkrankte der inkognito als »Graf von Haga« reisende Monarch doch unterwegs an einer Lungenentzündung und lag in dem kleinen Städtchen Damgarten so schwer darnieder, daß seine Begleitung bereits das Schlimmste befürchtete. Er erholte sich wieder und bedurfte nun um so mehr der geplanten Kuren in Aachen und im gleichfalls mondänen Spa. Natürlich standen neben der Einnahme der Heilwässer auch politische Gespräche und die Besuche der örtlichen Theater auf dem Programm. Daneben gab er sich allerdings auch einem Vergnügen hin, daß ihm in Schweden eher fremd war. Er frönte in diesen Hochburgen der Casinos mit einiger Hingabe dem Glücksspiel.

Von ganz anderer Qualität war Gustavs längste Auslandsreise, die ihn fast ein Jahr lang von Schweden fernhielt, was ihm angesichts einer heraufziehenden Wirtschaftskrise in Folge einer Hungersnot und eines zunehmend schlechter werdenden Verhältnisses zu den Reichsständen, besonders zum Adel, von nicht wenigen seiner Landsleute verübelt wurde. Das Ziel war zunächst Italien und das Studium seiner Kunstschätze und seiner Architektur. Er verließ sein Schloß Drottningholm am 27. September 1783 in

Gustav trifft den Papst.

Begleitung einer handverlesenen Auswahl von Höflingen, aber auch einiger Kenner mediterraner Kultur. An der Spitze stand der bedeutendste schwedische Bildhauer des 18. Jahrhunderts, Johan Tobias Sergel, der jahrelang in Italien studiert und gearbeitet hatte und somit als Führer Gustavs bestens geeignet war. Die Gesellschaft erreichte am 2. November Pisa, das Gustav gleichermaßen kalt wie langweilig fand. Die weiteren Stationen waren Florenz, wo es zu einem Treffen mit Kaiser Joseph II. kam, Rom und schließlich Neapel. Die Weihnachtstage verbrachte der protestantische Herrscher in Rom. Hier kam es auch zu einer Begegnung mit Papst Pius VI. Die Atmosphäre dieses ersten Treffens eines Papstes mit einem schwedischen König war entspannt, geradezu freundschaftlich; es schien, als halte es der in religiösen Dingen recht indifferente Gustav in dieser einen Beziehung nicht mit seinem Vorbild Gustav Adolf, des Vorkämpfers gegen den Katholizismus im Dreißigjährigen Krieg, bei dessen Ableben die Glocken eben jener Peterskirche ein Freudengeläut angestimmt hatten.

Prägender als die politischen Gespräche waren für Gustav die Begegnungen mit den Zeugnissen der großen Vergangenheit des Landes, den Ruinen, Bauwerken und Kunstschätzen vornehmlich aus der Antike und der Renaissance. Es schien, als wollte Gustav nun jenen Bereich seines Kulturinteresses um so intensiver ausleben, den er bislang zugunsten der Förderung von Theater und Oper etwas hatte vernachlässigen müssen. Er hätte für seine Auseinandersetzung mit der bildenden Kunst keinen kompetenteren Partner finden können als Sergel, dem Italien nach seinem elfjährigen Aufenthalt vertraut war. Der König und der Künstler stürmten mit der dem Monarchen eigenen Rastlosigkeit über das Forum Romanum, durch den Uffizienpalast und alle anderen erreichbaren Museen. Ein anderer zur Reisebegleitung gehörender schwedischer Maler, Carl August Ehrensvärd, bemerkte im Angesicht des ungleichen Duos ironisch: »Ich beklage die armen Meisterstücke auf dem Capitol und im Vatikan und Sergel, der sie erklären soll, und von denen Majestät in all seiner Hast nicht viel verstehen wird. Er ist voller Feuer, und die Antiquitäten sind voller Gesetztheit, er ist voller Genie, und diese sind voller Geschmack, er hat es eilig, und die Altertümer erfordern Geduld.«

Vielleicht war Gustav wirklich nur der Dilettant, den Ehrensvärd in ihm sehen wollte; sein Eifer, aus dem in Italien Gesehenen zu lernen und das Kunstleben Schwedens zu fördern, war jedenfalls bei der Reise geweckt worden. »Sein Verlangen«, so beobachtete ein Zeuge in Rom, »die alten Monumente und besonders alles, was mit Architektur und Skulptur zu tun hat, zu sehen, war unermüdlich.« So war es auch sein Bestreben, seine Hauptstadt mit Monumenten zu verschönern, die der Nachwelt vom Ruhm seiner Herrschaft künden sollten. Von allen Kunstformen hatte es ihm die Architektur am meisten angetan. In Rom hatte er Geschmack an dem Gedanken gefunden, Zeugnisse einer die Zeiten überdauernden Bautätigkeit in seiner Hauptstadt zu hinterlassen, ähnlich jenen, die das flavische Herrscherhaus zur urbanen Prachtentfaltung Roms beigetragen hatte. Ihn als reinen »Theaterkönig« zu bezeichnen würde Gustavs Rolle auf anderen Gebieten des schöpferischen Lebens seines Landes verkennen heißen. Im 20. Jahrhundert schrieb der Architekt und Kunsthistoriker Sigurd Curman: »Mit vollem Recht wird diese Stilepoche nach Gustav III. benannt, denn seit den Tagen Johans III. hat kein schwedischer König einen so starken und bestimmenden persönlichen Einfluß auf die Kunstentwicklung des Landes ausgeübt wie Gustav III. Er ist es, der in diesen bedeutungsschweren Jahrzehnten die treibende Kraft oder zumindest der zündende Funke bei der Planung aller großen Bauprojekte ist, er ist es, der auswählt, ermuntert und die Künstler antreibt, die der Idee die Form geben sollen.«

Die ökonomischen Voraussetzungen in Schweden waren zwar nicht danach, den italienischen und französischen Vorbildern nachzueifern, doch im Rahmen der Möglichkeiten erlebte auch die öffentliche Bautätigkeit unter Gustav eine Blütezeit. Das Opernhaus, das schon Erwähnung fand, war zweifellos das herausragende architektonische Anliegen des Monarchen, seine Pläne erstreckten sich jedoch viel weiter. Zu den realisierten Projekten gehörten in Stockholm vor allem die Börse und die nach seinem

Vater benannte Adolf-Fredrik-Kirche. Die hübsche Barockkirche war zwar schon zu dessen Regierungszeit begonnen worden, die Vollendung fiel jedoch in Gustavs Epoche, die Ausstattung unterlag maßgeblich Sergels Einfluß, der neben diversen Skulpturen ein Epitaph des von Königin Kristina nach Schweden eingeladenen und 1650 in Stockholm gestorbenen französischen Philosophen Descartes schuf. Sergel selbst fand nach seinem Tod im Jahre 1814 hier ebenso seine letzte Ruhestätte wie eine Reihe anderer bedeutender Gestalten der schwedischen Geschichte, unter ihnen der Dichter Bengt Lidner und der Arbeiterführer und Ministerpräsident Hjalmar Branting.

Nicht oder allenfalls nur zum Teil verwirklicht wurden all jene Baupläne, die Gustav eigenhändig erstellte und die später von seinem Sohn nach dessen Sturz außer Landes gebracht wurden. Hierzu gehörten umfassende Anbauten des Königlichen Schlosses in Stockholm sowie Planungen von Neubauten unter anderem in Uppsala und Karlberg. Das typischste, aber ebenfalls unvollendete Zeugnis seines Baueifers ist der Kern seines kleinen Schlößchens Haga, vor den Toren Stockholms, an dem nach seiner Ermordung niemand mehr weiterbauen wollte. Neben Representativbauten entstanden unter Gustavs Leitung auch eine Reihe wichtiger öffentlicher Gebäude wie das neue Zollhaus und die Großschlachterei. Die städtebaulichen Initiativen Gustavs und seiner führenden Architekten wie Adelcrantz und Erik Palmstedt gaben Teilen der Hauptstadt ein neues, zeitgemäßeres Gesicht. Unweit der neuen Oper wurde der großzügige Norrmalmstorg geschaffen. Eine bleibende Bereicherung der Infrastruktur Stockholms stellte das größte, allen Bürgern zugute kommende Bauprojekt dar: Am 19. August 1787, einem Jahrestag seines Staatsstreiches, legte Gustav den Grundstein zur *Norrbro,* jener Brücke, die direkt unter den Fenstern seines Schlosses begann, über die kleine Insel Helgelandsholmen (auf der in einem demokratischeren Zeitalter als dem des »aufgeklärten Absolutismus« das schwedische Parlament tagen sollte) hinüber zum nördlichen Stadtteil Norrmalm führte und praktisch vor den Toren seines Opernhauses endete. Diese ideale Verbindung von der Residenz des Herrschers zur Heimstatt der von ihm geförderten Musen hat Gustav nicht mehr nutzen können, das gewaltige Bauprojekt benötigte zwanzig Jahre bis zur Vollendung. Mit Gustav hatte Stockholm zweifellos, wie es ein nachgeborener Historiker dem König bescheinigte, »einen Fürsten, der fast despotisch die Bautätigkeiten an sich riß. Von ihm gingen administrative Maßnahmen von besonderem Gewicht für die Architektur aus, große und für Stockholms Aussehen entscheidende Initiativen, und schließlich wirkte sein persönlicher Geschmack stark auf die Architekten ein.«

Es war allerdings auch ein Glück für Stockholm und für das Überleben einiger seiner schönsten Baudenkmäler, daß Gustav nicht all seine Pläne verwirklichen konnte. Nach dem gewonnenen Krieg gegen Rußland schwebte ihm die Verherrlichung seiner Person für die Nachwelt vor, war er doch nun endgültig in die Fußstapfen des *hjältekung* Gustav Adolf getreten. Die Stockholmer Bürgerschaft, so sein Vorschlag, solle sammeln und ein Denkmal finanzieren, das Sergel erschaffen würde. Die Finanzierung war kein Problem, denn die Stockholmer waren willig, die Plazierung schon eher. Gustav verfiel auf die Idee, die *Storkyrka* (Großkirche), das bedeutendste Gotteshaus der Altstadt, schleifen zu lassen, um Platz für sein Monument zu schaffen. Für die Nachwelt noch pietätloser, dem rationalen Zeitgeist jedoch eher vertraut, der oft Altes einriß, um Neues zu schaffen, war sein Gedanke, die Riddarholmkirche ebenfalls abreißen zu lassen, um an ihrer Stelle – und gar noch aus ihrem Material – ein Pantheon zu errichten, wie er es in Rom studiert hatte. Immerhin ist diese Kirche auf einer kleinen Nebeninsel der Altstadt die Grabstätte der schwedischen Könige und anderer historischer Persönlichkeiten, vielleicht dem Invalidendom in Paris oder dem Dom in Speyer vergleichbar. Zum Segen für Schwedens historisches Erbe kamen diese Pläne Gustavs nicht zur Realisierung. Die Riddarholmkirche blieb erhalten, Gustavs Statue steht heute niemandem im Wege. An der Uferstraße der Altstadt grüßt er mit ausladender Geste seine Stockholmer. Sergel porträtierte den König vernünftigerweise nicht als Kriegsherrn (der er nicht war), sondern als Schützer der Musen, seinem Volk den Olivenzweig des Friedens entgegenstreckend.

Zu den eher uneigennützigen Projekten, zu denen Gustav in Italien inspiriert wurde, gehörte die Schaffung einer großen, nationalen Kunstsammlung. Er hatte bereits als Kronprinz begonnen, Gemälde zu sammeln, worin er von seiner kunstbeflissenen Mutter unterstützt wurde. Während seiner Regierungszeit galt er als bedeutendster Mäzenat des Landes und unterstützte Maler wie Elias Martin, Lorens Pasch, Alexander Roslin und Per Krafft nicht zuletzt dadurch, daß er ihnen regelmäßig Porträtaufträge zukommen ließ. Hierbei handelte es sich oft um Porträts seiner selbst, aber auch um Bildnisse bedeutender und von ihm geschätzter Zeitgenossen. Das bekannteste Porträt Bellmans zum Beispiel schuf Krafft auf Wunsch Gustavs, der in Gripsholm eine Porträtgalerie großer Schweden unterhielt. Die Gustavianische Sammlung bildete in der Tat den Grundstock zu einem umfassenden schwedischen Kunstfundus. Dessen Institutionalisierung hat Gustav jedoch nicht mehr miterlebt. Die reiche Sammlung fand erst hundert Jahre nach seinem Ableben ihre Heimstatt im jenseits des Norrström in Sichtweite des Schlosses errichteten Nationalmuseum.

Der Inspiration durch Italiens Kunstschätze, die sein Verhältnis zu Architektur, Malerei und Bildhauerei nachhaltig beeinflußte, schloß sich die Weiterreise nach Frankreich an. Der Aufenthalt dort hatte teilweise politischen Charakter, nahm er doch dabei sein »Kolonialreich« St. Barthelemy in Besitz. Auf der Reise von Italien machte er unter anderem in Lyon Zwischenstation, wo er Zeuge eines bemerkenswerten Schauspieles wurde. Ein Heißluftballon, nach seinen Erfindern allgemein Montgolfiere genannt, stieg vor seinen Augen auf. Diplomatischerweise hatten die frühen Lyoner Piloten ihr Schiff dem hohen Gast zu Ehren *La Gustave* getauft. Der menschliche Geist, so konstatierte der König aus dem Norden fasziniert, war in ein Stadium getreten, in dem selbst für unlösbar gehaltene Fesseln wie die der Schwerkraft überwunden werden konnten. Sein Zeitalter war in der Tat eine Epoche des Aufbruches.

Der Besuch in Paris diente neben den Staatsgeschäften natürlich auch der Zerstreuung im Theater. Ob Gustav bemerkte, wie morbide die französische Gesellschaftsordnung war, wie nahe am Abgrund die führende Schicht des Landes bereits tanzte, ist unklar. Er blieb jedenfalls skeptisch und scheint Frankreich nicht mehr als unbedingt zuverlässige außenpolitische Stütze angesehen zu haben. Den französischen König hielt er gar für einen charakterschwachen Menschen. Mehr noch, er entdeckte, gerade im Theater, deutliche Zeichen für die Dekadenz des überkommenen Systems.

In Paris nämlich verfolgte Gustav erstaunt, vielleicht aber auch verärgert *Die Hochzeit des Figaro* mit ihren kaum verbrämten sozialkritischen Anspielungen. Der Autor Beaumarchais hatte gesellschaftliche Veränderung nicht nur in Librettos heraufbeschworen, sondern die Aufständischen im amerikanischen Unabhängigkeitskrieg mit Geld- und Materiallieferungen aktiv unterstützt; Aufständische, die gegen eine Regierung kämpften, an deren Spitze ein König stand. Es kam zu einem Treffen zwischen dem Schwedenkönig und dem vorrevolutionären Dichter, der von Gustavs Vielseitigkeit beeindruckt war, wie er seinem Brieffreund, dem schwedischen Philosophen Nils von Rosenstein, mitteilte: »Zu meiner großen Überraschung ist ihm nichts fremd. Literatur, Geschichte, Wissenschaft und Kunst, in allem findet er sich zurecht, und seine Meinungen zu allem sind wohlbegründet und klar. Er ist ein erstaunlicher Mensch, mehr noch, in meinen Augen besitzt er genau jene herausragenden Eigenschaften, die jene stets haben sollten, denen das Schicksal bestimmt hat, über uns zu gebieten.«

Ungeachtet der vertraulichen Konversation mit Beaumarchais, verfolgte Gustav das seiner Ansicht nach geradezu selbstzerstörerische Stück mit großer Skepsis. Das erlesen gekleidete Publikum, das zu den Verlierern des Umsturzes gehören würde, applaudierte seinem eigenen Abgesang in Beaumarchais' Werk frenetisch. Gustav kehrte sichtlich ernüchtert im August 1784 von seiner längsten Reise heim.

Ein wichtiger Bereich des öffentlichen Lebens erlebte unter Gustavs Herrschaft ganz gewiß keine Blüte. Die Universitäten Schwedens dümpelten auf vergleichsweise niedrigem Niveau dahin. »Der alte Linnaeus ist fort und hat keine Nachfolger gefunden«, befand ein Besucher der Universität Uppsala. In der Tat war der Niedergang auf dem Gebiet der Naturwissenschaften, deren Glanzzeit mit der *frihetstid* und dem Wirken Carl von Linnés zusammenfiel, unübersehbar. Dies war zumindest teilweise auch Gustavs Verschulden, teils das seiner Erzieher. »Er hat keinen Sinn für wirkliche Gelehrsamkeit«, bemerkte ein Angehöriger des Hofstaates über Gustav während seiner Zeit als Kronprinz. Es wurde ihm auch nicht leicht gemacht, einen solchen zu erwerben. Seine Ausbildung war, wie es der Literaturhistoriker Henrik Schück formulierte, eine auf Äußerlichkeiten bedachte französische Salonbildung, bei der geistreiche Konversation alles, Faktenwissen nichts war. Die Förderung der Wissenschaften wurde Gustav damit nicht gerade zu einer Herzensangelegenheit, zumindest nicht die jener Wissenschaften, die über Disziplinen wie *vältalighet* (Redekunst) und *vittra ämnen* (Schöngeistiges) hinausgingen.

Während Theater und Oper gefördert wurden, führte das akademische Leben beinahe ein Schattendasein, ein neuer Linné, ein neuer Celsius konnten unter diesen Bedingungen kaum nachwachsen. Ein Besucher von Schwedens bedeutendster Universitätsstadt vermerkte in seinem Reisetagebuch: »In Uppsala klagt man über den Verfall der Studien und die drohende Barbarei. Diese wenig tröstliche Vorhersage scheint von Tag zu Tag mehr an Wahrheit zu gewinnen. Die Unkenntnis bei jenen, die lehren, und die Unlust bei denen, die lernen sollten, macht große Fortschritte. Das einzige Ziel ist es, feine Manieren zu erwerben, um den Einstieg an einem jungen Hof zu finden. Man lernt schneller zu tanzen, als seinen Namen zu schreiben. In Uppsala findet sich nicht ein einziger junger Adeliger, der ernsthaft wissenschaftlich lernt; man eignet sich ein wenig sprachliche Fähigkeit an, um bei Hofe die Theaterstücke zu verstehen und darüber reden zu können. Die Jünglinge aus nichtadeligem Haus kümmern sich nicht um die Wissenschaften, da sie nicht angesehen sind und auch nicht zum Broterwerb taugen.« Neben dem Inhalt verfiel auch die Form zusehends. Die Zeitung *Stockholms Posten* berichtete hämisch über eine »akademische« Feierstunde an der anderen großen Universität des Landes in Lund, bei der der Lehrstuhlinhaber für Musik ein Konzert am Geburtstag des Kronprinzen gab und sein siebenjähriger Sohn zur Verzückung des wenig wählerischen Publikums die Pauke schlug.

An den Professoren mißfiel Gustav besonders, daß sie der von ihm so geschätzten französischen Sprache nicht oder kaum mächtig waren. Mit dieser Kritik lag er allerdings gar nicht so falsch. In der Diplomatie und in sonstiger internationaler Korrespondenz hatte Französisch längst das von den etwas der Realität entrückten akademischen Lehrern Schwedens gepflegte Latein abgelöst. So waren junge Menschen, die von den Universitäten in Uppsala oder Lund kamen, für den Regierungsdienst fast unbrauchbar. Beamte in leitender Funktion konnten ohne Französisch kaum noch auskommen, seine Kenntnis konnten sie jedoch nur außerhalb der Universitäten erwerben, gab es doch keinen Lehrstuhl für moderne Sprachen – auch nicht für Schwedisch.

Dennoch bemühte sich Gustav im Rahmen seiner Möglichkeiten um die Universitäten seines Landes, auch wenn hier das Schöngeistige, Blendende die Oberhand über dem Ernsthaften behielt. Sympathien erwarb er sich jedoch durchaus. Im Herbst 1786 hielt er sich für mehrere Wochen in Uppsala auf, hörte Vorlesungen, nahm an Diskussionen teil und kam mit Professoren und Studenten ins Gespräch. Seine Beliebtheit war nach den Beobachtungen eines Zeugen, der sich ein halbes Jahrhundert später erinnerte, groß: »Kein schwedischer König ist in den Mauern Uppsalas so geliebt worden. Ich habe erlebt, daß einige von den damals Studierenden wieder jung geworden sind, sobald die Sprache auf ihn und auf die Begeisterung kam, die er bei Professoren, Magistern und Studenten auslöste. Ich habe gehört, wie sie mit glänzenden Augen von seiner täglichen Anwesenheit bei den Vorlesungen und seinen Disputationsbeiträgen erzählten. Letztere verwandelten sich durch seine Anwesenheit in vergnügte Turnierspiele, bei denen die ausgezeichnetsten Jünglinge, Adelige wie Nichtadelige, Gelegenheit bekamen, in einen Wettstreit mit ihrem geistreichen König zu treten, der in seiner Beredsamkeit ein Lichtblick war und für jeden ein aufmunterndes Wort bereit hatte.«

Dem Geistreichen, Edlen wollte Gustav eine bleibende Heimstatt in Schweden schaffen. Allerdings eine, die unabhängig von den dafür seiner Ansicht nach unbrauchbaren Universitäten war. Das Forum, das er dafür auserkoren hatte, sollte *Svenska Akademie,* seine Akademie, darstellen. Das Vorbild gab – wieder einmal – Frankreich ab. Dort war bereits unter Richelieu, gut eineinhalb Jahrhunderte zuvor, die Academie Française gegründet worden, der die vierzig herausragenden Geistesgrößen des Landes angehörten. Der kluge Kardinal hatte diese Institution allerdings nicht aus reiner Freude an regelmäßigen, jeden Montag stattfindenden Darbietungen von intellektueller Beredsamkeit ins Leben gerufen, sondern auch, um die Elite des Landes unter Kontrolle zu haben – allemal besser, sie debattierten unter seiner Ägide als in verschwörerischer Heimlichkeit.

Dieser Grundgedanke war auch Gustav keineswegs fremd. Er sah in den Dichtern und Denkern die ersten Diener ihres Königs und sich selbst als einen der Ihren. Es mag sein, daß er bei seinen Aufenthalten in Frankreich eine Vorahnung bekommen hatte, daß es dort nicht ewig mit dem überkommenen Feudalismus weitergehen konnte. Die Pamphleteure, die königsfeindliche (und besonders königinfeindliche) Schriften unters Volk brachten, die Neunmalklugen, die in den Kaffeehäusern des Palais Royal über notwendige Veränderungen schwadronierten, sie alle beriefen sich auf die Werke der großen Autoren des Zeitalters: auf Rousseau, auf Raynal, auf Voltaire. Deren schwedische Geistesverwandte – gleichwohl diese ein bis zwei Nummern kleiner waren – sollten das Loblied auf den Absolutismus eines aufgeklärten, vom Geist der Philosophie durchdrungenen Monarchen singen und nicht dem Umsturz das Wort predigen. Zu den ersten, die von Gustav in den auserwählten Kreis gebeten wurden, gehörte der gestrenge Kritiker Kellgren, dessen Wort in Fragen der Ästhetik und Poesie inzwischen fast diktatorischen Charakter hatte. Die Akademie mit ihren Wettbewerben, Ehrungen und viel königlichem Lob war auch als Versuch Gustavs gedacht, sich seine literarische Elite stets gewogen zu halten.

Zu den auserwählten Achtzehn (von denen dreizehn vom König ernannt wurden) zu gehören, die die Akademie bildeten, war nach Gustavs Verständnis bereits eine Auszeichnung per se, für die der Monarch von dem so Geehrten einiges an Dankbarkeit erwarten konnte. Das funktionierte oft, besonders bei anderweit eher minderbemittelten und damit abhängigen Literaten, jedoch weniger gut, wenn einer der Großen des Landes aus politischen Gründen zur Teilnahme geladen wurde. So änderte die Aufnahme des gleichermaßen begüterten wie einflußreichen Axel von Fersen nichts an dessen Distanz zu Gustav und zum absolutistischen Königtum.

Gustav debattierte mit seinem Vertrauten Schröderheim anläßlich der Stiftung der Akademie deren personelle Zusammensetzung. Dabei ließ Schröderheim den Namen seines Freundes Bellman einfließen. Das stürzte Gustav in ein Dilemma. Er schätze Bellman, so erklärte er Schröderheim, außerordentlich und werde stets ein offenes Ohr für dessen Anliegen haben. Doch Mitglied einer königlichen Akademie und damit Richter über den guten Geschmack zu sein? Das schien Gustav doch ein bißchen zu viel der Ehre zu sein. Bellman war und blieb, auch für seinen König, ein Troubadour des Volkes. Ihn in einem feierlichen, perückenbestückten Gremium sitzen zu sehen, ohne im Laufe der Verhandlungen und Diskussionen über den literarischen Zeitgeist zur Zerstreuung des Hohen Hauses gelegentlich zur Laute zu greifen – diese Vorstellung wäre wahrscheinlich für Bellman eine Qual gewesen, und es scheint, daß Gustav sich gut in diesen seinen Poeten hineinversetzen konnte.

Mit einer Rede Gustavs wurde der Gründungsakt der Akademie am 5. April 1786 eröffnet. Die große Ehre, die Schweden in den vergangenen Jahrhunderten auf den Schlachtfeldern errungen hatte, gelte es nun auf anderem Gebiet, vornehmlich auf dem der Poesie, zu festigen. Denn so schön ein langer Friede sei, so sehr er den Wohlstand der Bürger fördere, so sehr könne er auch zu einer Kraftlosigkeit der nicht länger herausgeforderten Seele werden. Um dieser drohenden geistigen Erschlaffung zu wehren, sollte die Akademie Schauplatz für eine Art unblutigen Krieges werden, für den Wettstreit des Geistes. Dichterwettbewerbe sollten von nun an zu einem der Haupttätigkeitsfelder der Akademie werden, die Bewertung und Diskussion eingesandter literarischer Werke zur primären Beschäftigung ihrer Mitglieder. Wie bei Gustavs national-romantischer Veranlagung und seiner Verehrung schwedischer Großmachtzeit kaum anders zu erwarten, war das Thema der Wettstreite überwiegend *äreminnen,* Gedenkhuldigungen an die Helden von einst. Beim Wettbewerb, Lennart Torstensson, den schwedischen Feldmarschall aus der Spätphase des Dreißigjährigen Krieges, in möglichst wohlklingenden Wendungen zu würdigen, reichte Gustav selbst anonym eine Schrift ein. Sie fand Anklang bei den um die wahre Identität des Autors ahnungslosen Akademiemitgliedern, wurde jedoch – wie es ja durchaus Sinn dieser Institution war – kritisch diskutiert und analysiert. Gustav selbst hielt sich bei der Debatte zurück und verfolgte das Geschehen, wie sich später nach Decouvrierung des Verfassers ein Teilnehmer erinnerte, mit einem etwas gezwungenen Lächeln. Nur einmal meldete er sich zu Wort, als er dem Einwand des Hofdichters Carl Gustav Leopold, eine Textstelle gehöre eher zur Poesie als zur *vältalighet,* mit dem Hinweis begegnete, dies sei doch eigentlich dasselbe.

Wer im Wettstreit um Rhetorik und Poesie, um Tragödie und Geschichtsverherrlichung obsiegte, hatte gute Aussichten, in der Gustavianischen Gesellschaft eine feste Größe zu werden oder zumindest sein Auskommen zu haben. Im Umfeld um den König und seine Akademie sammelten sich einige der besten Dichter der Zeit, ohne unbedingt dem Monarchen hörig zu sein, wie das Beispiel Kellgren zeigt. Die königliche Literatenszene zog natürlich auch weniger Begabte an, denen es manchmal mit Glück und Kriecherei gelang, sich an Gustavs Sonne zu wärmen – auch pekuniär. Als solchen Ehren besonders unwürdigen Dichter haben Literaturhistoriker, aber auch aufmerksame Zeitgenossen, den völlig unbegabten Johann Simming, später zu Simmingsköld geadelt, ausgemacht, der von Gustav mit dem Titel (und dem Salär) eines Königlichen Bibliothekars ausgestattet wurde. Die bedeutendste literarische Leistung dieses fetten Menschen mit dem einfältigen Gesicht scheint der Abdruck eines von Bellman stammenden Gedichtes in einer Göteborger Zeitung gewesen zu sein. Der mit einer ungewöhnlich scharfen, oft sarkastischen Beobachtungsgabe ausgestattete Sergel schuf eine satirische Darstellung des Plagiators: mit einem durch ständiges Bückeln S-förmig gewordenen Rückgrat als Prototyp des an allen europäischen Höfen heimischen Parasiten.

Zeitloser als die romantischen Verklärungen längst verblichener Feldherren und Könige wurde eine andere Funktion der Akademie. Sie fungiert bis heute als Hüterin der schwedischen Sprache und als Herausgeberin eines deren Grundlage festschreibenden Wörterbuches, dessen Vollendung auch zweihundert Jahre nach Akademiegründung noch aussteht. Den Wahlspruch für die Akademie und im weiteren Sinne auch für sein Wirken hat Gustav selbst festgelegt: *Smak och Snille,* Geschmack und Geist. Er zierte jene Goldmedaillen, die den Siegern der Wettstreite verliehen wurden.

Gustav konnte noch nicht ahnen, daß es neben der versuchten Disziplinierung der geistigen Elite eine weitere Parallele zwischen der französischen und der schwedischen Akademie geben würde. Ebenso wie die noch heute existierende Pariser Akademie sollte auch die *Svenska Akademie* fast ununterbrochen fortbestehen und damit sogar die dauerhafteste Schöpfung Gustavs werden. Sie erfreut sich eines ungebrochen hohen Ansehens, während Gustavs Opern und Theaterstücke weitgehend in Vergessenheit geraten sind. Seit 1901 obliegt ihr die Auswahl des Nobelpreises für Literatur, der wie die anderen Preise (für Physik, Medizin, Chemie, Wirtschaftswissenschaften und Frieden) aus dem Vermögen des schwedischen Industriellen und Dynamiterfinders Alfred Nobel gezahlt wird. Die der Akademie vorstehenden Mitglieder erhalten noch heute als Honorar für die Leitung eines Zusammentreffens eine kleine Silbermünze, die auf der einen Seite ein Porträt Gustavs, auf der anderen den Wahlspruch *Smak och Snille* zeigt. Sie kann, so gewünscht, gegen zwanzig Kronen umgetauscht werden, was in Anbetracht des Wertverfalls der Währung beiden Schlagwörtern Hohn sprechen würde, Geschmack wie Geist.

6. Private Welten

Bellmans Familie war intakt. Die bescheidene bürgerliche Behaglichkeit seines Heimes wurde dem Dichter ein ruhender Pol, den er besonders bei der Rückkehr von Ausflügen in die Halbwelt der Stockholmer Spelunken und ihrer ständigen Verführung durch den Branntwein zu schätzen gewußt haben muß. Gustavs Lebenswerk als Politiker, als Autor, als Mäzen vollzog sich hingegen vor dem Hintergrund düsterer persönlicher Lebensumstände. Gab dem einen, Bellman, die Familie Halt, so war sie dem anderen, Gustav, Anlaß zur Flucht in die Vielzahl seiner Aktivitäten.

Der Monarch, der – zumindest in der ersten Hälfte seiner Regierungszeit – so gut wie unangefochten das Land regierte, diesem seine Gesetze diktierte und die Reichstage dominierte, dem wenn nicht die Herzen, so doch die Lobhuldigungen von Kunst und Kulturwelt Schwedens zuflogen, war innerhalb seiner Familie oft isoliert und stand in einem unglückseligen Spannungsverhältnis zu zwei Frauen, seiner Mutter und seiner Gemahlin. Es war auch Gustavs Schuld, daß seine Ehe mit Sofia Magdalena kalt blieb, die Anfeindungen durch seine Mutter prasselten allerdings ohne eigenes Zutun auf ihn herab.

Louisa Ulrika hätte vermutlich auch einen ausgeglicheneren Menschen als den nervösen, hyperaktiven Gustav zur Verzweiflung getrieben. Ihre Befähigung zu bösartigen und verletzenden Bemerkungen stand der ihres Bruders, Friedrich II. von Preußen, in nichts nach. Grund zum Mißmut hatte sie nach eigener Ansicht genug. Nachdem sie ihren schwachen Gatten bis zum Tage seines kulinarisch gemilderten Abganges unnachgiebig beherrscht hatte, war sie keineswegs gewillt, das zurückgezogene Dasein einer Königinwitwe zu führen und im Kreise ebenfalls ergrauter Hofdamen der Stickerei zu frönen. Gustavs gelungener Coup vom August 1772 erschien ihr wie die Morgenröte eines neuen Tages, der auch ihr wieder eine exponierte Rolle in den Staatsgeschäften

Kein Familienidyll, alles wirkt gestellt: Gustav III. und seine Familie sind im Stockholmer Schloß versammelt und frönen gepflegter Langeweile. Von links nach rechts: Sofia Magdalena, räumlich weit vom Gatten getrennt, Bruder Carl mit seiner Frau, Hedvig Elisabeth Charlotta, der Kronprinz und Gustav III., Sofia Albertina und Fredrik Adolf, die wenig begabten Geschwister Gustavs. Zeichnung von J. F. Martin.

zukommen lassen würde. Verärgert war sie jedoch bereits zu diesem Zeitpunkt darüber, daß Gustav die eigenen Geschicke und nun auch die seines Landes in die Hand genommen hatte, ohne sie um ihren weisen Rat zu fragen oder sie auch nur im mindesten vorher zu konsultieren. Diese Mißstimmung wuchs in der Folgezeit stetig, als sich immer deutlicher abzeichnete, daß sich Gustav die Administration seines Schweden sehr gut ohne die Frau Mutter vorstellen konnte. Phasen eines gedeihlichen Verhältnisses zwischen Mutter und Sohn endeten schnell in immer neuen Sticheleien und Gezänk. Gustavs sonst nicht unbeträchtlicher Charme war gegenüber seiner Mutter wirkungslos, artige Komplimente wie sein treuherziges »Trotz aller Eurer Fehler liebe ich Euch à la rage« prallten an ihrem emotionalen Eispanzer ab.

Richtete sich der Bannstrahl mütterlicher Mißgunst und Wut regelmäßig auf ihren Ältesten, so zeigte sie ihrer Schwiegertochter gegenüber permanent blanke Ablehnung und Verachtung. Louisa Ulrikas pathologische Abneigung gegen alles Dänische lebte sie an Sofia Magdalena gründlich aus. Die Dänenprinzessin war das erbarmungswürdigste aller Geschöpfe in der kalten Welt des Stockholmer Hofes. Aus politischen Gründen in das latent verfeindete Nachbarland verheiratet, wurde Sofia Magdalena in Schwedens Königshaus nie richtig heimisch. Eine grantige Schwiegermutter und ein ablehnender Hofstaat wären für die junge Frau vielleicht noch zu ertragen gewesen, hätte sie in Gustav einen liebenden Gemahl oder zumindest einen Partner und Vertrauten gefunden.

Die ohnehin schüchterne und etwas linkische Sofia Magdalena erstarrte förmlich in Gegenwart ihres Gatten und seiner nicht gerade einladenden Familie. Gustav war zwar charmantes Parlieren mit geistreichen reiferen Damen wie seiner einundzwanzig Jahre älteren Brieffreundin Gräfin de Boufflers gewohnt. Um seiner jungen Frau ein einigermaßen angenehmes soziales Umfeld zu schaffen und ihr zu helfen, ihre Ängste zu überwinden, war er jedoch selbst zu unerfahren. Die Tatsache, daß seine Frau bei gesellschaftlichen Anlässen und in trauter Runde mit Künstlern und Literaten keinen Ton herausbrachte, wurde von Gustav und seinen Höflingen schnell als Mangel an Intelligenz interpretiert. Seinem Bruder Carl gegenüber äußerte er sich gleichermaßen spöttisch über den dänischen Prinzen Fredrik wie über seine eigene Frau: »Er ist wie eine gewisse Dame, die Sie kennen, nur ein wenig umgänglicher und aufmerksamer als sie, womöglich aber noch blöder.« Einige Jahre später hatte sich sein Urteil immerhin etwas gemildert, als er bemerkte, daß sie keineswegs einfältig sei, sondern nur in ihrem Charakter überhaupt nicht zu ihm passe. Ein scharfsinniger und unvoreingenommener Beobachter wie der Bibliothekar Gjörwell bemerkte, wie unangemessen und der jungen Frau gegenüber ungerecht das Stereotyp des gekrönten Dummchens war: »Sie liest viel und lernt zur Zeit Englisch, obwohl sie schon außer ihren beiden Muttersprachen Dänisch und Schwedisch Deutsch, Französisch und Italienisch kann.«

Das junge Paar fand nicht nur aufgrund der völlig konträren Charaktereigenschaften keinen Draht zueinander, es klappte auch sexuell nicht mit Gustav und Sofia Magdalena. Beide waren gehemmt, mit Gustavs Erfahrungen aus der wenig erfreulichen Beziehung zu Charlotte du Riez war nicht viel Staat im königlichen Ehebett zu machen, und Sofia Magdalena wußte offensichtlich überhaupt nicht, wie Schwedens zukünftige Königskinder entstehen sollten. Entsprechend heftig war Gustavs Frustration: »Wenn man nicht gerade Prometheus ist«, schrieb er seinem Bruder Carl, »und einen Funken des heiligen Feuers rauben kann, wird man niemals Leben in diese Statue bringen können.« Später wurde er einsichtiger und bemerkte: »Hätte man uns zu Beginn unserer Ehe in Ruhe gelassen, so wäre vielleicht das Gefühl der Gleichgültigkeit verschwunden und hätte sich in Freundschaft oder zumindest Achtung gewandelt. Es waren so viele, die sich eingemischt haben, daß die Gleichgültigkeit zur Aversion wurde, dem fürchterlichsten aller Gefühle, dem am schwersten zu entkommen ist.« Wie an anderen europäischen Höfen fand das königliche Privatleben fast permanent vor Publikum statt.

Zu der emotionalen Leere gesellte sich aber noch etwas anderes. Gerüchten zufolge, wie sie im schwülen Umkreis europäischer Rokokohöfe besonders lebhaft erblühten, war Gustav möglicherweise anatomisch mit einem Handicap geschlagen, das ihm auf dem ehelichen Lager körperliche Schmerzen bereitet haben muß. Vielleicht hat der Schwedenkönig ebenso wie Ludwig XVI. von Frankreich unter einer Phimose gelitten, die dazu beigetragen haben mag, daß Erotik in Gustavs Leben eine höchst unterentwickelte Rolle spielte. Daß er dann doch die Ehe, ob unter Schmerzen oder nicht, vollzogen hat, lag weniger an einem Wandel der Gefühlswelt zwischen den sich fremd bleibenden Gatten als an der Staatsräson, die danach verlangte, daß er auch auf diesem Feld seine Pflicht für Schweden erfüllte.

Die Nachfolgefrage war für einen absolutistischen Herrscher, der gerade das dreißigste Lebensjahr überschritten hatte, von immenser Wichtigkeit. Der jüngste Bruder, Fredrik Adolf, war von sehr bescheidener Intelligenz und darüber hinaus kränklich, so daß er kein geeigneter Nachfolgekandidat war. Überdies hielt er bei den regelmäßig eintretenden Familienstreitigkeiten zu seiner Mutter, was in Gustavs Augen ein ganz besonders schlechtes Licht auf seine Charaktereigenschaften warf. Um den Nächsten in der Thronfolgelinie, Bruder Carl, war es auch nicht zum Besten bestellt. Zwar schenkte Gustav – was sich in seinen letzten Jahren ändern sollte – ihm noch am ehesten Vertrauen, doch zu einem verantwortungsvollen Regenten schien auch er nicht geeignet, wie die Zukunft zeigen sollte, in der er sich als Carl XIII. und als der mit Abstand miserabelste König Schwedens in die Geschichtsbücher eintragen sollte. Fragen nach seiner Befähigung warfen weniger seine Neigungen zum Mystizismus auf, als vielmehr seine Faulheit, sein Mangel an Courage und sein Hang zur Unehr-

Gustavs Bruder Carl, später König Carl XIII. Porträt von J.B. de Lampi.

lichkeit. Er war mit der gleichermaßen charmanten wie geistreichen Hedvig Elisabeth Charlotta aus dem Hause Holstein verheiratet. Die intelligente junge Frau verließ blutjung das väterliche Schloß in Eutin und wurde eine aufmerksame Beobachterin der Verhältnisse in Schweden, des Hofes und der königlichen Familie. Das von ihr geführte Tagebuch ist in seiner differenzierten Betrachtungsweise eine der allerersten Quellen des Gustavianischen Zeitalters.

So setzte Gustav beim traurigen Stand seines ehelichen Daseins seine Hoffnungen in die Nachkommenschaft Carls und Hedvig Elisabeth Charlottas und mag im stillen gebetet haben, daß die Kinder, wenn sie denn kämen, eher der Mutter als dem Vater nachschlagen mögen. Als seine Schwägerin im Sommer 1775 schwanger wurde, war Gustav geradezu glückselig. Er plante die Taufe ähnlich akribisch wie eine Theateraufführung und zerbrach sich den Kopf über die Namensgebung des neuen Prinzen oder der neuen Prinzessin. Die Vorfreude war verfrüht, Hedvig Elisabeth Charlotta erlitt eine Fehlgeburt.

Inzwischen aber hatte sich bei Gustav ein nicht gelindes Mißtrauen gegenüber Carl eingestellt, den er zunehmend im Verdacht hatte, selbst nach der Krone greifen zu wollen. Carl verbrachte immer mehr Zeit mit seinen Geheimbünden und intrigierte schließlich in Gustavs letzten Jahren heftig gegen seinen Bruder. Darüber hinaus warf Carl das Geld mit vollen Händen zum Fenster hinaus, nicht etwa für Künstler oder Theateraufführungen, was Gustav sicher verstanden hätte, sondern für wechselnde Liebschaften, unter denen sich eine der beständigeren, eine Mamsell Slottsberg, als extrem teuer erwies. Carl mußte ihr eine Wohnung in der Nähe des Schlosses einrichten und zahlte für die bei ihr genossenen Liebesfreuden beträchtliche Summen, in bar oder als Schmuck, aus der Schatulle des Königshauses.

Gustav wurde zunehmend sensibler für die charakterlichen Schwächen seines Bruders. Es schien ihm in der Tat denkbar, daß Carl den Thron im Visier hatte, vielleicht nicht für sich selbst, aber doch zumindest für etwaige Nachkommen. Und es schien ihm wahrscheinlich, daß der Bruder und Hedvig Elisabeth Charlotta nach der Fehlgeburt bald wieder versuchen würden, Nachwuchs zu bekommen, denn, wie Gustav leicht giftig vermutete, »l'appetit vient en mangeant«.

Hedvig Elisabeth Charlotta. Porträt von Lorenz Pasch.

Vorübergehend erwog Gustav die Scheidung von seiner ungeliebten Frau. Ein solcher Schritt hätte zwar nicht unbedingt den Ruf des Königshauses erhöht, ein Skandal oder eine Undenkbarkeit wie im Jahrhundert zuvor wäre es jedoch nicht gewesen. Als offizielle Begründung für eine Trennung schwebte ihm vor, öffentlich erklären zu lassen, daß die Königin keine Kinder bekommen könne und somit aus staatserhaltenden Gründen untragbar war. Daß er es gar nicht erst mit ihr versucht hatte, würde er seinem Volk tunlichst verschweigen. Gustav ließ seinen Leibarzt zu sich rufen und forderte diesen auf, ein ärztliches Attest über die Unfruchtbarkeit der Königin auszustellen. Dies ging dem Mediziner gegen die Berufsehre, so daß er sich rundweg weigerte. Gustav wurde wütend und fordernder. Der Arzt wies jedoch auf folgende Gefahr hin: Was wäre, wenn sich Sofia Magdalena nach der Scheidung erneut verheiraten und dann postwendend schwanger werden würde? Die Lüge wäre offensichtlich und Gustav außerdem blamiert, da jeder denkende Untertan sofort den Schluß zöge, daß es am König selbst gelegen hätte, wenn ein Kronprinz oder eine Prinzessin ausgeblieben wäre. Dieses Argument brachte Gustav zum Verstummen. Die Trennung von Sofia Magdalena war also auch kein Ausweg aus dem Dilemma. Zur Thronfolgesicherung mußte Gustav nun ganz offensichtlich selbst handeln, auch wenn es ihm gegen das Gefühl, vielleicht gar gegen die Natur ging.

Doch konnten der König und seine Königin nicht ohne weiteres zueinander kommen. Die Rettung für das gehemmte und sexuell unerfahrene Paar kam in der Gestalt von Oberstallmeister Adolf Fredrik Munck, der mit Gustavs Krönung zu dessen Bekannten-, zeitweise auch Freundeskreis gehörte. Kein Schöngeist wie sein König, war Munck seinem Monarchen aber in den praktischen Dingen des Lebens weit überlegen, vor allem wenn es um das Zusammensein von Mann und Frau im Zustande der Natur ging. Munck hatte ein Verhältnis mit Sofia Magdalenas Kammerfräulein, mit der er drei Kinder zeugte. Auch bei der vereinsamten Königin war er aufgrund seines warmherzigen Charmes wohlgelitten. Er agierte nicht nur als Sendbote zwischen Gustav und Sofia Magdalena, sondern auch als Sexualtherapeut, der dem Paar beim intimen Zusammensein im wahrsten Sinne des Wortes zur Hand ging und aktiv zur erfolgreichen Vereinigung beitrug. Gustav war überglücklich und belohnte diesen lebenserfahrenen Helfer reichlich, mit Geld, Orden und einer guten Stellung bei Hofe.

Des Königs größter Wunsch ging im Februar 1778 in Erfüllung, als er Hof und Familie stolz mitteilte, daß die Gemahlin schwanger sei. Es war der Anfang einer der grausamsten Episoden in seinem Leben. Hatte er auf eine Woge freudiger Begeisterung und eine Harmonisierung des Familienlebens gehofft, so hielt seine Mutter eine eisige Überraschung für ihn bereit. Schnell machten nämlich Gerüchte die Runde, nicht Gustav sei der Erzeuger des Kindes. Louisa Ulrika beteiligte sich tatkräftig an deren Kolportierung. Statt des Königs habe vielmehr Hofstallmeister Munck, der ja bekanntermaßen an Sofia Magdalenas Hof ein und ausgehe, den Akt mit der Königin vollzogen, zu dem Gustav nicht in der Lage sei. Die Verbreitung derartigen Klatsches zu unterstützen war seitens der Königinwitwe nicht nur ein gezielter Affront gegenüber Gustav, sondern auch eine ganz bewußte Unverschämtheit gegenüber ihrer verspotteten Schwiegertochter. Als ob Sofia Magdalena nicht genug Seelenqualen an diesem fremden Hof und mit der kalten Familie hätte leiden müssen, wurde dieses arme Geschöpf nun auch noch dem Vorwurf der Untreue ausgesetzt und mußte Gustav unter Tränen ihre Unschuld beteuern – an der er keine Zweifel zu haben schien.

Gustav zwang schließlich seine Mutter, sich von den Anschuldigungen zu distanzieren. Das führte zu weiteren Zerwürfnissen in Schwedens erster Familie. Während die beiden jüngeren Geschwister zu Louisa Ulrika hielten, stand Carl auf seiten Gustavs, was ihn in ihren Augen zum Verräter machte. Auch der Tag der Geburt des Thronfolgers, der 1. November 1778, wurde alles ande-

Der lange ersehnte Thronfolger, Prinz Gustav Adolf.

re als ein Glückstag. Als Gustav seiner Mutter handschriftlich das freudige Ereignis mitteilte, antwortete sie mit einer rechthaberischen Depesche, die die Ankündigung enthielt, daß er sein Verhalten ihr gegenüber einst bitter bereuen werde. Nun war Gustav seinerseits aufs schwerste vergrätzt, schickte ihr einen Boten entgegen mit einer kurzen Mitteilung »Sie haben mir den schönsten Tag meines Lebens vergiftet« und der Aufforderung, vom geplanten Besuch des Neugeborenen Abstand zu nehmen. Louisa Ulrika, in ihrer Kutsche aufgebrochen, um den verleumdeten Familienzuwachs anzuschauen, mußte wieder umkehren.

Gustav selbst hat den Bruch mit seiner Mutter als das schlimmste Erlebnis seines Lebens bezeichnet. Erst am Sterbebett Louisa Ulrikas kam es zu einer formellen, aber nicht herzlichen Versöhnung. Den kleinen, inzwischen vierjährigen Prinzen Gustav Adolf, dem sie großmütterlich übers Haupt streichelte, hatte sie noch kurz zuvor als »Bastard« bezeichnet.

Knapp einen Monat nach Louisa Ulrikas Tod wurde am 25. August 1782 Gustavs zweiter Sohn geboren, der auf den Namen Carl Gustav getauft und mit dem Titel eines Herzogs von Småland ausgestattet wurde. Das Verhältnis Gustavs zu seiner Frau war, wenn auch nur vorübergehend, in eine Phase getreten, die beinahe von gegenseitiger Zuneigung gekennzeichnet war. Diesmal gab es keine böswilligen Gerüchte bezüglich der Vaterschaft des neuen Prinzen. Doch auch mit diesem Kind war Schmerz und Kummer für Gustav gekommen. Gerade ein halbes Jahr alt, verstarb der kleine Prinz im März 1783. Gustav wirkte nach Beobachtung eines Zeugen so niedergeschlagen und verzweifelt wie noch nie in seinem Leben. Seine immer wieder beschriebene und gerügte Begabung zur Verstellung versagte völlig, wenn Unglück seine Familie heimsuchte. Der Tod des Sohnes beendete auch das flüchtige Eheglück. Sofia Magdalena zog sich immer mehr vom öffentlichen Leben zurück, wurde aus Gram zunehmend introvertierter und sagte gesellschaftliche Verpflichtungen häufig ab. Gustav war in seiner eigenen Familie immer öfter allein. »Niemand«, so schrieb er seiner Brieffreundin, der Gräfin de Boufflers, »weiß den Wert eines glücklichen Heimes mehr zu schätzen als ich, niemand hat so wenig davon genießen können.« Ein Gemälde von Pehr Hilleström, das ein Beisammensein der Königsfamilie darstellt, zeugt vor allem von gepflegter Langeweile. Gustav sitzt im Zentrum der Gruppe, fatalistisch-milde lächelnd, ohne daß sich ihm jemand zuwendet – ein wahrhaft einsamer König.

Was Gustav an Zuneigung und Bestätigung in der Familie – auch durch eigene Schuld – nicht fand, suchte er im Hofleben und im Kreis von Freunden mit gleichen kulturellen Interessen. Wie alles Französische, so hatte ihm bei seiner Reise als Kronprinz nach Versailles vor allem das dortige Hofzeremoniell imponiert. Bald nach seinem Coup führte er das *lever* nach französischem Vorbild ein. Ein allerdings inzwischen leicht veraltetes Vorbild, war die morgendliche Ankleide- und Begrüßungszeremonie, die Ludwig XIV. mit Inbrunst zelebrieren ließ, inzwischen selbst in Versailles aus der Mode gekommen, da dem seit 1774 regierenden Ludwig XVI. der Sinn für derartige Formalien fast ebenso abging wie anderen gekrönten Häuptern des Zeitalters. So war es vermutlich für Gustavs Onkel, Friedrich II. von Preußen, unvorstellbar, den Tag mit einer theatralisch-feierlichen Vorführung königlichen Wachwerdens für den Hofstaat zu beginnen, statt sich dem Studium der Akten und eingegangener Korrespondenz zu widmen. Gustav hingegen plante das morgendliche *lever* mit peinlicher Akribie bis ins kleinste Detail hinein. Der Hofstaat hatte sich vor seinen Gemächern zu versammeln, die riesigen Flügeltüren wurden aufgerissen, und die Versammelten wurden Zeuge des Allerhöchstselben Ankleidens. Jeder einzelne Schritt wurde dabei von einem Herold unter wuchtigem Aufschlagen seines Stabes auf dem Parkett lautstark ausgerufen – »Seine Majestät wechselt das Hemd!« –, so daß auch die in der letzten Reihe Stehenden über jede Phase der Prozedur im Bilde waren. Immerhin verzichtete Gustav beim *lever* auf den drastischsten Bestandteil der von Ludwig XIV. inaugurierten Zeremonie, dem Heraustragen des güldenen Nachttopfes, der den Hofstaat zu Versailles seinerzeit beim Passieren der königlichen Produkte artig knicksen ließ.

Daß das Ganze an dem traditionell eher informellen schwedischen Hof nicht allzu lächerlich wirkte, lag nicht zuletzt an

Gustavs Charme und seiner Begabung, schon auf quasi nüchternen Magen für jeden der angetretenen Höflinge, Kanzlisten, Minister und gelegentlich auch Diplomaten ein freundliches Wort übrig zu haben. Sein Biograph Ohdner, der im 19. Jahrhundert eine Geschichte schwedischer Politik unter Gustavs Herrschaft verfaßte, schrieb zu diesem unzeitgemäßen Procedere: »Wie hätte sich das Lever oder eine andere feierliche Zeremonie vor schwedischen Augen ausgenommen, hätte Gustav sie nicht mit seinem verbindlichen Lächeln, seiner Schlagfertigkeit und seinen geistreichen Bemerkungen mit Leben erfüllt?« Sein Sinn für feudalistische Formalien war jedoch oft unzeitgemäß. So durfte ihn der Künstler Johan Tobias Sergel, dessen Werk Gustav sehr schätzte, zwar auf der Italienreise 1784 begleiten, mußte aber während des Essens als einziger an einem separaten Tisch Platz nehmen, da er im Gegensatz zu den anderen Teilnehmern der kulturhistorischen Expedition nicht von adeliger Geburt war.

Der größte Teil des Hoflebens fand im Stockholmer Schloß statt. Der wuchtige Bau an der nordöstlichen Ecke der Altstadt

Das königliche Schloß in Stockholm. Stahlstich von Johann Poppel.

war zu Gustavs Zeit praktisch ein Neubau. An seiner Stelle hatte einst die alte Burg *Tre Kronor* gestanden, von der aus unter anderem auch der von Gustav verehrte Ahnherr Gustav Adolf das Land regiert hatte, sofern er nicht gerade in Polen, im Baltikum oder in Deutschland auf Kriegszug gewesen war. Carl XI. hatte Schwedens großen Baumeister Nicodemus Tessin 1690 beauftragt, die finstere mittelalterliche Burg zu einem modernen Herrschersitz umzubauen. Dieser König verstarb 1697, bevor es auch nur in Ansätzen zur Realisierung des Projektes gekommen war. Das Schicksal hielt jedoch eine Lösung bereit, die Tessins ursprüngliche Pläne an Radikalität übertraf. Carl XI. war noch nicht in der nur wenige hundert Meter entfernten Riddarholmkirche beigesetzt, als eine Feuersbrunst *Tre Kronor* unwiederbringlich aus Stockholms Stadtbild entfernte. Bedauerlich war vor allem der Verlust großer Teile der königlichen Bibliothek und Tausender Handschriften. Selbst die aufgebahrte sterbliche Hülle Carls XI. wäre um ein Haar ein Raub der Flammen geworden.

So konnte Tessin von Grund auf neu beginnen und errichtete auf den alten Fundamenten einen Bau, der in seiner kühlen Rationalität das nun anbrechende Zeitalter der Aufklärung verkörperte. Der Meisterarchitekt, der ganz nebenbei auch die urbane Umgestaltung des angrenzenden Stadtteiles plante, wollte dem Objekt seines Lebens ganz nahe sein und baute sich sein eigenes Palais in enger Nachbarschaft zum Schloß. Diejenigen Stockholmer, die den Brand des alten Schlosses als böses Omen für Schwedens Zukunft gedeutet hatten, sollten recht behalten. Während sich an der Baustelle Quader auf Quader türmte, brach die nicht mehr tragfähige Konstruktion der schwedischen Großmacht zusammen, als Carl XII. sein Hazardspiel in den Weiten Rußlands verlor. Das Land stürzte beinahe über Nacht von der Rolle einer der tonangebenden europäischen Mächte in die eines Habenichts, der froh sein konnte, nicht noch stärker zerstückelt zu werden und seine Souveränität ganz zu verlieren. Ob Kriegskatastrophe und Niedergang oder Pestepidemie, den Bau des Schlosses konnte nichts aufhalten. Er nahm jedoch weit mehr als ein Menschenalter in Anspruch und benötigte auch mehr Zeit als die Lebensspanne seines Architekten. Tessin hat seine Vollendung im Jahr 1754 nicht erlebt, für den achtjährigen Gustav jedoch sollte der Einzug seiner Familie ein prägendes Erlebnis seiner frühen Kindheit sein.

Manchmal wurde es selbst dem außerordentlich aktiven Gustav zuviel, ständig im Zentrum sowohl der Staatsgeschäfte als auch der öffentlichen Aufmerksamkeit zu stehen. Zu seinem Lustschloß machte er Gripsholm, die mächtige Trutzburg aus dem 14. Jahrhundert, die so ganz seinem Sinn für die Romantik früher schwedischer Größe entsprach. Vor allem in den ersten Jahren seiner Regierung kam es hier zu einem Hofleben, in dem das Schöngeistige und nicht die Politik im Vordergrund stand. Er genoß auf Gripsholm jedoch nicht nur Zerstreuungen, sondern auch die ländliche Abgeschiedenheit, die ihm ein Arbeiten ohne größere Ablenkungen ermöglichte. Sein Freund Elis Schröderheim erlebte die Leichtigkeit eines schwedischen Frühsommers im Jahr 1782 mit Gustav auf Gripsholm: »Der König verbrachte dort einen Monat und zählte diese Zeiten zu den wertvollsten seines Lebens. Keine Ereignisse, keine Neuigkeiten störten seine Ruhe, die vollständigste Harmonie herrschte in seiner Umgebung. Man begann den Tag mit einem Frühstück von äußerster Einfachheit, oft bei Kaffee und Pfannkuchen in der Wohnung des Verwalters in dessen Gebäude am äußeren Burggarten. Darauf folgten Spaziergänge, ein Zeitvertreib, den er ganz besonders schätzte. Niemals hat an einem Hof eine größere Freiheit geherrscht, ohne Eile und Zeremonien wie das Lever. Der König hielt den ganzen Tag über Beratungen ab und arbeitete mit großem Frohsinn. Am Abend sammelten sich alle, promenierten gemeinsam, nahmen kleine Imbisse in einer Scheune ein, tobten über die Wiesen und kehrten erst spät zum Schloß zurück, wo die Spektakel [Theatervorstellungen] nicht vor 11 Uhr begannen.«

Das alte Schloßtheater auf Gripsholm, das Gustav restaurieren ließ, war eine Stätte seiner kaum ermüdenden Aktivitäten, das Schloß Drottningholm mit seinem in einem Nebenbau befindlichen Theater eine weitere. Es war Stockholm näher gelegen als Gripsholm und konnte daher für Kurzbesuche und spontan ersonnene Zerstreuungen dienen. Die Aufführungen hier und in Gripsholm sollten mit denen in der Hauptstadt konkurrieren können. Gustav beließ es keineswegs dabei, Schauspielgruppen in seine Lustschlösser einzuladen, er arrangierte die Bühnendekorationen, plante die Vorstellungen oder schrieb selbst die Stücke. Wie sehr Arbeit und Theater für ihn zusammenlagen, äußerte er anläßlich eines Blitzbesuches am dänischen Hof. Die Visite gibt auch einen Eindruck von Gustavs rastloser Spontaneität – er traf in Mißachtung aller diplomatischen und zeremoniellen Gepflogenheiten ohne Vorankündigung in Kopenhagen ein und klopfte wie ein fahrender Student an die Schloßpforte der angeheirateten Verwandtschaft. »Am Nachmittag um vier Uhr«, teilte der Sekretär des dänischen Ministerpräsidenten seinem Bruder in einem Brief verdutzt mit, »kam der König von Schweden völlig überraschend und unerwartet hier zum Schloß, als der Hof gerade beim Kaffeetrinken beisammensaß. Am Abend seiner Ankunft vermißte er Graf Bernstorff [den dänischen Außenminister] im Theater. Warum er nicht dagewesen sei? Seine Zeit hätte es nicht zugelassen. Die Antwort schien [dem schwedischen König] nicht zu behagen, denn er schlug sich mit der Hand vor die Brust und sagte: ›Herr Graf, Sie wissen, ich liebe es, zu arbeiten, und ich arbeite viel. Aber trotzdem verweigere ich mir nicht das eine Vergnügen: Ich gehe jeden Abend ins Theater.‹ ›Eure Majestät können Seine Zeit besser einteilen als ich‹, antwortete Graf Bernstorff. ›Das ist richtig, denn ich mache die Nacht zum Tage auf eine Weise, die meine gesamte Umgebung zur Verzweiflung treibt.‹«

Ein eigenes Versailles wollte sich Gustav am Rande Stockholms errichten, näher am Sitz der politischen Macht als Gripsholm oder Drottningholm. Nahe der Bucht Brunnsviken sollte das Schloß Haga entstehen; der Tod Gustavs stoppte alle größeren Pläne und beließ es bei jenem Bauwerk, dessen interessantester Bestandteil etwas untertreibend Pavillon genannt wird und der in Gustavs letzten Lebensjahren eine Zufluchtsstätte für den König wurde, als sich das Klima immer weiter zu seinen Ungunsten veränderte.

Werfen wir einen Blick in das Refugium eines Rastlosen. Von der Stockholmer Altstadt brauchte eine Kutsche über die holprige Landstraße eine knappe Stunde, im Winter benötigte der von vier

Pferden gezogene königliche Schlitten etwas länger. Die Fahrt geht nach Verlassen des Stadttores durch eine Landschaft von arkadischem Reiz. Ein Birkenwäldchen, von einzelnen Lichtungen unterbrochen, schmiegt sich um die ruhige Bucht, an der von den Gezeiten nichts zu spüren ist. Auf leichten Anhöhen hat Gustav kleine Pavillons, tempelähnliche Gebäude, errichten lassen, die Zeugnis von den Stilrichtungen anderer Kulturen ablegen, einen türkischen Pavillon ebenso wie einen chinesischen und einen japanischen. Der im Stil der griechischen Antike gehaltene Ekotempel thront nach wie vor ähnlich seinem großen Vorbild in Delphi über der von Wasservögeln dicht bevölkerten Bucht. Ihn hatte der König im Blick, wenn er aus seiner Kutsche sprang und Haga betrat.

Im Foyer, vom flackernden Schein der Kandelaber an den langen skandinavischen Winterabenden notdürftig beleuchtet, warteten zwei oder drei Pagen, um dem König den Umhang abzunehmen. Die Flügeltüren wurden aufgeschwungen, und Gustav trat in den ersten, leicht antikisierend eingerichteten Raum, der von einer großen Tafel beherrscht wurde, an der zwischen zehn und zwanzig Personen Platz fanden. Hier speiste der König mit seinen Gästen, was nie zur Prasserei oder zu Gelagen führte, da die Leistung der kleinen, in einem Nebenraum befindlichen Küche schwedisch-bodenständig war und damit nicht an die des geschätzten Versailler Hofes heranreichte. Neben den eher bescheidenen Freuden der Tafel frönte man hier auch in begrenztem Umfang und ohne jene Einsätze, die bei der Aristokratie sonst mitunter üblich waren, dem Kartenspiel. Dabei brach sich Gustavs mit guter Menschenkenntnis gepaarter eigenwilliger Humor bisweilen Bahn. Er wußte beispielsweise um das Mißtrauen seines Botschafters in St. Petersburg, Nolcken, und um dessen Hang zu cholerischen Ausbrüchen. So machte er sich einen Spaß daraus, sich während des Spieles hinter Nolcken zu postieren, in der unverkennbaren Absicht, diesem in die Karten zu schauen. Er entnervte den Gesandten dabei so sehr, daß er zu Gustavs großem Vergnügen völlig undiplomatisch aus der Haut fuhr und unbotmäßig seinem König bedeutete, wohin dieser sich seiner – allerdings schnell vorübergehenden – Meinung nach scheren solle.

Die Ausmaße des Gustavschen Lustschlosses waren sehr begrenzt und konnten nicht mit den Palästen der führenden Adelsfamilien konkurieren; ein Fersen hätte Haga als Wohnsitz für weit unter seiner Würde befunden. Nur vier größere Räume befanden sich im Erdgeschoß. Neben dem Speisesaal, eher eine Speisezimmer, lag Gustavs wohlbestückte Bibliothek. Es war den Zeitgenossen ein Rätsel, wie der Vielbeschäftigte, immer Aktive noch Zeit zum Lesen finden konnte. Er nahm sie sich jedoch, Bücher waren seit der Jugendzeit eine seiner Leidenschaften, der er auch

Gustav III. beim Kartenspiel. Zeichnung von C. A. Ehrensvärd.

unter widrigen Umständen nicht untreu wurde. Nach Durchschreiten eines erlesen dekorierten Zwischenraumes erreichte Gustav schließlich das Prunkstück von Haga. Dem Wasser zugewandt lag sein Spiegelsaal, einige Nummern kleiner als das Versailler Vorbild, doch mit beträchtlichem Charme. Die Wirkung der Spiegel wurde verstärkt dadurch, daß die gesamte Front des Raumes und damit des Schlosses zur Seeseite hin vollständig gläsern, ohne tragendes Mauerwerk war. In diesem Raum hatten Gustav und seine Besucher ständig die Illusion, sich inmitten der Natur zu befinden, zum Greifen nah schienen die Bucht und der Wald. Als Herzstück im Domizil eines schwedischen Königs war der Raum von treffender Ausdruckskraft. Abgelegen von der modernen Urbanität, war der Herrscher hier Teil der überwältigenden Natur, die für die Mehrzahl seiner Untertanen so prägend war wie für unzählige Generationen zuvor, seit erstmals Menschen ihren Fuß auf skandinavischen Boden gesetzt hatten.

Manchmal holten ihn die Staatsgeschäfte auch in dieser Idylle ein. Er hatte im Obergeschoß einen kleinen Konferenzraum eingerichtet, der nach dem dominierenden Möbelstück »Diwan« genannt wurde. Hier saßen Gustav, seine Minister und ein Sekretär bei ihren Besprechungen in einer höchst ungewöhnlichen Konfiguration: Nebeneinander auf dem langen, schmalen Sitzmöbel und an dem mit Kerzenhaltern versehenen Tisch, ohne daß der Monarch erhöht war oder sich sonstwie in seiner Position heraushob. Die Zusammenkünfte hier waren völlig frei von den Regeln des Protokolls, auf die Gustav sonst, in jener anderen Welt hinter dem Horizont der Baumkronen, so viel Wert legte. Informell waren auch der Schlafraum Gustavs und der daneben liegende des Kronprinzen, mehr eine Kammer als ein Zimmer; die Nachtruhe wurde in unroyalistischer, fast biederer Frugalität verbracht.

Noch heute ist Haga mit seiner geschmackvollen, von Gustav ausgewählten Einrichtung ein Schaukasten für Design und Stil im schwedischen Rokoko. Die Kosten der Hofhaltung, hier in Haga und an den anderen Schlössern, sind Gustav von Kritikern immer wieder vorgehalten worden. Sie waren zwar beträchtlich, standen aber in keinem Verhältnis zu anderen Ausgaben wie beispielsweise jenen für den mehr oder weniger sinnlosen Krieg gegen Rußland. Die Lebensverhältnisse in Haga waren im Gegenteil in den letzten Jahren eher bescheiden, da Gustav sich der Finanznot seines Staates bewußt war. Wenn es denn nicht Finanzmißbrauch und Prasserei war, was die vornehmlich aus Kreisen der Aristokratie sich rekrutierende Opposition dem Monarchen vorwerfen konnte, so wurden statt dessen gezielt Gerüchte in Umlauf gebracht, daß Sittenlosigkeit und Verderbnis in Haga eine Heimstatt gefunden hätten, wo sich Gustav mit überwiegend gutaussehenden, jungen Herren verlustiere.

Gustavs engeres Umfeld war nach dem Scheitern seines Familienlebens in der Tat von Männern geprägt, doch deutet nichts beweiskräftig darauf hin, daß er andere Freuden in ihrer Gegenwart suchte als das geistreiche Gespräch, den gemeinsamen Besuch von Theaterstücken und die anschließende Diskussion sowie in mäßigem Rahmen die Genüsse der Tafel.

Zu den engsten Freunden Gustavs gehörte unter anderem der aus einer der besten Familien des Landes stammende Evert Wilhelm Taube. Gustav schätzte den neun Jahre Älteren seit seinen Kindertagen und sprach bereits 1776 von einer »zwanzigjährigen, niemals unterbrochenen Freundschaft, gegründet auf Wertschätzung und Vertrauen«. Jenseits des privaten Umganges mit dem hochgebildeten Taube fungierte dieser auch als eine Art außen- und sicherheitspolitischer Berater, wobei er allerdings, wie die schwedische Historikerin Beth Hennings anmerkte, ebenso wie sein König manchmal zu Realitätsverlust neigte. Neben Elis Schröderheim, der unter der Bezeichnung *statssekreterare i inrikes civilexpeditionen* als de facto Innenminister amtierte, gehörte jener Adolf Fredrik Munck, der ihm so erfolgreich Hilfestellung am königlichen Beilager geleistet hatte, zu Gustavs engerem Freundeskreis. Der Tenor der zwischen ihm und Gustav gewechselten Briefe ist oft beinahe zärtlich, doch waren derartige Zuneigungsbezeugungen zwischen Männern höheren Standes im 18. Jahrhundert alles andere als ungewöhnlich. »Beeile Dich, denn ich habe große Sehnsucht nach Dir«, schrieb ihm Gustav, und ein anderes Mal, auf der Rückreise aus Spa im Jahr 1780: »Obwohl ich

Dir nicht geschrieben habe, mein süßer Munck, so verging doch kein Tag, an dem ich nicht über Dich gesprochen oder an Dich gedacht habe. Meine Freundschaft ist auf solidem Grund gebaut und kann nicht durch Zeit oder Abwesenheit geändert werden. Ich hoffe, Dich bald wiederzusehen, und dies wird nicht die geringste Freude bei meiner Ankunft sein.«

Munck wurde allmählich aus Gustavs engerem Umfeld von jenem Mann verdrängt, der als der Prototyp des Günstlings der Gustavianischen Gesellschaft galt und entsprechend verhaßt war bei all jenen, die gern ähnlichen Einfluß auf den König gehabt hätten und die ihm darüber hinaus sein blendendes Aussehen und seine wache Intelligenz neideten: Gustav Mauritz Armfelt. Der Sproß einer der führenden Adelsfamilien Finnlands war so recht nach Gustavs Geschmack. Armfelt verfügte über vielseitige geistige Interessen, hatte ein sicheres politisches Gespür und besaß neben rhetorischer Brillanz eine Schlagfertigkeit, die die Diskussionen mit ihm zu einem Lebenselixier für den vereinsamenden Gustav der späteren Jahre machte. Die Abneigung jener, die von ihm ausgestochen und aus Gustavs Gunst verdrängt wurden, war grenzenlos, wie der Brief eines anderen, nun im Abseits stehenden Günstlings aufzeigt: »Baron Armfelt ist eine der gefährlichsten Kurtisanen, denn keiner versteht sich so auf jene Lappalien, mit deren Hilfe er sich zum Herrn über den König aufschwingt, welcher immer jenen zuneigt, die ihm Gelegenheit zur Zerstreuung bieten.«

Armfelt war unzweifelhaft literarisch begabt – in Gustavs Augen ein weiterer Vorzug –, und wenn auch seine Gedichte und Stücke bald der Vergessenheit anheimfielen, so gelten seine Tagebücher und autobiographischen Notizen als beispielhaft für das in der Gustavianischen Epoche eine Glanzzeit erlebende Genre der Memoirenliteratur.

In seinen Erinnerungen spiegelt sich viel von Armfelts beträchtlichem Charme und seiner Schwäche für das schöne Geschlecht, die nur noch übertroffen wurde von der Schwäche, die viele Frauen ihrerseits für Armfelt entwickelten. Als siebzehnjähriger Fähnrich durfte er die Schloßgarde befehligen. Seine Schwärmerei für eine stadtbekannte Schönheit ging damals offenkundig mit ihm durch: »Gräfin Löwenhielm fuhr in einer Kutsche in den Hof ein. Ich ließ rufen: ›Präsentiert das Gewehr!‹ und ließ die Trommeln schlagen wie für eine königliche Prinzessin. Der Major des Regimentes, ein Bärbeißer, der nie der Schönheit irgendeine Huldigung darbrachte, fragte mich, ob ich verrückt geworden sei. Ich antwortete, daß in meinen Augen Gräfin Löwenhielm alle Königinnen und Prinzessinnen dieser Welt aufwiegen würde. Darauf ließ er mich unter Arrest setzen.«

Bei der Reise in den Kurort Spa gehörte Armfelt erstmals zu Gustavs Entourage, im Jahr darauf wurde der junge Freiherr damit ausgezeichnet, den zweijährigen Kronprinzen betreuen zu dürfen. Gustav und Armfelt kamen sich zusehends näher. Über welche Themen sie auch sprachen, ob Staatsgeschäfte, Geschichte, Philosophie oder Schöngeistiges, Armfelt hatte zu allem etwas zu sagen. In seiner Gegenwart wurde Langeweile für den Monarchen zu einem Fremdwort und den König zu unterhalten zur Hauptaufgabe Armfelts, des inoffiziellen *Maître de plaisir* des schwedischen Hofes. »Der König«, vertraute Schwägerin Hedvig Elisabeth Charlotta im Dezember 1785 ihrem Tagebuch an, »lebt nur noch bei ihm und in seiner Gesellschaft auf.« Was Armfelt von den Hofschranzen, wie sie an den Herrscherhöfen der frühneuzeitlichen europäischen Staaten zum vertrauten Bild gehörten, auf das Vorteilhafteste unterschied, war seine Aufrichtigkeit und seine Abneigung gegen Kriechertum. Er sagte dem König ungeschminkt und ohne Rücksicht auf die eigene Stellung seine Meinung, was der an Schmeichler bis zum Überdruß gewohnte Gustav zu schätzen wußte. »Man stelle sich«, so schrieb ein französischer Diplomat, »Gustav vor, diesen Fürsten, der nervös war, rastlos, oft niedergeschlagen, umgeben von sauertöpfischen oder offiziell lächelnden Gesichtern! Und dann tritt Gustav Mauritz mit seinem schallenden Lachen auf. Er sagt, was immer ihm gerade im Kopf herumgeht, auch die unglaublichsten Dinge.«

Armfelt wurde Gustavs engster Freund, er stand zu ihm auch in jenen Zeiten, da sich viele Angehörige seines Standes vom Monarchen abwandten, und distanzierte sich besonders von jenen seiner finnischen Mitaristokraten, die ihr Staatsoberhaupt in der sogenannten Anjalaverschwörung zu hintergehen suchten. Er war jedoch nicht nur ein Salonlöwe, sondern von großer persönlicher Tapferkeit, wie er im Krieg gegen Rußland 1788–1790 unter Beweis stellte. Armfelt ließ keinen Zweifel daran, daß er in Gustav mehr als einen Souverän sah: »Ich vergesse jedesmal, wenn ich mit Euer Majestät spreche oder an ihn schreibe, daß es mein König ist, an den ich mich wende. Ich denke nur, daß es mein bester, mein wertvollster Freund ist, dem ich mein Herz öffne.« Armfelt blieb seinem königlichen Freund bis zu den letzten Minuten am Sterbelager im kalten Stockholmer Schloß und darüber hinaus treu. Die postgustavianischen Machthaber verfolgten ihn mit dem Haß und Neid, die sich gegen den Erfolgreichen, den Begabten in Jahren angestaut hatten, und zwangen ihn zur Flucht nach Italien und Rußland.

Armfelts Tagebuch erlaubt gelegentlich Einblicke in den Alltag Gustavs, der manchmal geradezu bürgerliche Erscheinungsformen annahm, wie die Eintragungen vom 22. und 24. Dezember 1781 zeigen: »Alle Menschen sind unterwegs und laufen hinter den Weihnachtsgeschenken her. Der König war sowohl am Vor- als auch am Nachmittag inkognito draußen [in der Stadt], um welche zu kaufen. 24. Dezember: Der König hat sein Mittagessen nicht vor halb vier eingenommen, da er den ganzen Tag mit der Anordnung der Weihnachtsdekorationen außerordentlich beschäftigt war, und außerdem hatte er sich eine sehr schöne Lotterie ausgedacht. Wir waren beim Souper dreißig Personen, König und Königin eingerechnet, und das Austauschen der Geschenke dauerte bis eins, bevor die Verlosung begann. Jeder gewann etwas, von Nippes bis zu Möbelstücken, ich für meinen Teil bekam eine hübsche Uhrkette aus Perlen.«

Doch trotz eines bisweilen höchst aktiven Hoflebens, trotz der von ihm inspirierten Blütezeit schwedischen Kulturlebens und ungeachtet des Hofstaates von Mitarbeitern und – in einigen Fällen – auch persönlichen Freunden blieb Gustav als Mensch einsam und sein wahres Ich der Öffentlichkeit verborgen. Sein Inneres bleibt auch für Nachgeborene rätselhaft, sein Äußeres, hinter der

Maske der Betriebsamkeit eines *tjusarkungs,* wurde nur selten wahrgenommen und vermutlich von niemandem genauer, aber auch so wenig vorteilhaft geschildert wie von seiner als Beobachterin scharfäugigen und als Tagebuchschreiberin unermüdlichen Schwägerin: »Dieser Fürst ist weit davon entfernt, ein schöner Mann zu sein. Sein Gesicht mit der auf einer Seite eingedellten Stirn ist mißgestaltet, das gilt auch für seine Figur. Er hat recht schöne Augen und einen durchdringenden Blick, der leicht einen schüchternen Menschen dazu bringen kann, die Fassung zu verlieren. Mund und Nase sind weder schön noch häßlich. Er ist von

Gustav inkognito beim Besuch des Sergelschen Ateliers.
Zeichnung von Johan Tobias Sergel.

mittlerer Größe und hat kleine Füße, doch keine schönen Beine. Er hat einen Fehler, der sogar das stattlichste Aussehen verderben würde: Er ist äußerst unsauber, was dazu führt, daß seine Zähne unrein und häßlich sind und sein Atem schlecht ist. Er kleidet sich äußerst schlampig, und es kann passieren, daß seine Hosen so schlecht sitzen, daß die nackten Knie herausschauen. Er verabscheut alles Engsitzende, und so hängt seine Kleidung förmlich an seinem Körper.« Sie fand aber auch Gutes an ihm, doch selbst dies nur mit Einschränkungen: »Ich glaube, daß er von Natur aus gut ist. Sein Hang zum Mißtrauen mag daher kommen, daß er keine Freunde hat. Obwohl er ein gutes Herz hat, ist er kein Gefühlsmensch. Die Kunst der Verstellung hat er so früh gelernt, daß sie wie ein Wahn bei ihm ist, die ihm bisweilen in den Augen seiner Untertanen schadet. Sie lieben Aufrichtigkeit, es ist ein nationaler Charakterzug.«

Den engsten politischen Ratgeber während des ersten Jahrzehnts seiner Herrschaft, Ulrik Scheffer, störten die Makel im äußeren Erscheinungsbild wenig, um so mehr kamen ihm schon 1779, zu einem Zeitpunkt, da Gustav noch auf der Höhe seiner Popularität stand, Zweifel an des Königs Charakter: »Niemals war ein Fürst so schwer zu beschreiben, denn niemals fanden sich so viele entgegengesetzte Eigenschaften in ein und derselben Person. Seine Begabung ist überlegen, sein Gedächtnis unglaublich. Er ist mild, freundlich, umgänglich, human, arbeitsfähig, wenn er will. Doch trotz all dieser Tugenden, die man im täglichen Umgang mit ihm erlebt, ist nie ein Fürst weniger geliebt worden. Mehr noch, diejenigen, die sich in seiner engeren Umgebung befinden, verabscheuen ihn oder machen ihn lächerlich. Man hat niemals eine solche Unordnung gesehen, wie sie an seinem Hof herrscht. Tag- oder Nachtstunden sind ihm unbekannt. Die Sucht nach Vergnügen und Frivolität beherrscht ihn. Er bezieht alles auf seine eigene Person und sieht die übrigen Sterblichen als nichtig an. Wenn er über sein Volk spricht, ist er wie ein Vater, der seine Kinder liebt, wenn er handelt, ist er wie ein Herr, der es zerquetscht. Alle zivilen wie militärischen Ämter bis hoch zum Reichsrat hat er dazu erniedrigt, allem mehr Glanz zu geben, was zu seinem Hof gehört. Ein Kammerpage bedeutet ihm mehr als das vornehmste Mitglied seines Rates.«

Als mit dem Tod des Königs auch der Glanz des Gustavianischen Zeitalters verlosch, sollte sich seine Gestalt mit blitzartiger Geschwindigkeit verklären. Derselbe Ulrik Scheffer sprach später davon, daß »nie ein Fürst mehr verleumdet wurde, nie während seiner Lebenszeit derartigen Lügen ausgesetzt war als Gustav III. Dieser Fürst hatte zweifelsohne seine Fehler, doch welcher Sterbliche hat die nicht? Niemals hat ein Fürst reichere Begabungen gehabt, größere Liebe für die Ehre seines Landes, größere Treue gegenüber jenen, die seine Freunde waren, gezeigt. Diese Treue ist eine Tugend, die sonst so selten, so unbekannt bei den Souveränen ist.«

7. Im Konzert der Mächte

Gab das Aufblühen von Dichtkunst und Theater seinem Regime Glanz, so war es die Stärkung der Stellung Schwedens im Konzert der Mächte, von der sich Gustav immerwährenden Ruhm erhoffte. Über die Mittel, dies zu erreichen, war er sich weit weniger im klaren als über das Ziel selbst. Sein Vorbild Gustav Adolf beispielsweise hatte den größten Teil seiner Regierungszeit mit der Kriegsführung verbracht, Carl XII. war mehr als fünfzehn Jahre lang fern von Schweden auf Feldzug gewesen, mit dem bekannten verheerenden Ergebnis. Keines der verehrten Vorbilder hätte sich jedoch dazu hergegeben, auf der Bühne eines Theaters aufzutreten. Auch von seiner ganzen Statur her hatte Gustav wenig Feldherrenhaftes an sich. Wer ihm begegnete, wußte von Charme, nicht von Schneid zu berichten.

Allerdings war auch das internationale Kräfteverhältnis, das Gustav bei seinem Coup vorfand, wenig geeignet, den Abenteurer in ihm hervorzukehren, sondern verlangte nach Mäßigung. Auch wenn Schweden die akute Krise nach dem Staatsstreich unbeschadet überstanden hatte und der drohenden Intervention des gegnerischen Bündnisses entgangen war, so war seine Stellung alles andere als gesichert. Militärisch war es jedem einzelnen der drei Kontrahenten, auch dem allenfalls als zweitklassige Macht geltenden Dänemark, deutlich unterlegen. Die Armee war weder quantitativ noch qualitativ furchterregend, die Moral von Offizieren und Mannschaften auf einem Tiefpunkt, und die Flotte verrottete in den Häfen. Schlimmer noch war, daß Schweden von Gegnern eingekreist war und in seiner Isolierung nur eine einzige Macht als halbwegs zuverlässigen Freund ansehen konnte, von der es geographisch getrennt war und im Krisenfall nicht ohne Schwierigkeiten direkte Hilfe erwarten konnte: Frankreich.

Immerhin zeigte sich die Bourbonenmonarchie als verläßliche Stütze in schwieriger Zeit. Noch im Februar 1773, bevor die Existenzkrise der neu etablierten Königsmacht überstanden war, konnte ein Abkommen mit der Regierung Ludwigs XV. abgeschlossen werden, das die Zahlung von Subsidien in Höhe von 2,4 Millionen Livres über die nächsten drei Jahre an Schweden vorsah. Das Geld sollte, so Frankreichs Wunsch, zuvörderst in die Reorganisation der schwedischen Streitkräfte gesteckt werden. Frankreich wollte einen funktionsfähigen Verbündeten im Norden haben, sollte es zu einem neuen Ringen zwischen den sich entwickelnden Machtblöcken kommen, Frankreich und Österreich auf der einen, England, Rußland, Preußen und möglicherweise Dänemark auf der anderen Seite. Schweden tat, wie ihm geheißen ward, und unternahm beträchtliche Anstrengungen, seine Verteidigungsbereitschaft zu erhöhen. Die Verstärkung der Armee oblag Johan Christopher Toll und Carl Sparre, die Modernisierung und Vergrößerung der Flotte wurde unter die Leitung des späteren Admirals Henrik af Trolle gestellt, der sich für die Schaffung der *skärgårdsflottila* einsetzte. Mit diesen kleinen, wendigen Booten sollten die Schärengewässer vor der finnischen Küste verteidigt werden, die für größere, konventionelle Kriegsschiffe zu flach waren und zu wenig Raum zum Manövrieren ließen. Eine Strategie, die sich später, in Gustavs einzigem Krieg, als gut durchdacht erweisen sollte.

So defensiv Schwedens Außenpolitik zunächst sein mußte, der Phantasiemensch Gustav wurde stets von großen Plänen umgetrieben. »Man kann sagen, was man will«, schrieb er an Carl Fredrik Scheffer, »es ist die Vorstellungskraft, die die Menschen groß macht. Ist sie lebhaft und stark, treibt sie diese zu großen Dingen, ist sie faul und träge, bringt sie nur kleine Menschen hervor.« Er sah die Außenpolitik als seine Domäne an, als das Feld, auf dem er Großes würde verrichten können, und lenkte sie über weite Strekken an den in der Verfassung dafür vorgesehenen Institutionen vorbei. Depeschen an schwedische Vertretungen im Ausland las und redigierte er; Rücksprache mit Kanzleipräsident Ulrik Scheffer hielt er nicht grundsätzlich, was dadurch gefördert wurde, daß der gichtkranke Scheffer sich pro Jahr für vier Monate zur Erholung auf sein Landgut in Västergötland zurückzog. Nach Scheffers

Ausscheiden aus diesem höchsten Regierungsamt im Jahr 1783 zog Gustav die nachfolgenden Kanzleipräsidenten immer weniger ins Vertrauen.

Primäres Ziel in diesen ersten Jahren mußte es aus Gustavs Sicht sein, die Einkreisung zu sprengen, die Schwedens Existenz so akut bedroht hatte. Von Preußen ging dabei die geringste Gefahr aus, weniger weil Friedrich sich durch verwandtschaftliche Gefühle von Aggressionen zurückhalten ließ, sondern da diesem die Erholung des im Siebenjährigen Krieg ausgebluteten Landes eher als die Disziplinierung des renitenten Neffen in Stockholm am Herzen liegen mußte. Blieb das Bündnis Dänemark-Rußland. Wie fest war es? Ließ sich ein Keil zwischen beide treiben, mit Dänemarks Hilfe gegen Rußland oder mit Unterstützung des Zarenreiches gegen den skandinavischen Nachbarn vorgehen? Gustav zog in den nächsten Jahren alle Register der ihm angeborenen Theatralik, suchte mal die eine, dann die andere Seite mit Charme und Versprechungen, seltener mit Drohungen (die angesichts schwedischer Schwäche kaum Wirkung gezeigt hätten) zur Lockerung der Bindung an den Partner und zur Allianz mit Schweden zu bewegen. Die Verstellungskunst, die seine Gegner an ihm kritisierten, entwickelte er gerade auf diplomatischem Gebiet zur Meisterschaft. Und doch war er dabei nicht schlimmer als seine mit größerem Drohpotential ausgerüsteten Standeskollegen auf Europas Thronen, die oft persönliche Liebenswürdigkeit und aufgeklärtes Denken mit brutaler Machtpolitik verbanden. So war es beispielsweise ein als Reformer par excellence geltender Herrscher wie Joseph II., der das wehrlose Polen zerstückelte und dabei in Einklang mit seiner Mutter Maria Theresia, der Herzensgüte in Person, handelte. Der oft als zynischer Menschenfeind verdammte Onkel in Sanssouci war noch einer der Ehrlicheren unter den Herrschern des Zeitalters, wenn er nach der ersten polnischen Teilung spöttisch über Österreichs Kaiserin sagte: »Sie weinte, aber sie nahm.«

Eine Annäherung an Dänemark war die Alternative, die weniger Gustavs persönlichem Geschmack entsprach. Zu sehr war ihm durch seine Mutter eine Abneigung gegen das Nachbarland und dessen Herrscherhaus anerzogen worden, und auch seine wenig erfreuliche, aufgezwungene Ehe mit einer dänischen Prinzessin trug zweifellos zu seiner Aversion bei. Sein heimliches Streben war darüber hinaus auf Norwegen gerichtet, das Ziel seiner machtpolitischen Träume. Das Land der dänischen Oberhoheit zu entreißen und Schweden damit geographisch zu arrondieren war ein Wunsch, dessen Erfüllung ihn auf eine Stufe mit Carl XII. stellen, ja, ihn über diesen noch erheben würde, war dem *hjältekung* doch diese Eroberung versagt geblieben. Sich diesen Traum zu erfüllen hätte aber auch die Feindschaft mit Dänemark weiter zementiert.

Die Hoffnung, eine Allianz mit Rußland abschließen zu können, war hingegen für fast die gesamte Dauer seiner Regierungszeit eine feste Konstante Gustavianischer Außenpolitik. So drohend der Nachbar im Osten auch erschien, Gustav glaubte fest an einen Interessenausgleich. Das beste Mittel, ein solches Bündnis in die Wege zu leiten, schien Gustav das vertrauliche Gespräch unter Monarchen. Seinem persönlichen Charme würde Katharina kaum widerstehen können. Nach mehrjährigen Sondierungen

Das Treffen Gustavs mit der russischen Zarin Katharina. Miniaturmalerei von Cornelius Höjer.

kam das Treffen zwischen der Zarin aller Reußen und dem Stockholmer Theaterkönig im Juni 1777 in St. Petersburg zustande und dauerte fast einen Monat. Es war Gustav, der vollständig von der Persönlichkeit seiner Gesprächspartnerin überwältigt war und der das Gipfeltreffen in zartrosa Farben malte. »Wir stehen auf bestem Fuß miteinander, die Kaiserin und ich«, schrieb Gustav an Bruder Carl, »und sie behandelt mich mit einer Herzlichkeit, die den Gesandten meines lieben Onkels um den Verstand bringt. Ich komme zu ihrer Ankleidung und bleibe in ihrem Gemach in einer familiäreren Atmosphäre, als Prinz Heinrich [von Preußen] sie hier erlebt hat. Folglich: ich habe keinen Grund, diese Reise zu bedauern, sie wird ein epochaler Einschnitt für den Rest meines Lebens sein.«

Was Menschenführung und Beeinflussung anbelangt, hatte Gustav in Katharina seine Meisterin gefunden. Sie hatte schnell erkannt, daß der feminin wirkende Schwedenkönig völlig davon hingerissen war, ihr bei der Morgentoilette Gesellschaft zu leisten und sich über modische Accessoires mit ihr auszutauschen. Der *tjusarkung* war selbst verzaubert und merkte gar nicht, wie wenig der günstige Eindruck, den er von der Gesprächspartnerin gewonnen hatte, auf Gegenseitigkeit beruhte. Katharina bemerkte zu einem Vertrauten spöttisch, dieser schwedische König sei so eitel, daß man ihm den größten Gefallen täte, würde man ihn vor einen Spiegel setzen. Wie um diesen Eindruck zu unterstreichen, hatte Gustav der Zarin ein Porträt von sich in Öl, von Hofmaler Roslin geschaffen, als Geschenk mitgebracht. Katharina, die in ihrem Privatleben Männer ganz anderen Kalibers schätzte, ließ es im Smolnykloster, einem Pensionat für höhere Töchter, aufhängen, damit die jungen Damen einen völlig ungefährlichen Mann betrachten konnten.

Gustavs reiche Phantasie ging immer wieder mit ihm durch, wenn er Möglichkeiten zu sehen glaubte, aus internationalen Verwicklungen Gewinn für sein Land und Ruhm für sich selbst zu ziehen. Als sich ein neuerlicher Konflikt zwischen Großbritannien und Frankreich anbahnte, dozierte er Creutz, seinem Botschafter in Paris, hemmungslos über eine Umstrukturierung der

Gustav III. Porträt von Alexander Roslin.

dynastischen Besitzverhältnisse in Europa, wie sie sich seiner Vorstellung nach dem französischen Sieg anschließen sollte. So müßte England seine deutschen Besitzungen in Hannover an den frankophilen Herzog von Braunschweig abtreten, und Schweden würde – ohne sich an den Kriegsanstrengungen zu beteiligen – Bremen und Verden zurückerhalten, seinen alten und »legitimen« Besitz aus der Großmachtzeit.

Die Kette von Ereignissen, die Schweden endlich aus seiner Isolation herausführten und tatsächlich einen wenn auch minimalen territorialen Gewinn brachten, begann weit entfernt vom königlichen Pläneschmieder in Stockholm. Im April 1775 entluden sich die seit Jahren schwelenden Streitigkeiten zwischen der englischen Regierung und ihren Untertanen in den amerikanischen Kolonien über Fragen der Besteuerung in einer bewaffneten Konfrontation im Dorf Lexington in der Provinz Massachusetts. Die Auseinandersetzung eskalierte zu einem Krieg, die Kolonisten erklärten sich im Juli 1776 für unabhängig. Für Frankreich war die Gelegenheit zur Revanche für die 1763 erlittenen Verluste endlich gekommen. Erst heimlich, dann offen unterstützte die Regierung Ludwigs XVI. und besonders Außenminister Vergennes, der ehemalige Botschafter in Stockholm, die »Rebellen«. Im Februar 1778 wurde ein Handels- und Freundschaftsabkommen zwischen Frankreich und der neugegründeten Nation geschlossen. Die Kriegserklärung Englands war eine logische Konsequenz. Gustav war über diese Verwicklung seiner Schutzmacht in einen oberflächlich kolonialen Konflikt nicht erfreut, mußte sich aber ins Unabänderliche fügen, um so leichter, als sich Frankreich trotz der Kriegsbelastungen im Dezember 1778 in einem neuen Abkommen mit Schweden zu weiteren Zahlungen von Subsidien, wenn auch in reduziertem Umfang, verpflichtete.

Das Ringen zwischen den beiden Großmächten tobte nicht allein auf dem fernen amerikanischen Kontinent, die Weltmeere waren ebenso Schauplatz der Auseinandersetzung. Dabei übte England seine maritime Suprematie, wie aus vorherigen Kriegen gewohnt, rigoros aus. Die Schiffe neutraler Staaten wurden auf hoher See durchsucht und nicht selten in englische Häfen geschleppt. Dort wurde ihre Ladung entschädigungslos konfisziert, nachdem Richter der Admiralität diese als Konterbande, also als dem Feind für seine Kriegführung nützlich, deklariert hatten. Die Definition, was denn Konterbande sei, war Gegenstand einer Reihe älterer internationaler Abkommen gewesen, eine Rechtssicherheit bestand jedoch nicht. Unumstritten war, daß Waffen und Munition hierzu zählten, also Güter, die erkennbar und direkt den Kriegsanstrengungen des Adressaten der Schiffsladung nützten. Doch wie stand es um Produkte, die mehr oder weniger im Rohzustand waren wie Eisen, Holz, Teer, Hanf, jedoch zu Rüstungszwecken verarbeitet werden konnten? Diese Frage erwies sich gerade für das Überleben des schwedischen Handels in diesen Kriegsjahren als essentiell, waren diese Materialien, die *varfsförnödenheter* (Grundstoffe für Schiffbau und -ausrüstung), doch das Rückgrat der schwedischen Exportwirtschaft.

Durch die Konfiskationen der Briten drohten Schweden ab 1778 schwere Verluste. Der schwedische Botschafter in London, Nolcken, gab eine geharnischte Protestnote ab, die fast wie eine Kriegserklärung klang, doch stand hinter Schwedens Diplomatie zuwenig reale Macht, als daß die Regierung Georgs III. sich davon hätte beeindrucken lassen. Stark konnte Schweden gegenüber England nur im Bund mit anderen Staaten auftreten, die ebenfalls von den englischen Übergriffen gegen die neutrale Schiffahrt betroffen waren. Die schwedische Regierung nahm Kontakt zu den Höfen von St. Petersburg und Kopenhagen auf. Dänemark unter seinem leitenden Minister Andreas Peter Bernstorff erwies sich als probritisch und war zunächst dem Vorschlag für ein Abkommen zum Schutz des neutralen Handels wenig zugänglich. Rußland zeigte sich aufgeschlossener, doch das tiefsitzende Mißtrauen zwischen beiden Ländern war nicht in kurzer Zeit zu überwinden. Die Verhandlungen zwischen den drei Ostseestaaten zogen sich über fast zwei Jahre hin. Sie kamen erst zu einem erfolgreichen Abschluß, als mit Spanien eine weitere Nation in den Krieg (auf seiten Frankreichs) eingetreten war, die in der Aufbringung neutraler Schiffe und der Konfiskation ihrer Ladungen wenig Hemmungen zeigte. Damit war auch das englandfreundliche Dänemark wieder an einer gemeinsamen Aktion der Neutralen interessiert, da es sich jetzt nicht ausschließlich gegen Albions Seemacht richten würde.

Am 1. August 1780 war der Diplomatie Gustavs endlich der lange ersehnte Erfolg beschieden. Ein Abkommen zum gegenseitigen Schutz der Handelsschiffahrt wurde in St. Petersburg vom russischen Kanzler Panin und Schwedens Botschafter Nolcken (ein Bruder des Gesandten am englischen Hof) unterzeichnet. Damit war Schwedens außenpolitische Isolierung in Nordeuropa erstmals durchbrochen. Wenige Wochen später wurde das Bündnis, das unter anderem multinationale Konvois zur Sicherung der Handelsschiffe und gemeinsames diplomatisches Vorgehen gegen die Konfiskationen vorsah, durch Dänemarks Beitritt ergänzt. Im Vertragstext waren ausdrücklich die für Schwedens Wirtschaft so wichtigen Holz-, Eisen- und Teerprodukte von der Definition des Begriffes Konterbande ausgenommen worden. Grundlage des Vertragswerkes war der auch später bei ähnlichen Konventionen bestätigte Kernsatz »Freies Schiff führt freie Waren«.

Wie berechtigt Gustavs tiefsitzendes Mißtrauen gegenüber Dänemark war, zeigte sich schon wenige Wochen nach Ratifizierung des neutralen Dreibundes. Es wurde bekannt, daß Bernstorff mit England ein Separatabkommen geschlossen hatte, in dem eine ganz andere Begriffsbestimmung vorgenommen worden war. Der dänische Regierungschef und seine britischen Partner nannten nun doch ausdrücklich Teer, Schiffsholz und Eisenplatten – alles typisch schwedische Produkte – als Konterbande, während Salz, Fleisch und andere Lebensmittel – Pfeiler der dänischen Exportwirtschaft – davon ausgenommen waren. Diese Hinterhältigkeit des führenden dänischen Staatsmannes gegenüber seinen Bündnispartnern führte zu einem Sturm der Entrüstung, nicht nur am schwedischen und am russischen Hof, sondern auch in Frankreich. Vergennes kündigte umgehend ein dänisch-französisches Handelsabkommen auf. Für Dänemarks internationales Ansehen untragbar geworden, mußte Bernstorff am 13. November 1780 seine Amtsgeschäfte niederlegen.

Die Nachricht vom erfolgreichen Abschluß der Verhandlungen erreichte Gustav auf seiner ersten größeren Auslandsreise seit dem Staatsstreich (sieht man von dem Treffen mit Katharina im gar nicht so weit von der finnischen Grenze gelegenen St. Petersburg ab). Gustav war im Sommer 1780 nach Spa gereist, wo er sich einer Kur unterziehen wollte. Die Mineralwasser des mondänen Ortes galten zu dieser Zeit als heilsam gegen eine Reihe von Gebrechen, besonders gegen jenes Leiden, das Gustav bei sich selbst als *mjältsjuka,* als Schwermut diagnostizierte. Es war zweifellos kein reiner Hypochondrismus, unter dem Gustav litt, sondern durchaus reale körperliche und psychische Erschöpfung. Seit neun Jahren trug er die Last der selbstauferlegten Verantwortung. Streß im modernen Sinne war er dabei regelmäßig ausgesetzt, auch bei seinen Vergnügungen stand er unter einer erwartungsvollen Hochspannung. Sein Privatleben schließlich, die Ehe mit einer ihm fremd bleibenden Frau, die ständigen Intrigen der Mutter und die ihm nahegehenden Gerüchte über die Unehelichkeit des Thronfolgers, zermürbte ihn zusätzlich. Es war eher der Tapetenwechsel und die ungewohnte Ruhe in den kleinen belgischen Ort als dessen Mineralwasser, die zu seiner Erholung beitrugen. Revitalisierend wirkte auf ihn aber auch die Konversation, die gemeinsame Promenade durch den Kurort mit Vertretern der höheren Stände aus allen Teilen Europas, besonders aus dem nahegelegenen Frankreich. Seine alte Brieffreundin, die Gräfin de Boufflers, stellte sich ein, und auch die junge französische Königin Marie Antoinette verlieh dem Kurort Glanz. Gustav beglückwünschte sich, auch auf sie – ähnlich wie zwei Jahre zuvor auf Katharina – den besten Eindruck gemacht zu haben, und wie bei der Zarin, so lag er auch bei der Gemahlin Ludwigs XVI. völlig falsch, die an dem gestenreich-theatralischen, in seiner äußeren Weichheit sie vermutlich an ihren Gatten erinnernden Schwedenkönig wenig Vorteilhaftes entdecken konnte. Mit den Jahren trat Gustavs Neigung, sich Illusionen und Fehleinschätzungen hinzugeben, immer stärker zu Tage.

Hier in Spa erhielt er die Nachricht vom Vertragsabschluß, der als Ausgangspunkt für eine engere Anlehnung an den großen Nachbarn im Osten dienen mochte. Das Bündnis der Neutralen fand bei anderen Staaten, die in der französisch-englischen Auseinandersetzung unparteiisch waren, schnell positiven Widerhall. Innerhalb der nächsten Monate traten zunächst die Niederlande (die jedoch bald ausschieden, da sie auf seiten Amerikas und Frankreichs in den Krieg eintraten), später Preußen, Österreich, Portugal und Sizilien der Konvention bei. So war Gustavs Schweden, das zu Beginn seiner Herrschaft von ausländischer Intervention bedroht war, plötzlich geachtetes Gründungsmitglied eines Bundes geworden, dem alle drei während dieses Krieges neutralen Großmächte – Rußland, Österreich und Preußen – angehörten.

Während der Zusammenschluß der Neutralen nur für die Dauer des Krieges Gültigkeit hatte und besonders die Animositäten gegen Dänemark hierdurch keine Veränderung erfuhren, gelang Gustavs Diplomatie in dieser Zeit die Anknüpfung freundschaftlicher Beziehungen zu einem anderen Land, die von größerer Dauerhaftigkeit waren und im Prinzip bis heute ungebrochen bestehen. Wenngleich er, wie noch zu zeigen sein wird, dem Unabhängigkeitskampf der Amerikaner gegen ihre einstigen Kolonialherren mit gemischten Gefühlen gegenüberstand, so war er – bei all seiner Neigung zur Träumerei – auch Realist mit Sinn für längerfristige Perspektiven. Als sich nach der Niederlage der Engländer in Yorktown/Virginia abzeichnete, daß die Amerikaner ihre staatliche Souveränität würden gewinnen können, wies er Creutz an, mit den in Paris weilenden amerikanischen Diplomaten Kontakt aufzunehmen und die Möglichkeit eines Freundschafts- und Handelsabkommens mit der jungen Nation zu eruieren. Dies müsse, so schärfte er Creutz ein, in größter Diskretion geschehen, um die Briten nicht zu verärgern, die die Anerkennung der nach englischer Betrachtung nominell noch unter der Hoheit Georgs III. stehenden Amerikaner durch einen Neutralen als unfreundlichen Schritt werten würden.

Die Verhandlungen wurden von zwei der bemerkenswertesten und ungewöhnlichsten Diplomaten des Zeitalters aufgenommen. Hier der »liebenswerte Verseschmieder« Creutz, dort jener Mann, der kraft seines Geistes und seiner persönlichen Ausstrahlung Frankreichs führende Kreise geradezu verzaubert und wesentlichen Anteil an der französischen Unterstützung für den Unabhängigkeitskampf seines Landes hatte: Benjamin Franklin. Der so vielfältig begabte Mann aus Philadelphia zeigte sich von Creutz' Vorschlag eines Abkommens zwischen beiden Ländern sofort begeistert und berichtete Robert Livingston, einem anderen amerikanischen Diplomaten, das sich auch Creutz der geschichtlichen Bedeutung ihrer Verhandlungen bewußt war: »Der Botschafter fügte hinzu, es sei ihm eine Freude, daran zu denken – und er hoffe, daß man dies in Erinnerung behalten werde –, daß Schweden die erste Macht in Europa war, die freiwillig den Vereinigten Staaten ihre Freundschaft angeboten habe, ohne dazu verpflichtet gewesen zu sein.«

Die Gespräche zwischen Creutz und Franklin verliefen komplikationslos. Schon nach wenigen Wochen wurde ein Handels- und Freundschaftsvertrag unterzeichnet, der am 3. April 1783 in Kraft treten sollte. Neben Zusicherungen über Religions- und Gewissensfreiheit schwedischer und amerikanischer Staatsbürger auf dem Territorium des jeweiligen Partners und Absprachen über gegenseitige Handelsvorteile wurde in Artikel 22 eine Hoffnung ausgedrückt: Der Herr möge verhüten, daß es zwischen beiden Ländern je zum Krieg käme. An diese Mahnung Franklins und Creutz' haben sich die nachfolgenden Generationen gehalten – was man nicht von allzu vielen Abkommen in der Geschichte internationaler Beziehungen der Neuzeit behaupten kann.

Außer der internationalen Aufwertung und dem Freundschaftsvertrag mit einem ganz neuen Staatswesen zog Gustavs Schweden aus dem amerikanischen Unabhängigkeitskrieg einen ganz unerwarteten Gewinn. Es erfüllte sich einer von Gustavs Träumen, ein Traum, den er allerdings wohl mit jedem Herrscher des Zeitalters teilte: der von kolonialem Besitz. Vor langer, langer Zeit hatte Schweden schon einmal eine Kolonie in der Neuen Welt besessen. Im Jahre 1638 hatten sich schwedische Siedler an den Ufern des Delaware niedergelassen und der Wildnis einige Hektar Land abgetrotzt, um ein paar Äcker und mehrere kleine Siedlungen anzulegen – übrigens, im Gegensatz zu anderen Einwanderern in die Neue Welt, in Harmonie mit den Ureinwohnern. Nach nur siebzehn Jahren war die Geschichte von *Nya Sverige* zu Ende. Die Regierung in der Heimat war wieder einmal zu sehr in europäische Wirren verstrickt, um der kleinen Kolonie genügend Aufmerksamkeit und Hilfe zukommen zu lassen. Die Niederländer unter ihrem Gouverneur Peter Stuyvesant eroberten Neu-Schweden, allerdings nur, um ein paar Jahre später ihrerseits vor einem Stärkeren, in diesem Fall den Engländern, die Flagge streichen zu müssen.

Anregungen, es noch einmal mit Kolonialerwerb zu versuchen, hatte es in Schweden seither immer wieder gegeben. Pehr Kalm, jener Ökonomieprofessor aus dem finnischen Åbo, der in den 1750er Jahren Nordamerika bereist und die Unabhängigkeit der damals noch englischen Kolonien vorhergesagt hatte, wies auf die (vermeintlichen) Vorteile für Schwedens Handelsbilanz hin, die Kolonialbesitz mit sich bringen würde. Diese Meinung vertrat auch die Schrift des sechsundzwanzigjährigen Offiziers und Hobbyliteraten Ulrik Nordenskiöld *Afhandling om nyttan för Sverige af handel och Nybyggen i Indierna och på Africa* (Über den Nutzen, den Schweden aus Handel und Niederlassungen in Indien und Afrika ziehen könnte), wobei mit Indien als Folge eines im späten 18. Jahrhundert noch nicht ausgeräumten sprachlichen Anachronismus Amerika gemeint war. Die Schrift erschien – Zufall oder nicht – in jenem Jahr 1776, in dem die Amerikaner selbst ihrem Dasein als Kolonisten ein Ende setzten.

Derartigen Einflüsterungen war Gustav äußerst zugänglich, gehörte doch Landerwerb, wo auch immer, zu den Merkmalen eines echten Heldenkönigs. Wiederum fällt ein Wesenszug Gustav auf, der ihn angenehm von seinen Vorbildern unterscheidet: Sein Weg zum Ruhm sollte möglichst unblutig vonstatten gehen, auch der Traum vom Kolonialreich wurde mit den Mitteln der Diplomatie, nicht denen der Eroberung betrieben. Um die örtlichen Gegebenheiten zu eruieren, ließ er über Ulrik Scheffer den jungen Axel von Fersen, der sich als Offizier des französischen Expeditionskorps nach dem amerikanischen Kriegsschauplatz einschiffte, anweisen, in der Neuen Welt die Augen offen zu halten: »... unter dem Anschein privater Neugier unbemerkt entweder einen Distrikt auf dem amerikanischen Festland oder eine Insel in dessen Nähe auszuforschen versuchen, welche von den Vereinigten Staaten, unter welchen Bedingungen auch immer, an Schweden abgetreten werden könnte.«

Da die Amerikaner nach Erlangung ihrer staatlichen Souveränität Besseres mit ihrem Territorium anfangen konnten, als ein Stückchen davon einem fernen König anzuvertrauen, benutzte Gustav die diplomatischen Kanäle, um seinen Verbündeten Frankreich, den zweiten Sieger des amerikanischen Unabhängigkeitskrieges, mit der Bitte um Abtretung einer kleinen überseeischen Besitzung zu behelligen. Da Creutz im Jahr 1783 nach fast zwanzig Jahren Dienst in Paris, der Abfassung unzähliger Gedichte und der Anhäufung ebenso unüberschaubarer Schulden dort als Nachfolger von Ulrik Scheffer nach Stockholm berufen worden war, vertraute Gustav die Sondierungen bei der französischen Regierung seinem neuen Gesandten am Hofe von Versailles an. Dieser Mann hieß Staël von Holstein und war mit dieser Aufgabe einem doppelten Streßfaktor ausgesetzt. Zum einen stellte ihm Gustav als Belohnung für ein Gelingen eine Standeserhöhung, die Ernennung zum Botschafter, in Aussicht. Genau dies war aber die Voraussetzung für Holsteins große private Ambition. Er wandelte auf Freiersfüßen und wünschte Germaine, die Tochter des französischen Finanzministers Necker, zu ehelichen. Dieser Eintritt in eine der führenden Familien Frankreichs war aber, so wurde ihm bedeutet, nur als Botschafter, nicht als einfacher Gesandter möglich. Der Diplomat erreichte schließlich beides, die Ernennung zum Botschafter und die Hochzeit mit Germaine, doch glücklich scheint er als vorübergehender Ehemann der berühmten Madame de Staël kaum geworden zu sein.

Traumobjekt der schwedischen Begierde war die Insel Tobago, die Frankreich den Engländern im gerade zu Ende gegangenen Ringen hatte entwenden können. Dieser neue Besitz schien den Franzosen jedoch zu wertvoll, als daß man ihn einfach an Gustav verschenken könnte, so daß Vergennes Staëls Ansinnen empört von sich wies: »Sie wollen uns die Frucht des Krieges wegnehmen? Das ist unmöglich!« So mußte man sich denn bescheiden und auch mit weniger prächtigem Kolonialerwerb zufrieden sein. Anläßlich Gustavs Besuch in Paris wurde am 1. Juli 1784 ein Abkommen unterzeichnet, durch das sich Schwedens Traum von überseeischem Besitz erfüllte. Im Gegenzug wurden Frankreich umfangreiche Handelsprivilegien im Hafen von Göteborg zugesichert. Während Gustav sich wieder einmal seinen schwärmerischen Illusionen hingab, erkannte Finanzminister Liljencrantz (dem die Zollabgaben in Göteborg entgingen) die Quintessenz des Abkommens nüchtern: Schweden war vom alten Verbündeten Frankreich kräftig übers Ohr gehauen worden.

Voilà, Majestät, Ihr fernes Königreich: Die Franzosen hatten zweifellos Mühe darauf verwendet, das mit Abstand wertloseste Stückchen Land unter ihren weit über den Globus verstreuten Besitztümern herauszufinden. Sie beglückten Gustav mit der Karibikinsel St. Barthelemy. Es blieb dem Schwedenkönig zu seinem Glück erspart, je einen Blick auf diese Perle unter den Gütern der Krone zu werfen. St. Barthelemy war von magerer Vegetation, größtenteils von distelähnlichem Gestrüpp überwachsen, verfügte weder über Straßen, die diese Bezeichnung verdient gehabt hätten, noch – was schlimmer war – über eigenes Trinkwasser, das statt dessen von den Nachbarinseln importiert werden mußte. Als in den 1790er Jahren der Schwede Bengt Euphrasén das neue Territorium besuchte, zählte er rund 3 000 Einwohner der unterschiedlichsten Hautfarben. In einer kleinen Schrift veröffentlichte Euphrasén ein Porträt jenes fernen Stückchens Schweden, das für den hart arbeitenden Handwerker oder Bürgersmann in

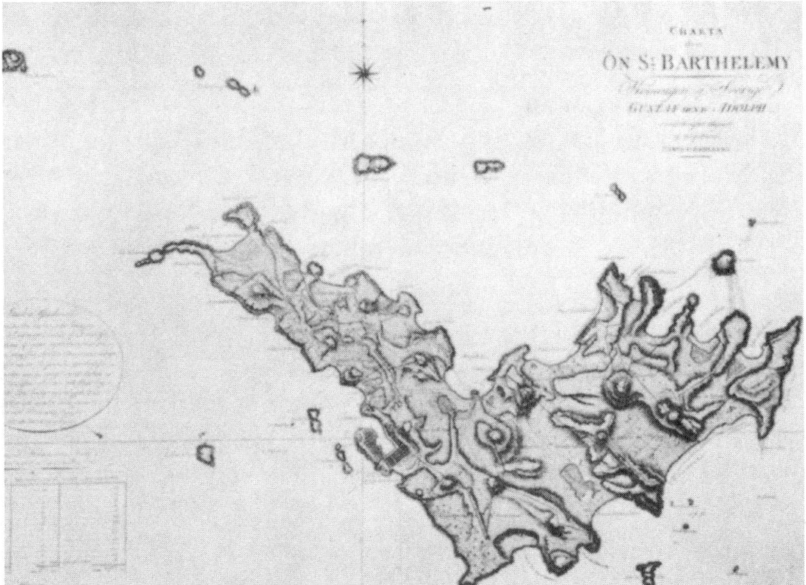

Schwedens »Kolonialreich« St. Barthelemy.

Stockholm oder Göteborg faszinierende Einblicke in karibisches Savoir vivre enthielt: »In Gustavia stehen mehrere Billarde, und sie machen das tägliche Spiel und den Zeitvertreib der Einwohner aus.« Gustavia – den Namen des fernen Königs trägt die Hauptstadt des Inselchens noch heute. Bei aller Mickrigkeit dieser Erwerbung schwelgte doch das offizielle Schweden in der Freude darüber, nach hundertdreißig Jahren Abstinenz wieder in den illustren Kreis der Kolonialmächte eingetreten zu sein. »Das ist eine Sache«, begeisterte sich Creutz, »die zur Freude der Nation präsentiert wird!« Das schwedische Rokoko war eben in mancher Hinsicht auch ein Zeitalter der Bescheidenheit.

Der Aufenthalt in Frankreich stand am Ende einer Kette von Fehlentwicklungen, die Gustav 1783 einleitete und die für seinen zunehmenden Realitätsverlust sprechen: »Ich beginne jetzt ein ebenso großes Werk«, schrieb er an Admiral Trolle, auf den Staatsstreich elf Jahre zuvor anspielend, »das des ganzen Nordens Aussehen ändern kann. Es scheint, daß das Schicksal mich an der Hand führt, ... das Schicksal, das Euch und Toll auserkoren hat, mit mir denselben Weg zu gehen und mir bei dem großen Ziel zu helfen, dem Reich Ehre zu machen und unseren Namen Unsterblichkeit zu verleihen.« Wer angesichts dieser pathetischen Worte Gustavs hochfliegende Pläne mit der nach wie vor schwachen Stellung Schwedens im Konzert der Mächte vergleicht, kann sich des Eindruckes nicht erwehren, daß er die Großmachtpolitik zunehmend mit der Bühne seiner Oper zu verwechseln begann, auf der er nach Gutdünken Regie führen konnte. Gustav begann, die Welt nicht länger so zu sehen, wie sie war, sondern so, wie er sie zu inszenieren gedachte. Die anderen Teilnehmer jedoch hatten eigene Vorstellungen von ihren Rollen.

Wieder einmal schwebte ihm die Eroberung des dänischen Norwegens vor. Sein Plan war auf phantastische Weise einfach. Im Öresund sollte ein Zwischenfall provoziert werden, worauf die schwedische Flotte den Hafen von Kopenhagen blockieren und Dänemarks Marine daran hindern sollte, auszulaufen. Gleichzeitig sollte ein Armeekorps auf Själland landen, die Dänen kurzerhand besiegen und Kopenhagen einnehmen. Die besiegte dänische

Regierung könnte dann leichten Herzens den Verlust vertraglich besiegeln, den sie in der Zwischenzeit hatte erleiden sollen. Nach Gustavs Plan würden nämlich simultan drei weitere schwedische Armeekorps Norwegen überrumpeln und vollendete Tatsachen schaffen.

Gustavs militärische Berater waren nicht ganz so enthusiastisch, wußten sie doch, daß Schweden über die für ein so ehrgeiziges Unternehmen notwendigen Mittel nicht verfügte. Weder waren ausreichend viele Kriegsschiffe noch Soldaten, noch Ausrüstung vorhanden, vom Geld ganz zu schweigen. Toll und af Trolle stimmten im Prinzip zu, erhoben jedoch Einwände in der Hoffnung, daß Unternehmen auf günstigere Zeiten zu verschieben. Gustav aber zeigte die Entschlossenheit eines dramatischen Helden: »Nun ist die Stunde gekommen, um die uralten Neider des schwedischen Namens zu vernichten. Ich beginne nun dieses große Werk mit aller Hoffnung auf einen glücklichen Verlauf.« Unabdingbare Voraussetzung für ein Gelingen der schwedischen Aggression war Ruhe im Osten. Gustav mußte sicher sein, daß Rußland nicht auf seiten Dänemarks, wozu es sich vertraglich verpflichtet hatte, eingriff und das dann von Truppen weitgehend entblößte Finnland überfiel. Noch einmal traf er sich mit der Zarin, Anfang Juli 1783 in Fredrikshamn, und setzte auf die gewinnende Wirkung seines Charmes, doch abermals biß er bei Katharina auf Granit. Die Gespräche verliefen in freundlicher Atmosphäre, doch war die Zarin nicht zu bewegen, den dänischen Verbündeten für die luftigen Versprechen eines schwedisch-russischen Bündnisses zu verraten. Und außerdem, dieser schwedische König machte auf sie abermals keinen sehr überzeugenden Eindruck, war er doch wenige Tage zuvor vom Pferd gestürzt und hatte sich – alles andere als ein einschüchternder Kriegsherr – den linken Arm gebrochen. »Alexander der Große«, schrieb eine spöttische Katharina an Potemkin, »hat aufgepaßt, nicht in Gegenwart seiner Truppen vom Pferd zu fallen.«

Das Unternehmen mußte unter diesen Umständen auf unbestimmte Zeit verschoben werden. Gustav brach zu seiner Reise nach Italien auf, die ihn durch verschiedene deutsche Fürsten-

Gustav auf der Durchreise in Augsburg. Kupferstich von Johann Martin Will.

tümer führte und bei der er unter anderem Augsburg besuchte. Diese alte Handelsstadt war von Gustavs verehrtem Ahnherrn, Gustav II. Adolf, während des Dreißigjährigen Krieges besetzt worden. Italien begeisterte ihn, und von Rom Abschied zu nehmen, fiel ihm schwer: »Es ist der einzige Ort, seitdem ich Schweden verließ, von welchem ich mich mit wirklichem Bedauern trenne.« Der kulturelle Teil dieser Expedition war ein Erfolg. Der politische Aspekt der Reise war hingegen zwiespältiger. Zwar erhielt er als erster regierender schwedischer Monarch Audienz beim Papst und nahm – mit großer Andacht, wie ein französischer Diplomat beobachtete – an einer katholischen Messe teil. Enttäuschend hingegen verlief der diplomatische Höhepunkt der Reise, das Zusammentreffen mit Österreichs Kaiser Joseph II. Der Habsburger war Gustav gegenüber voreingenommen und hatte ihn schon vorher als einen Mann ohne Charakter bezeichnet. Die Atmosphäre bei den Unterredungen war kühl. Gustav störte bei aller Toleranz gegenüber Andersgläubigen, die zu seinen unbestreitbaren Stärken zählte, die extreme und plakative Frömmigkeit des Kaisers sehr: »Er begegnet dem Papst mit der größten Ehrfurcht und der lebhaftesten Zärtlichkeit; er besucht alle Kirchen, liegt vor allen namhaften Altären auf den Knien, wirft Geld, oder scheint es vielmehr fallen zu lassen, unter das Volk und vollzieht, dem Anschein nach, mit einer merkwürdigen Zuneigung alle durch die katholische Lehre vorgeschriebenen Andachtsübungen.«

War somit eine Annäherung an Österreich erfolglos, so verlief auch ein nochmaliger Versuch, mit Rußland Einigung zu erzielen, im Sande. Ostern 1784 traf er sich in der Peterskirche mit dem russischen Diplomaten Morkov zu einem Gespräch, in dem dieser Schwedens Wünschen oberflächlich entgegenkam und von einer Tripelallianz der baltischen Staaten sprach. Dies war jedoch mit Gustavs aggressiven Absichten Dänemark gegenüber unvereinbar. Was Gustav nicht ahnte: Seit 1784 gewann der britische Nachrichtendienst Einblick in Creutz' diplomatischen Schriftverkehr, erfuhr so von Gustavs kriegerischen Absichten und unterrichtete die Höfe von Kopenhagen und St. Petersburg hierüber. Gustavs

Glaubwürdigkeit als Verhandlungspartner hatte einen schweren Schlag erlitten, er befand sich wieder auf dem besten Wege, jener Paria der internationalen Gemeinschaft zu sein, der er nach dem Staatsstreich vom August 1772 gewesen war.

Nach diesen Mißerfolgen war der die Reise abschließende Frankreichbesuch mit seiner Abfolge gesellschaftlicher Vergnügungen sein einziger Lichtblick. Er bezeichnete es einmal mehr als sein »zweites Vaterland« und war schon bei seiner Ankunft in Paris im Juni 1784 in seiner Begeisterung nicht zu bremsen: »Der gute Empfang, welchen mir das Publikum schenkt, geht über alle Vorstellung. Ich werde überall, wo ich gehe, beklatscht, beim Eingang und Ausgang des Schauspiels und in den Korridoren.« Er genoß das Leben dieser am Rande des Abgrundes stehenden Hofgesellschaft, die ihm seinen eigenen Hof trotz aller Bemühungen wieder einmal als provinziell erscheinen ließ: »Ich war zu Versailles. Es war dort an dem Tage Ball. Ich kehre dahin am Abende zurück, um mit der Prinzessin Lamballe zu soupieren, und werde dort den ganzen Tag zubringen. Morgen wird die Königin eine Fête zu Trianon geben. Der Ball war prächtig. Der Saal ist der schönste in Europa. Am Dienstag werde ich im Parlament sein. Am Mittwoch wird ein Heißluftballon bei Versailles aufsteigen, am Donnerstag wird *Castor und Pollux* im Opernhaus gegeben. Sie sehen, daß meine Tage in Paris gut besetzt sind.«

Auch wenn er zu Ludwig XVI. kein so herzliches Verhältnis wie zu dessen Großvater entwickelte, verlief auch der politische Teil seines Aufenthaltes in Versailles harmonisch. Ein neues Subsidienabkommen wurde geschlossen, das die Zahlung von 1,2 Millionen Livres jährlich an Schweden vorsah. Am 20. Juli 1784 verließ er Paris und fuhr seinem anderen Heimatland entgegen, in dem ihn ein rauheres Klima erwartete.

Gustavs Vertrauen in die große Heldenrolle, die eine den Gesetzen des französischen Schauspiels gehorchende Vorsehung für ihn auserwählt hatte, verlor in seinen letzten Lebensjahren den Charakter einer skurrilen Beiläufigkeit und wurde zu einem dominierenden und in seiner Realitätsferne bedrohlichen Faktor seiner Außenpolitik. Als sich die Widerstände, gerade von seiten einer sich formierenden Opposition, verstärkten, wurde diese Rolle zum Fluchtpunkt aus seiner Bedrängnis. Vielleicht zu seiner eigenen Überraschung, wurde er ihr gerecht und durch einen teuer erkauften Erfolg wieder in die Wirklichkeit zurückgeholt.

8. Revolution

Monarch! Lerne mit Beben,
daß Liebe, nicht Unterdrückung, die Stütze Deiner Herrschaft ist.

Es liegt etwas Warnendes in diesen Zeilen. Die Zeiten, in denen der Dichter seinem Herrscher nur als Untertan gegenübertrat, nähern sich ihrem Ende. Er verläßt die Rolle des Huldigers und schlüpft in die – das Ausrufezeichen belegt es – des Mahners. Es ist das »age of the democratic revolution« (R. R. Palmer), und ein verkrachter Student und armseliger Schlucker namens Bengt Lidner schwingt sich in Schweden zum Dichter der revolutionären Epoche auf, auf eine allerdings sehr zahme, eben schwedische Art. Er kam aus armen Verhältnissen, und er starb in solchen. Als er kaum sechsunddreißigjährig verschied, zog Bellman mit der Laute durch Stockholms Kneipen und Kaffeehäuser und sammelte die *riksdaler* für das Begräbnis.

Bengt Lidner.

Von früher Jugend an wuchs in Bengt Lidner die Sympathie für jene von Bellman auf eher heitere Art besungenen neun Zehntel der Menschen im schwedischen Rokoko, die hart für ihr tägliches Brot arbeiten mußten, oft hungerten und auf einem anderen Planeten zu leben schienen als die Besucher von Gustavs Maskeraden. Er erwärmte sich für die Tagelöhner und Bettler, die oft in Sichtweite des Schlosses und der Adelspaläste lebten und nicht wußten, wie sie den Magen füllen sollten. Armut hatte der 1757 in Göteborg geborene Lidner früh kennengelernt, nachdem sein Vater gestorben war, als Bengt gerade zwei Jahre alt war. Seine Umgebung wurde auf das dichterische Talent des Jungen aufmerksam, der sich gern ein paar Schillinge verdiente, indem er als Redner bei Festen und Beerdigungen auftrat oder aus sonstigen Anlässen mit der Kraft seiner Feder und seiner Stimme zur leidlich dotierten Lobpreisung von Honoratioren ausholte. Wohlhabende Gönner ermöglichten dem unzweifelhaft Begabten das Studium an der Universität Lund.

An der Alma mater im südschwedischen Skåne setzte sich Lidner zum ersten Mal mit jenem Ereignis auseinander, das die Diskussion der Zeitgenossen in vielen europäischen Ländern, so auch in Schweden, bewegte. In Amerika hatten sich die Kolonisten gegen das Mutterland England, dessen Parlament und – unerhörter noch – gegen dessen König erhoben. In einer akademischen Veranstaltung verteidigte er das Verhalten der Aufrührer, doch verfolgte er das Thema ebenso wie sein gesamtes Studium zunächst nicht weiter. Plötzlich und ohne einen für die Nachwelt erkennbaren Grund verließ er die Universitätsstadt, heuerte als Leichtmatrose auf einem Ostindienfahrer an und kehrte Schweden den Rücken. Das rauhe Leben an Bord eines Seglers war indes nichts für den schwächlichen Jüngling. Er nutzte die erste Gelegenheit, als das Schiff in Kapstadt ankerte, um wegzulaufen und sich wieder in die Heimat durchzuschlagen. Nach Göteborg zurückgekehrt, ermöglichte es ihm das Mäzenatentum eines reichen Göteborger Kaufmannes, es noch einmal mit einem geordneten Studium zu versuchen. Im September 1776 schrieb er sich an der Universität Greifswald in Schwedisch-Pommern ein.

In eben diesen Tagen erreichte eine Nachricht Europa, die viele politisch interessierte Beobachter und Lidner ganz besonders elektrisierte. Die amerikanischen Kolonisten hatten ihre Unbotmäßigkeit auf die Spitze getrieben und sich für eine unabhängige Nation erklärt. Mehr noch, sie beriefen sich dabei auf unveräußerliche Menschenrechte, wonach alle Menschen frei und gleich geboren seien und das Recht hatten, nach Glück zu streben. Das waren Prinzipien, so erkannte Lidner, die nicht zum eigenen Feudalstaat und seiner Ständehierarchie paßten. Er wurde der begeistertste Propagandist der amerikanischen Sache in Schweden. Für ihn stellten die Amerikaner den Typus jener bislang unterdrückten Menschen dar, mit denen er sich in seinem Gedicht *Der Tod der Gräfin Spastara* solidarisierte:

> Mein Freund ist jeder, der in Ceylons heißen Gründen,
> Auf Nowa Semljas Bergen folgt der Bettler Spur;
> Ich zahl' den Tränenzoll, wenn sie ihr Schicksal künden,
> Den ich Dir schulde, Mutter aller Welt, Natur!

Lidner fertigte im Frühjahr 1777 eine Dissertation unter dem Titel »De iure revolutionis Americanorum« an, die erste Schrift, in der sich ein schwedischer Autor mit der amerikanischen Erhebung auseinandersetzt. Es ist eine Rechtfertigung des Vorgehens der Kolonisten, das Lidner legitim erscheint, nachdem das Mutterland Großbritannien sich gegen seine überseeischen Untertanen versündigt habe. König Georg III. und das Parlament hatten seiner Ansicht nach gegen den Gesellschaftsvertrag verstoßen, der die Grundlage staatlichen Zusammenlebens bildete. Die Verpflichtung der Amerikaner zum Gehorsam dem König gegenüber sei damit aufgehoben. Es sei ausgeschlossen, so betont Lidner mit Blick auf die nähere Zukunft, daß die Amerikaner die Waffen niederlegen würden, bevor sie ihre staatliche Souveränität erlangt hätten. Seine Unterstützung der neuen Republik auf der anderen Seite des Ozeans schließt Lidner mit einem enthusiastischen »Vivat Gustavus III!« Kein Widerspruch für den jungen Dichter – in seinen Augen war auch Gustav ein Revolutionär, der fünf Jahre zuvor die Verhältnisse in Schweden grundlegend zum Besseren gewendet hatte.

Ob die Dissertation je ihren Gang durch die akademischen Instanzen Greifswalds nahm, bleibt ungewiß. Lidner kehrte 1779 nach Schweden zurück, offensichtlich, ohne ein Examen abgelegt zu haben. Das Thema des amerikanischen Unabhängigkeitskampfes ließ ihn jedoch auch in seiner weiteren Karriere als Dichter nicht mehr los. Im Jahr 1784 veröffentlichte er eine Ode an das vergangene Jahr, das eine Reihe epochaler Ereignisse gesehen hatte. Der Mensch hatte sich der Fesseln der Schwerkraft entwunden und war in die Lüfte aufgestiegen, im »Montgolfierballongen«. Der Ketten eines kolonialen Regimes hatten sich die Amerikaner endgültig entledigt. Die Etablierung der Republik in Übersee kündet in Lidners Augen vom Anbruch eines Zeitalters, »dessen König Freiheit ist«.

Die Begeisterung Lidners für ein Volk in Aufruhr gegen überkommene Autoritäten teilte sein König verständlicherweise kaum. Der Philosoph in Gustav verfolgte anfangs fasziniert das Geschehen in der Neuen Welt. Das Schauspiel eines in der Entstehung begriffenen, auf selbst formulierten Prinzipien basierenden Staates, so schrieb er seiner Briefpartnerin Madame de Boufflers im Oktober 1776, würde er selbst gern aus nächster Nähe beobachten, »wäre ich nicht das, was ich bin«.

Der Ideologe in Gustav, für den die Prärogative des Monarchen der Stützpfeiler einer funktionierenden Gesellschaftsordnung war, beurteilte die Amerikanische Revolution anders, besonders nachdem das verbündete Frankreich in den Konflikt hineingezogen wurde. »Ich kann nicht zugeben, daß es rechtmäßig ist, Rebellen gegen ihren König zu unterstützen«, schrieb er zwei Jahre später und übte heftige Kritik an der französischen Regierung, die seit April 1778 auf Seiten der *les insurgens* gegen England in den Krieg eingegriffen hatte.

War der mittellose Bengt Lidner der Poet jenes ersten größeren Umsturzes im anbrechenden Zeitalter der Revolutionen, so lieferte ein französischer Autor dem schwedischen Publikum die Prosa der Revolution im fernen Amerika. Der Mann, der einen der aufsehenerregendsten Bestseller der zeitgenössischen europäischen Literaturszene verfaßte, war der Abbé Guillaume Thomas Raynal. Der 1713 geborene Jesuitenzögling hatte sich schon beträchtlichen literarischen Ruhm – unter anderem als Redakteur des *Mercure de France* und Verfasser von *Histoire du Parlament d'Angleterre* – erworben, als er 1770 sein Hauptwerk veröffentlichte: die sechsbändige *Histoire philosophique et politique des établissements et du commerce des Européens dans le deux Indes.*

Raynals Werk war mehr als eine reine Darstellung der Kolonialgeschichte, es war nach Meinung eines schwedischen Kritikers eine der »stärksten Schriften, die in unserem Jahrhundert erschienen ist«. Raynal verknüpfte das Verlangen des Publikums seiner Epoche nach Exotischem und die Diskussion um ökonomische Doktrinen mit seinen Vorstellungen über den Idealzustand von Staat und Gesellschaft. Als entschiedener Verfechter der Volkssouveränität und Gegner der katholischen Kirche waren Raynal und seiner *Histoire* nicht nur im heimatlichen Frankreich, sondern auch in anderen europäischen Ländern Verbot und Verfolgung durch die Staatsgewalt sicher. Die erste Auflage wurde 1770 im vergleichsweise liberalen Amsterdam gedruckt, die französische Regierung erlaubte erst zwei Jahre später die Einfuhr von 25 (!) Exemplaren. Die Bücher verursachten hohe Aufmerksamkeit; viele Leser mutmaßten Diderot als Verfasser des anonymen Werkes. Erst eine dritte, 1780 in Genf erschienene Auflage nannte Raynal als Autor.

Diese dritte Auflage unterschied sich von den beiden Vorgängerinnen, durch aktuellen Anlaß bedingt, in einem wichtigen Punkt. Bereits in den frühen Versionen hatte Raynal, wie viele Anhänger aufgeklärter Prinzipien, England und sein politisches System bewundert, dabei aber eine noch stärkere Neigung zu den englischen Untertanen in Nordamerika an den Tag gelegt. Inzwischen kämpften die Kolonien seit fünf Jahren gegen das Mutterland und hatten sich für unabhängig erklärt. Raynals Enthusiasmus für die Sache der Amerikaner war grenzenlos; es gab, wie ein schwedischer Historiker feststellte, keinen überzeugenderen Protagonisten der in jenen Jahren fast überall in Europa aufflammenden

Amerikabegeisterung als den französischen, häufig im Exil lebenden Abbé. Raynal betonte, er habe nie von einem würdigeren Gremium gehört als dem Kongreß. In Amerika, so fuhr er fort, sei eine Heimstatt für Toleranz, Sitte, Moral, Gesetz und vor allem Freiheit entstanden. Raynal fügte Schlußfolgerungen hinzu, die ihn und sein Buch in den Augen der gekrönten Häupter Europas höchst suspekt machten. Das Beispiel der Amerikaner solle all jenen leuchten, die von Despoten unterdrückt würden.

Das Interesse an Raynals Werk war in Schweden so groß, daß der Stockholmer Buchdrucker Carl Stolpe die letzten fünfzehn Kapitel des vierten Bandes als gesonderte Publikation unter dem Titel *Revolution de l'Amérique* herausgab. Doch Gustavs Zensurbestimmungen ließen keinen Freiraum mehr für die Werke eines Schriftstellers, der den Kampf der amerikanischen Kolonisten gegen ihren von Gott eingesetzten König verherrlichte. Der Pastor der deutschen Gemeinde in Stockholm, Christoph Wilhelm Lüdecke, erinnerte sich an die prompte obrigkeitliche Reaktion: »Das Werk dieses Verteidigers der amerikanischen Freiheit ward übrigens auf höheren Befehl gleich eingezogen...«

Bei Buchdrucker Stolpe erschien auch die oppositionelle Zeitschrift *Dagbladet: Wälsignade Tryckfriheten,* in der verschiedentlich Auszüge von Raynals Gedanken zu Amerika im speziellen und zu freiheitlichen Regierungsformen im allgemeinen abgedruckt wurden. Dieses Organ veröffentlichte auch Zuschriften von Lesern, die sich im Stil dem satirischen Charakter des Blattes anpaßten und durch ganz offensichtlich übertriebene Lobpreisungen der Verhältnisse im eigenen Land auf die Berechtigung Raynalscher Kritik am monarchischen Ständestaat hinwiesen: »Die *Revolution de l'Amerique* verdient es, in einer so freien und glücklichen Nation wie der unseren verbreitet zu werden, da wir niemals durch eigene Erfahrungen, sondern nur durch die Feder des Autors von der Richtigkeit seiner Ausführungen überzeugt werden können.«

Raynals radikale Gedanken, wonach eine Gesellschaft das Recht habe, wie die Amerikaner ihre Regierungsform zu ändern, wenn diese sich als untauglich erweisen sollte, waren so ziemlich das letzte, was Gustav in seinem Reich dulden konnte. Am 29. Juli 1781 wurde im Kanzleikollegium ein Brief Gustavs verlesen, in dem Einfuhr, Übersetzung und Verkauf des Raynalschen Werkes in Schweden verboten wurden, da seine Lektüre zu allen möglichen schädlichen Folgen *(hwarjehanda skadliga fölgder)* beim Untertanen führen könne.

Wie so oft bei Verboten, steigerte der Bannstrahl Gustavs nur noch das Interesse an dem Buch und an der Diskussion über den amerikanischen Weg zu einem neuen Staatswesen. Das Bildungsbürgertum suchte nach Mitteln und Wegen, um sich das Buch zu beschaffen. Selbst ein seriöser Publizist wie Gjörwell, dem alles Revolutionäre zuwider war, verfiel in die Sprache des Verschwörers und sandte einem nach dem Buch verlangenden Bekannten, die Brisanz der Lieferung unbeholfen verklausulierend, »zwei Pakete Winterlektüre«. Gerade Gjörwell war kein unkritischer Bewunderer Amerikas und seiner Prinzipien. Den Einsatz von Raynal, Hume und dem Herausgeber der Berliner *Wöchentlichen Nachrichten,* Anton Friedrich Büsching, kommentierte er äußerst zurückhaltend. Für diese »großen Kenner« mit ihren »starken Federn« sei die Freiheit in Europa weitgehend unterdrückt und die Aristokratie nichts weiter als »maskierter Despotismus«. Nach Meinung dieser Autoren, so Gjörwell, würden alle edlen Menschen der Alten Welt früher oder später Zuflucht in der Neuen suchen, in jenem Amerika, wo der Mensch uneingeschränkt geachtet, der Bürger vorbehaltlos geschützt werde. Ob dem so sei, ob es so komme, resümierte Gjörwell vorsichtig, werde allein die Zeit lehren.

Der Dichter Thomas Thorild hatte für die Zensur, die die Verbreitung Raynalscher Gedanken zu behindern suchte, und für den Herrscher gleichermaßen nur mitleidigen Sarkasmus übrig: »Die neue Auflage von Raynal einzuführen ist verboten worden. Diese schwachen Kinder, mein Freund, die man Könige nennt, glauben vor Geist und Wahrheit fliehen zu können!« Der Umgang mit Raynals *Revolution de l'Amerique* wurde für Gustavs »Liberalität« zum Lackmustest – er bestand ihn nicht. Zwischen den bald nach seinem Regierungsantritt geäußerten hehren Prinzipien von Presse- und Meinungsfreiheit und der Realität der von ihm dirigierten Zensur bestanden unüberbrückbare Unterschiede. Das Verbot des begehrten Buches wurde in der Hand der sich zu Anfang der achtziger Jahre formierenden Opposition – nachdem der anfängliche Rausch über den Beginn eines neuen Zeitalters der Aufklärung nach 1772 verflogen war – zu einer Propagandawaffe gegen Gustavs Regime, die ihr beliebtes Stilmittel, ironische und übertriebene Huldigung des Monarchen, virtuos einsetzte: »Man warnt die Jugend«, schrieb ein im Rahmen der bestehenden Möglichkeiten regimekritisches Journal, »Rousseau, Helvetius und Raynal zu lesen, da diese Autoren die Liebe zur Freiheit zur Maxime erheben. Gott bewahre! Dieser Warnung kann es bei einem so freien Volk nicht bedürfen, dessen König der erste Mitbürger ist?« Ein freies Volk, das vor der Liebe zur Freiheit, wie sie die Amerikaner an den Tag legten und Raynal sie verkündete, gewarnt werden muß – dessen König als den ersten Bürger zu bezeichnen, erfordert geradezu ein Fragezeichen!

In der Tat war es Gustavs Verhältnis zur Pressefreiheit (oder -unfreiheit), das ihm von kritischen Untertanen am ehesten den Ruf eines Despoten einbrachte. Welche Mängel die Freiheitszeit, in der er aufwuchs, auch hatte, die publizistische Meinungsvielfalt hatte in Schweden mit der *tryckfrihetsförordning* von 1766 eine Liberalität erreicht, die im Europa der Aufklärung und der *philosophes* als vorbildlich angesehen wurde. Nach Gustavs Machtergreifung im August 1772 war zunächst unklar, wie er es mit des Oheims Devise, wonach »die Gazetten nicht gerieret« werden dürften, halten würde. Der junge Monarch bekannte sich nur allzu gern zu den Idealen der Aufklärung, besonders in seiner Korrespondenz mit jenen französischen Intellektuellen, an deren Wertschätzung ihm soviel lag. Daß der alternde Voltaire auf ihn, den »würdigen Erben eines großen Namens«, eine Ode dichtete, war denn auch Balsam für sein Selbstwertgefühl.

Ob es denn in praxi auch so freizügig zugehen sollte wie auf dem Briefpapier, wollten die verunsicherten Justizbehörden schließlich doch etwas genauer wissen und richteten eine formelle Anfrage an Gustav. Das Ergebnis war ein Gesetz der neuen

Regierung, die *tryckfrihetsförordning* von 1774, die das Recht auf freie Meinungsäußerung in Zeitungen und Journalen einschränkte. So war es von nun an verboten, Kritik an den Grundgesetzen des Landes und vor allem an demjenigen *(rikets grundlagar ... och rikets majestät)* zu üben, der die Geschicke dieses Landes steuerte, nämlich an ihm, Gustav III. Geradezu perfide war der Kontrollmechanismus, den Gustavs Administration einrichtete. Keineswegs sollte danach der Staat die Autoren direkt überwachen und sie bei Verstoß gegen die Verordnung zur Verantwortung ziehen, vielmehr wurden die Buchdrucker zur Befolgung des Gesetzes verpflichtet und bei Fehlverhalten mit harten Strafen wegen Hochverrats bedroht. Der Druckereibesitzer wurde zu einer Art Vorzensor, der aus eigenem Interesse nur das herausbringen würde, was mit dem Gesetz in Einklang stand. Der amerikanische Historiker Franklin D. Scott fand die passenden Worte für diese Manifestation eines »aufgeklärten« Herrscherideals: »Seine Worte waren gerechter als seine Taten, und in der Praxis waren Autoren und Verleger lediglich darin frei, einer Meinung mit dem König zu sein.«

Die Nagelprobe, wie restriktiv Gustavs Regime wirklich war, mußte kommen, wenn eine Handlung der Regierung tatsächlich den Unmut von Bevölkerung und Publizistik erwecken würde. Dies geschah mit jenem Gesetzesakt, der das bis dahin harmonische Verhältnis Gustavs zu seinen Untertanen erheblich trübte. Die Weissagung des ihm zugetanen Dichter-Diplomaten Creutz, daß Gustav »das Idol des Volkes und der Held der Menschlichkeit« sein würde, wurde zunichte gemacht, als Gustavs Regierung das antastete, was besonders den einfachen Menschen, wie sie in Bellmans Stücken lebendig werden, ein unverzichtbarer Seelentröster in harten und auch in den – selteneren – besseren Zeiten war: *akvavit* und *brännvin.*

Aus dem volkswirtschaftlich keineswegs schlechten Motiv, Getreide für etwaige Dürreperioden zu sparen, verbot Gustav die Kornbrennerei in Privatregie. Statt dessen sollten die Bauern das für die Erzeugung von *akvavit* notwendige Getreide zu monopolisierten Brennereien der Krone bringen, wo man ihnen – gegen eine gewisse Gebühr natürlich – den Schnaps brennen würde. Die psychologische Wirkung auf die Masse der Bevölkerung war verheerend und kann nur mit jenem Effekt verglichen werden, den eine Regierung des modernen Schweden erzeugen würde (wäre sie denn so unsensibel wie die Gustavs), wenn sie den Schweden das Eishockeyspielen und im selben Atemzug die Auslandsreisen in wärmere und weinselige Regionen verbieten würde. Die Heimdestille war der private Sonnenschein der Landbevölkerung, ihr einziges Hobby und Kern jedweder Geselligkeit zugleich. Es gab kaum einen größeren Bauernhof, auf dem nicht der geliebte *akvavit* hergestellt wurde, in wie miserabler und fuselähnlicher Qualität auch immer.

Das Gesetz zur Regulierung der Branntweinproduktion vergrätzte nicht nur die Untertanen aufs heftigste, es erwies sich auch finanzpolitisch als ein Schlag ins Wasser, da die Einnahmen aus den Brennereien der Krone weit geringer waren als erwartet und zusätzlich weniger Steuern eingingen, da die Bauern Teile ihrer Getreideernte nicht mehr offen verkauften. Statt dessen wurde das Schwarzbrennen zum Volkssport, die Heimdestille im Keller oder in der Scheune wurde zum Symbol des Widerstandes gegen ein unpopuläres Gesetz und damit auch gegen eine sich unbeliebt machende Regierung.

Im Frühjahr 1779 drang der Protest gegen das Branntweingesetz mit bis dahin unbekannter Deutlichkeit in die Spalten einer der führenden Zeitungen des Landes. Die *Stockholms Posten* veröffentlichte mehrere Artikel, die mit dem Pseudonym *Publicola* gezeichnet waren. Im Stil der Zeit begann die Kritik zunächst mit übertriebenen Huldigungen an Gustav, kam dann aber zum entscheidenden Punkt: Das Branntweingesetz sei gegen ein Grundrecht des schwedischen Volkes gerichtet, denn das Brennen gehöre genauso zu den Menschenrechten wie zum Beispiel das Backen. Eine derart unverhohlene Belehrung des Monarchen erfüllte in Gustavs Augen den Straftatbestand des Hochverrates. Der Herausgeber der Zeitung, Holmberg, der Besitzer der Druckerei, die sie herstellte, Schildt, und der sich hinter *Publicola* versteckkende Autor, ein den Lehren Rousseaus und einem schwärmerischen Freiheitsideal ergebener Gelegenheitsliterat namens Johan Gustaf Halldin, wurden verhaftet und vor Gericht gestellt. Das Verfahren geriet zu einer Farce, zeigte sich doch deutlich die andere, die milde Seite im »aufgeklärten Despotismus« Gustavs. Die Todesstrafe wurde verhängt, nicht zuletzt auf Drängen Gustavs, der im Hofgericht zwei Stimmen hatte. Praktisch gleichzeitig mit der Urteilsverkündung jedoch begnadigte dieser auf die formale Einhaltung der Gesetze so bedachte, persönlich jedoch alles andere als böswillige König den Verfasser Halldin und wandelte die Strafen für Schildt und Homberg in leicht zu ertragende acht Tage Haft um. Als wollte er das Maß an demonstrativer Milde voll machen, ließ Gustav überdies 150 Dukaten an Halldin auszahlen.

Im Schatten dieser relativ gutartigen Zensur entstanden immer wieder Publikationen, in denen oppositionelles Gedankengut ein Sprachrohr fand. *Sanning och Nöje* (Wahrheit und Vergnügen) war ein solches Blatt, das im Frühjahr 1780 auf die für damalige Verhältnisse beträchtliche Auflage von 1500 Exemplaren kam. Zu den Mitarbeitern der Zeitschrift gehörten zeitweilig sowohl Bengt Lidner wie auch der Vorkämpfer für die Freiheit der Heimbrennerei, Halldin. Während *Sanning och Nöje* persönliche Attacken auf Gustav unterließ und eher an einigen seiner Berater im speziellen und der mangelnden Weisheit von Politikern im allgemeinen herumnörgelte, richtete der ehemalige Major Pehr af Lund in seinem Blatt mit dem beziehungsreichen Titel *Tryck-Friheten den Wälsignade* (Die gesegnete Pressefreiheit) direkte Angriffe gegen den Herrscher. Natürlich wurde Gustav nie namentlich genannt, statt dessen wurde der Despotismus irgendwelcher afrikanischer Despoten oder historischer Tyrannen so detailliert geschildert, daß der aufmerksame Leser zwischen den Zeilen den eigenen König als Adressaten der Vorwürfe erkannte. So wurde der moralische Niedergang des römischen Kaisers Tiberius in all seinen Parallelen zur Gegenwart in Lunds Blatt dem Publikum dargebracht. Mit den besten Vorsätzen sei er auf den Thron gekommen und hätte den Grundsatz verfolgt, daß in einem freien Reich auch die Gedanken frei sein müßten. Doch dann sei seine Herrschaft degeneriert, und er habe »die unnatürlichsten Vergnügungen im Kreise seiner Günstlinge gesucht«. Wem dann immer noch nicht klar war, gegen wen sich die Spitze richtete, der wurde durch Details altrömischen Privatlebens geradezu darauf gestoßen: »Er lebte in Unfrieden mit seinem Bruder, seiner Frau, seiner Mutter und seinen Kindern.«

Gustav war verständlicherweise sehr ungehalten über derartige Anspielungen, besonders auf sein unerfreuliches Familienleben, und schrieb verärgert an Creutz: »Ich suche ein Mittel, um diesen Blättern, die eigentlich nur Blättchen sind, den Garaus zu machen, ohne an den Grundfesten der Pressefreiheit zu rütteln.« Im Falle Lunds gelang dies abermals ohne große Repression, ohne staatliche Gewalt, sondern mit einer ganz speziellen Form von Gustavs weitgerühmtem Charme. Er kaufte Lund kurzerhand, ließ ihm durch seinen Vertrauten Schröderheim eine Summe von 72 Riksdalern zukommen und später wahrscheinlich noch eine Pension aussetzen. Lund beendete dank dieses Anreizes seine publizistische Karriere – was nicht unbedingt für seine Prinzipienfestigkeit, wohl aber für Gustavs Streben nach einer harmonischen Beilegung gesellschaftlicher Konflikte spricht.

Mit der in der zweiten Regierungshälfte Gustavs um sich greifenden Unzufriedenheit wurde die Zensur strenger gehandhabt. Nach einem Erlaß im Jahre 1785 durften Zeitungen und Zeitschriften nur noch nach Erteilung eines königlichen Privilegs herausgegeben werden, eines Privilegs, das bei unbotmäßiger Berichterstattung auch jederzeit wieder eingezogen werden konnte. Schließlich senkte sich der Schatten geistiger Intoleranz über Gustavs ureigenes Metier: Auch Theaterstücke bedurften von 1785 an der Zustimmung seitens der Autoritäten, bevor sie in Druck gehen oder gar aufgeführt werden durften.

Gustavs zunehmend repressiver werdende Pressepolitik konnte jedoch nicht verhindern, daß in weiten Teilen der schwedischen Öffentlichkeit der Aufruhr in Amerika weiterhin genau verfolgt wurde und ausgeprägte Sympathien für die Sache der Rebellen um Washington und Jefferson bestanden. Daß die Ereignisse in jenem weit entfernten Land nicht nur von Vertretern des Bildungsbürgertums wie Gjörwell mit Aufmerksamkeit verfolgt, sondern auch in den mittleren und unteren Gesellschaftsschichten diskutiert wurden, belegt eine fast beiläufige Formulierung Bellmans, als er eine Runde fröhlicher Zecher beschrieb: »... die Gesellschaft Pro Vino, an ihren funkelnden Gläsern sitzend, mit langen holländischen Pfeifen und neunmalklugen Perücken, dauernd debattierend über das Beste für die Stadt, über die englischen Kolonien, General Washington, den Heupreis, die Geldknappheit und ähnliche Geschichten.«

Wenngleich Gustav aus royalistisch-ideologischen Motiven die Erhebung der Amerikaner mit Mißfallen beobachtete – und auch, weil sein einziger Verbündeter Frankreich den Blick über den Ozean wandte und die Subsidien nicht mehr gar so reichlich nach Stockholm strömen ließ –, war er andererseits Pragmatiker genug, nichts an der Teilnahme mehrerer Hundert Schweden an dem Konflikt auf seiten dieses traditionellen Verbündeten auszusetzen. Sollten seine jungen Offiziere doch dort drüben Erfahrungen sammeln, die er sich vielleicht eines Tages würde zunutze machen können. Aus Pragmatismus und daneben einer gehörigen Portion Abenteuerlust verpflichteten sich auch die waffentragenden Söhne des schwedischen Adels – wie schon seit fast zwei Jahrhunderten zum Dienst in der französischen Armee und besonders in deren Traditionsregiment Royal Suedois. Die dabei im »Kriegshandwerk« (wie das Zeitalter dies euphemistisch nannte) gewonnene Erfahrung war bei der Karriere förderlich, und ein ordentliches Handgeld gab es meist ebenfalls. Eine Begeisterung für die amerikanischen Freiheitsideale als Grund, sich zum Einsatz im amerikanischen Unabhängigkeitskrieg zu verpflichten, haben lediglich einige amerikanische Historiker skandinavischer Abstammung ausgemacht, die erhaltenen Tagebücher und Korrespondenzen geben keinen Beleg für derart hehre Motive.

Der prominenteste dieser schwedischen Legionäre war Axel von Fersen der Jüngere. Wie man sich erinnert, hatte Gustav als Brautwerber bei den Fersens eine tiefe Schmach erlitten. Dies hinderte ihn nicht, zu dem jungen Fersen ein Vertrauensverhältnis aufzubauen und ihn wiederholt mit diplomatischen Missionen, vor allem solchen geheimer Art, zu beauftragen.

Fersen war ein Kerl wie aus einem Schnulzenroman. Groß gewachsen, fast hünenhaft, von angenehmer Wesensart, steinreich und gut erzogen, mit einem leicht länglichen, ebenmäßigen Gesicht, in dem ein Paar dunkelbrauner Rehaugen die Partner bei der gepflegten Konversation schnell zum Schmelzen brachten, besonders wenn sich seine galanten Plaudereien an Frauen richteten. Was ihn wohltuend von anderen aristokratischen Süßholzrasplern der Epoche unterschied, war der wache und keineswegs unkritische Geist, der ihn sein Leben lang umtreiben würde, immer auf der Suche nach neuen Aufgaben, bis seiner ein grausames Ende harrte.

Geschichtsträchtig wurde Fersens Charme, als er bei seiner Kavalierstour nach Frankreich, das ihm ähnlich wie für Gustav eine zweite Heimat war, der blutjungen Marie Antoinette vorgestellt wurde. Die Österreicherin, von ihrer Mutter um einer günstigen außenpolitischen Konstellation willen nach Versailles verheiratet, war hochgradig anfällig für die notorisch unwiderstehlichen Plaudereien des blendend aussehenden Schweden. Sie hatte auch allen Grund dazu. Von kaum gezügeltem Temperament und einem ausgeprägten Hang zur Leichtlebigkeit (ihr entsprechendes Image bei der Bevölkerung sollte einige Jahre später fatale Folgen für sie und die Bourbonenmonarchie haben), war ihre Ehe mit Ludwig XVI., der 1774 auf den Thron kam, in doppelter Hinsicht höchst unbefriedigend. Der dröge Gatte konnte den Lustbarkeiten seiner jungen Frau wenig abgewinnen und widmete sich allenfalls seiner Schlosserwerkstatt mit Leidenschaft. Die besten Voraussetzungen also dafür, daß Marie Antoinette ein brennendes Interesse am »beau Suedois« entwickelte, mehr aber noch für einen lawinenartig anschwellenden Hofklatsch, der nicht lange danach fragte, ob es zwischen beiden zu mehr als schöngeistigem Parlieren gekommen war. Fersen allerdings war sich der Gefahr für seine, mehr aber noch der Königin Reputation bewußt und bewarb sich um eine Offiziersstelle in dem sich nach Amerika einschiffenden französischen Expeditionskorps unter General Rochambeau. Dieses eine ungewöhnliche Reife ausdrückende Verhalten konnte Schwedens Botschaf-

Axel von Fersen (der Jüngere). Porträt von Peter Dreuillon, gefertigt während eines Aufenthaltes in Düsseldorf.

ter, der Poet Creutz, nicht anders als in den höchsten Tönen lobend an Gustav vermelden. Die Wege Fersens und Marie Antoinettes sollten sich allerdings noch mehrmals bis zum tragischen Ende kreuzen.

Der Maler John Trumbull hat die Spuren dieses Vertrauten Gustavs, der weniger aus Begeisterung für amerikanische Freiheitsideale als vielmehr auf der Suche nach militärischer Erfahrung an dem Feldzug teilnahm, festgehalten. Hoch zu Pferde, in der zweiten Reihe hinter George Washington, zeigt Trumbulls Bild »The Surrender of Lord Cornwallis« den Besuchern der Rotunda des Kapitols in Washington den aristokratischen Schweden bei der Geburt der jungen Republik.

Axel von Fersen sollte wenige Jahre später in die Französische Revolution noch weit stärker involviert werden als in die Empörung der Amerikaner gegen Georg III. von England. Mehr noch, beinahe hätte der Schwede sogar den Gang dieses epochalen Ereignisses entscheidend beeinflußt.

War die amerikanische Revolution und auch der Umstand, daß man in Philadelphia das Standbild eines Königs, Georgs III., umstürzte und zu Kanonenkugeln umschmolz, für Schweden eher wie ein fernes Donnergrollen, so erschütterten die Ereignisse in Frankreich ab dem Frühjahr 1789 die Monarchie Gustavs bis ins Mark. Schon das Zusammentreten der französischen Generalstände ließ den in Machtfragen hochsensiblen Gustav aufschrecken und, wie ein Zeuge zu hören meinte, die weitsichtige Vermutung äußern, daß Ludwig XVI. »die Krone, möglicherweise gar das Leben verlieren würde«. Zwar war schon beunruhigend genug, daß der einzige zuverlässige Verbündete außenpolitisch wegen der inneren Wirren nach dem Bastillesturm immer schwächer wurde und auch abzusehen war, daß der Subsidienstrom nicht endlos fließen würde. Wahrhaft bedrohlich empfanden Gustav und mit ihm die Befürworter einer überkommenen Ständegesellschaft jenes Schauspiel, das in Paris aufgeführt wurde: die zunehmende Entmachtung eines Königs und der Übergang der Staatsgewalt in die Hände von Leuten, die nicht mit der Gnade hoher Geburt gesegnet waren und die man in Hofkreisen gemeinhin als Pöbel zu bezeichnen pflegte. Gustavs Urteil über die französischen Revolutionäre war kurz und brüsk: »Welch schreckliche Menschen – das sind Europas Orang-Utans!«

Als der Thron der Bourbonen immer bedenklicher wackelte, fühlte Gustav erneut die große Rolle seines Lebens auf sich zukommen, diesmal nicht auf der Theaterbühne, sondern auf dem Parkett internationaler Diplomatie. Eine Allianz der Legitimität, der von Gott auf ihren Thron gehobenen Fürsten, schwebte ihm vor, und als Anführer dieses Bündnisses gekrönter Häupter gegen die Revolutionäre in Frankreich und gegen revolutionäres Gedankengut allüberall bot sich natürlich kein anderer an als der König aller Schweden. Gustavs Sendungsbewußtsein erschütterte es dabei wenig, daß er und sein Land im internationalen Mächtekonzert allenfalls zweitklassig waren und zur Galionsfigur einer Monarchenliga eher Joseph II., der Kaiser des Deutschen Reiches und Herrscher über Österreich-Ungarn, prädestiniert war. Dieser hielt sich in den ersten Jahren der Französischen Revolution mit öffentlichen Verdammungen der Geschehnisse sehr zurück, nicht zuletzt aus Rücksicht auf seine Schwester Marie-Antoinette, die seit Oktober 1789 zusammen mit ihrer Familie eine Gefangene im Pariser Hexenkessel war. Das Staatsoberhaupt von Frankreichs Erzfeind, Georg III. von England, war für Gustav an royalistischer Statur ohnehin keine Konkurrenz. Er hatte nicht nur bereits schon einmal angesichts revoltierender Untertanen schlapp gemacht, sondern das Regieren weitgehend Parlament und Kabinett überlassen.

Vor Gustav tauchte wieder einmal die Schimäre der namensgleichen Könige Gustav Vasa und Gustav II. Adolf auf. Wie jener auf dem Kontinent eingreifen, für Ordnung sorgen und nebenbei noch Schwedens Macht und Ansehen (und die seines Monarchen) erhöhen, diese Vision eines *hjältekung* ließ Gustav in seinen letzten Lebensjahren nicht mehr los. Zunächst hielt Gustav es für angemessen, aus Solidarität mit der ins Unglück gestürzten französischen Königsfamilie den ranghöchsten ihrer schon früh außer Landes geflohenen Mitglieder, dem Grafen Artois (dem jüngeren Bruder Ludwigs XVI. und späteren König Karl X. in der französischen Restaurationszeit) und dem Prinzen von Condé, in Schweden Asyl anzubieten. Seine Schwäche für pathetische Exklamationen mit historischer Bezugnahme brach wieder einmal durch, als er, über diese seine Aktion völlig verzückt, ausrief: »Einem Bourbon und einem Condé einen Platz in meinem Lager anzubieten, heißt, den Sieg hierher zu rufen!« Es stürzte ihn auch keineswegs in Selbstzweifel, als die so Geehrten höflich dankten und auf Asyl

Wie ein Heldenkönig sein soll: Gustav III. erzählt seinem Sohn über Gründervater Gustav Vasa. Zeichnung von Johan Tobias Sergel.

an Gustavs Hof verzichteten; zum einen wohl, weil ihnen Schweden zu kalt und nicht prächtig genug war, zum anderen, da sie näher am Schauplatz – in Italien und im Deutschen Reich – zu bleiben gedachten, um dort ein Kristallisationspunkt für Konterrevolution und möglicherweise Intervention zu werden.

Sein Motto hatte sich Gustav jedenfalls selbst verordnet: »Ich werde den anderen Königen ein Beispiel geben, wie man ihresgleichen auch im Unglück respektiert.« Dazu gehörte die Brüskierung der seiner Ansicht nach illegitimen Staatsorgane des neuen

Frankreich wie der Nationalversammlung, die für ihn »eine Ansammlung von Demagogen und Aufrührern« war. Die Trikolore erkannte er nicht als Nationalflagge an und ließ Schiffen, die sie führten, das Anlegen in schwedischen Häfen verwehren. »Dieser Nationalflagge Zugang in unsere Häfen zu verschaffen«, schrieb er im Januar 1791 an einen Vertrauten, »bedeutet dem Volk das Symbol des Aufruhrs und erfolgreicher demagogischer Streiche zur Schau zu stellen.«

Unbeirrt verfolgte er seine Pläne zur Schaffung einer Interventionsarmee, die mit den Revolutionären aufräumen sollte. Allein, der Zuspruch von seiten seiner gekrönten europäischen Standesgenossen blieb gering. So sah sein Plan vom Mai 1791 ein schwedisches Korps von 16 000 Mann vor, das dem eingeschlossenen Ludwig XVI. zu Hilfe eilen sollte. Unterstützt werden sollte es von einer unbestimmten Anzahl russischer Soldaten – bemerkenswerterweise schien ihm Zarin Katharina, mit der er noch ein Jahr zuvor in einem Kampf um Leben und Tod gelegen hatte, die zuverlässigste royalistische Hardlinerin und damit der einzige potentielle Verbündete zu sein. Die Zarin sollte, so träumte er, das Unternehmen finanzieren, die Neutralität des alten Rivalen Dänemark garantieren und außerdem dafür Sorge tragen, daß Kaiser Leopold seine Zustimmung zur Landung der schwedischen Retter des Gottesgnadentums in Ostende und anderen Häfen in den Österreichischen Niederlanden geben würde. Von dort sollten die blaugelben Krieger in Frankreich einrücken und die Revolutionäre, denen natürlich das militärische Geschick eines Condé, vor allem aber eines Gustav Adolf oder eines sonstigen Gustav fehlen würde, zu Paaren getrieben werden. Die Tatsache allein, daß das neue Frankreich nur kurze Zeit später in der *levée en masse* große Teile der männlichen Bevölkerung zum Kriegsdienst verpflichten und oft auch motivieren konnte, zeigt, daß Gustav längst im Wolkenkuckucksheim seiner ganz eigenen, nicht länger zeitgemäßen Ideologie lebte.

Entscheidend für die Legitimierung, wenn nicht gar den Erfolg jeder auswärtigen Einmischung in den französischen Gärungsprozeß – gleich, ob durch Gustavs bescheidenes Landungskorps oder durch die von den geflohenen Prinzen bei Koblenz aufgestellte Exilarmee – wäre es gewesen, wenn sich Ludwig XVI. und seine Familie an ihre Spitze hätten stellen können. Diese lebten in den Tuilerien von Paris, argwöhnisch bewacht von der Nationalgarde des Marquis de Lafayette. Doch der Plan zur Flucht war ausgearbeitet, und Gustav war einer der Hintermänner. Im Juni 1791 begab er sich nach Aachen und Spa, beides unweit der französischen Grenze, offiziell, um sich an den dortigen Heilquellen zu laben und seine – bemerkenswert gute – Gesundheit zu fördern. In Wahrheit wollte Gustav der erste Monarch sei, der den ins Unglück gestürzten »Bruder« in der wiedergewonnenen Freiheit begrüßen konnte. Für Gustavs Reputation an Europas Höfen und noch mehr für sein Selbstwertgefühl wäre es ein Spektakel von unübertroffenem Glanz gewesen. Die Planung der königlichen Flucht lag in den Händen eines anderen Schweden, der sowohl der Vertraute Gustavs als auch von Marie-Antoinette war. Zum zweiten Mal in diesem Zeitalter demokratischer Revolutionen betritt Axel von Fersen, der in dieser Epoche des Glanzes für schwedische Poesie und Oper das Element des Abenteuerlichen beisteuert, die Bühne, diesmal jedoch auf seiten der Reaktion. Der Sprößling aus Schwedens angesehenster Adelsfamilie stand im Begriff, den Verlauf der Weltgeschichte umzuschreiben.

Aus Amerika war Fersen nach Abschluß des Unabhängigkeitskrieges nur für kurze Zeit nach Schweden zurückgekehrt, seine wahre Heimat blieb Frankreich, sein Lebensinhalt dessen Königin. In seinen Briefen an Schwester Sophie hatte er seitenlang von der Verehrung gekündet, die er Marie-Antoinette entgegenbrachte, einem »Engel an Güte, heldenmutig in ihrer Empfindsamkeit«. Eine Einschätzung, die immer weniger Franzosen, bestärkt durch eine intensive antiroyalistische Propaganda, teilten. Unzählige Zeitgenossen und nachgeborene Amateurhistoriker haben darüber spekuliert, ob der Vertraute auch der Liebhaber der Königin war. Die enge Bindung zwischen beiden – ob mit oder ohne sexuelle Komponente – hielt jedenfalls bis zum blutigen Ende. Auffallend ist immerhin folgende Episode: Im Sommer 1784 gab Marie-Antoinette für den damals auf Besuch weilenden Gustav III. und seine Begleitung (zu der natürlich Fersen gehörte) ein rauschendes Gartenfest im Trianon, zu dem auch ein der Liebe geweihter Tempel, gelegen auf einer Insel inmitten eines künstlichen Sees, gehörte. Genau neun Monate später brachte Marie-Antoinette ihren zweiten Sohn zur Welt, Louis Charles. Der kleine Prinz erhielt sofort den Titel eines Herzogs der Normandie – ausgerechnet jenes Teils von Frankreich, der im Mittelalter von Menschen aus Skandinavien besiedelt wurde. Und Ludwig XVI. machte eine merkwürdige Eintragung in sein Tagebuch: »Die Königin ist um halb acht mit dem Herzog der Normandie niedergekommen. Alles verlief wie bei der Geburt meines Sohnes.«

Doch die Zeit ungetrübter Schäferspiele der herrschenden Klasse ging in einem von wirtschaftlichen Krisen und erschrekkenden sozialen Mißständen erschütterten Frankreich unaufhaltsam ihrem Ende entgegen. Das Los der untersten Schichten der Bevölkerung, ihre Armut und die drückenden Ungerechtigkeiten des feudalen Systems blieben Fersen weitgehend verborgen, doch daß Reformen notwendig waren, stand für den aus einem von den Ideen des politischen Liberalimus durchdrungenen Elternhaus kommenden Schweden außer Frage. Die Einberufung der Generalstände begrüßte er und versprach sich die längst fällige Gleichstellung des dritten Standes von ihnen. Die Revolution, die dann im Sommer 1789 ausbrach, die zweite seines Lebens, stieß ihn mit ihren Gewaltexzessen jedoch bald ab.

Ab Oktober 1789 waren Marie-Antoinette, ihr Mann und ihre Kinder praktisch Gefangene der Revolution. Fersen wurde von Gustav zum Geheimagenten der schwedischen Regierung ernannt und sollte über den Fortgang der sich zunehmend radikalisierenden Umwälzung berichten. Monatelang plante Axel von Fersen von nun an die Flucht der Königsfamilie aus dem revolutionären Paris. Er arbeitete unermüdlich, immer in der Furcht vor Aufdeckung des Planes: Chiffrierte Briefe verließen die Tuilerien, Pässe wurden gefälscht, Geld, viel Geld, mußte geliehen werden. Eine sechsspännige Kutsche wurde auf den Namen der russischen Baronesse von Korff erworben. Den Wagen einer Ausländerin würde man, so hoffte Fersen, nicht allzu streng kontrollieren. Die

Gouvernante der Königskinder sollte als Baronesse reisen, Marie-Antoinette in die Rolle der Gouvernante und der König in die eines Dieners schlüpfen. In der Nacht vom 20. zum 21. Juni 1791 sollte die Flucht beginnen, Ziel der Fahrt waren zunächst königstreue Truppen im Osten Frankreichs, dann schließlich Aachen, wo Gustav III. unter dem Vorwand seiner Kur ungeduldig auf die Ankunft Ludwigs wartete.

Am Tag vor der Flucht suchte Fersen noch einmal Marie-Antoinette in ihrem Gemach in den Tuilerien auf, um ein letztes Mal alle Einzelheiten seines minutiösen Planes mit ihr – der König war zu phlegmatisch, um eine größere Rolle bei den Vorbereitungen zu spielen – zu besprechen. Unter diesem Datum steht in seinem französisch geschriebenen Tagebuch zum ersten und letzten Mal in Zusammenhang mit Marie-Antoinette eine schwedische Formulierung, die Fersen sonst bei seinen diversen amourösen Abenteuern benutzte, um ein sexuelles Erlebnis anzudeuten: *blifwit quar* – über Nacht geblieben.

Als Kutscher verkleidet, fuhr Fersen am späten Abend des 20. Juni vor einem Seiteneingang der Tuilerien vor und entging nur knapp der Entdeckung, als Lafayette mit einer Patrouille der Nationalgarde seine Runde machte. Der Zeitplan konnte nicht eingehalten werden, die Kutsche verließ erst kurz vor ein Uhr, eineinhalb Stunden später als geplant, mit Fersen auf dem Kutschbock den Palast. Er wollte bis zum Ziel auf seinem Posten bleiben, doch Ludwig verbot es als zu gefährlich für diesen treuen Diener seines Königs. Ein fataler Schritt, wäre die Reise doch zweifellos anders verlaufen, wenn der entschlossene Fersen das Gefährt gelenkt hätte und nicht ein einfacher Kutscher, der nichts von der wahren Identität der Insassen wußte.

Unweit von Paris, in Bondy, mußte sich Fersen beim ersten Pferdewechsel schweren Herzens von Marie-Antoinette und ihrer Familie verabschieden. Immerhin, sie hatten das gut bewachte Paris verlassen, ohne bemerkt zu werden, auf der weiteren Strecke würden in regelmäßigen Abständen Royalisten mit frischen Pferden stehen – wenn alles im Zeitplan bliebe. Während die Kutsche der »von Korff« in östlicher Richtung seinen Blicken entschwand, ritt Fersen nach Norden und erreichte am nächsten Tag das belgische (also habsburgische) Mons. Im Gasthaus *La Femme Sauvage* wartete eine Gruppe französischer Exilanten, unter ihnen ein Bruder Ludwigs, auf ihn. Die Stimmung war ausgezeichnet, man sah die Flucht als gelungen an. Die konterrevolutionäre Gegenoffensive unter Gustavs maßgeblicher Mitwirkung, wenn nicht gar Leitung, konnte beginnen. Doch nur zu bald kam die Nachricht, daß die Flucht in Varennes ihr Ende gefunden hatte. Die große Kutsche war langsamer als berechnet vorangekommen, das sorgsam ausgeklügelte System der Versorgungsposten zusammengebrochen. Nicht Axel von Fersen war der Mann, der Frankreichs und Europas Schicksal beeinflußte, sondern der achtundzwanzigjährige Postmeister von Sainte-Ménehould, Drouet. Der eingefleischte Revolutionär erkannte Marie-Antoinette, ritt auf einer Abkürzung nach Varennes und alarmierte die Nationalgarde, die die Fahrt der Kutsche stoppte. Drouet wurde als Held gefeiert. In diesen Zeiten, so erkannte Fersen bitter, mußte man nicht länger von hoher Geburt sein, um Geschichte zu schreiben.

Fersen gab in der Folgezeit nicht auf und arbeitete mehr als zwei Jahre lang an Plänen, die Königin dennoch zu retten. Verkleidet schlich sich der Staatsfeind Nummer Eins des revolutionären

Gustavs und Fersens Plan scheitert: Die französische Königsfamilie wird bei Varennes verhaftet. Stahlstich von Mario Bovi.

Frankreich unter Lebensgefahr in Paris ein und verschaffte sich Zugang zu ihr, kurz bevor sie ins Gefängnis »Le Temple« verlegt wurde. Es wurde ein Abschied für immer. Am 16. Oktober 1793 trat Marie-Antoinette, zehn Monate nach ihrem Mann, ihre letzte Fahrt an, nicht in einer königlichen Kutsche, sondern auf einem einfachen Karren, der sie zur Guillotine brachte. Fersen schrieb seiner Schwester, als er die Nachricht erhielt: »Ich habe alles verloren, was ich auf der Welt gehabt habe. Die ich so geliebt habe, für die ich tausend Leben gegeben hätte, ist nicht mehr. Ich lebe nicht mehr. Der Schmerz ist unerträglich.«

Fersen war ein gebrochener Mann, der sich mehrere Jahre durch ein von Kriegswirren erschüttertes Europa treiben und in diverse Liebschaften verwickeln ließ, die ihm ein venerisches Leiden einbrachten, aber nicht vergessen halfen. Im Juni 1795 erreichte ihn die Nachricht vom Tod des kleinen Herzogs der Normandie, nach royalistischer Zählung Ludwig XVII., der nach Meinung einiger Beobachter eine verblüffende Ähnlichkeit mit Fersen aufwies. Das Kind soll an Tuberkulose gestorben sein, eine Krankheit, von der Fersen wußte, daß der kleine Prinz nie an ihr gelitten hatte. Im Jahr 1995 wurde das Skelett dieses Kindes von Gerichtsmedizinern mit den diagnostischen Möglichkeiten des späten 20. Jahrhunderts untersucht. Das Ergebnis: Bei den sterblichen Überresten, die dem kleinen Prinzen zugesprochen wurden, handelt es sich um einen Jungen, der bei seinem Ableben zwei bis drei Jahre älter gewesen ist, als der Herzog der Normandie es 1795 war. Ein Namenloser, doch ähnlich Unglücklicher, der ebenso unsere Sympathie verdient, lag in des Prinzen Grab.

Einige Jahre nach der mißglückten Befreiung des französischen Königspaares, als Gustav längst die Bühne verlassen hatte, ernannte sein Sohn und Nachfolger Gustav IV. Adolf Fersen zum Botschafter auf dem Friedenskongreß von Rastatt. Dort kam es zu einer heftigen Auseinandersetzung zwischen ihm und dem Sieger des Krieges und starken Mann Europas, Napoleon. Der Korse sah in der Anwesenheit Fersens einen Affront gegen die Republik. Bevor er abberufen wurde, genoß es der großgewachsene Schwede, sich in der direkten Konfrontation mit seinen 1,90 Meter vor

Napoleon aufzubauen und den Diktator vor allen Delegierten als Zwerg erscheinen zu lassen.

Als Ludwig XVI. zusammen mit seiner Familie in seiner übergroßen, schwerfälligen Kutsche von Varennes aus zurück in die Hauptstadt geführt wurde, bewacht von einem großen Kontingent der Nationalgarde sowie mehr oder weniger offiziellen Bürgerwehren, und in Paris von der Bevölkerung mit eisigem, unheilverkündendem Schweigen begrüßt wurde, saß Gustav zwar enttäuscht in Aachen, ließ sich jedoch keineswegs von diesem Fehlschlag entmutigen. Seine diplomatische Aktivität galt in den verbleibenden neun Monaten seines Lebens weiterhin dem Schmieden eines Bündnisses zur Rettung der französischen Monarchie. Als sich die Großmächte schließlich zu einer Allianz gegen Frankreich zusammenfanden, war an eine Rettung Ludwigs XVI. nicht mehr zu denken. Die Hoffnung auf eine schnelle Niederwerfung des französischen »Pöbels« scheiterte bei Valmy im September 1792. Zu diesem Zeitpunkt war Gustav bereits tot. Die ganz große Rolle in der europäischen Geschichte zu spielen, ähnlich seinem selbstgewählten Vorbild, war ihm versagt geblieben.

Im Inneren war Gustavs Haltung gegenüber der Französischen Revolution von einer fast ängstlichen Repressionspolitik geprägt. Die Zensur wurde strenger als je zuvor in seinen nunmehr fast zwanzig Regierungsjahren und versuchte, die politisch interessierten Bürger des Landes von einer sachlichen Auseinandersetzung mit den Idealen der Revolutionäre abzuhalten. Die Pressefreiheit Schwedens stand endgültig nur noch auf dem Papier, jakobinisches Gedankengut war schlichtweg des Teufels. Selbst die in den ersten beiden Jahren nach dem Bastillesturm in Frankreich noch dominierenden gemäßigten Strömungen waren tabu, die Verfassung von 1791, die eine konstitutionelle Monarchie vorsah, durfte in schwedischen Publikationen nicht wiedergegeben werden – ebensowenig übrigens wie die in Philadelphia 1787 verabschiedete *Constitution* der jungen Vereinigten Staaten.

Ein Volk, das in diesem Goldenen Zeitalter des gesprochenen und gedruckten Wortes schwedischer Sprache lebhaft Anteil an den großen Erschütterungen des bekannten Erdkreises nahm, ließ sich jedoch nicht durch königliche Order von der Diskussion jener Ereignisse und der ihnen zugrunde liegenden geistigen Strömungen abhalten, die vom endgültigen Anbruch eines neuen Zeitalters kündeten. Im Umgang mit Gustavs Zensur geschult, hatten Autoren und Verleger längst Wege gefunden, ihre Anschauungen von Freiheit, Gleichheit und Brüderlichkeit unter die Leser zu bringen.

Gustavs Repressionen waren auch völlig unnötig, die anfängliche Sympathie für das revolutionäre Frankreich kehrte sich bei den meisten schwedischen Beobachtern, die ihre Gedanken der Nachwelt hinterließen, in Anbetracht der zunehmenden Gewaltexzesse in Ablehnung und nicht selten in eine Solidarisierung mit dem eigenen, gemäßigt absolutistischen Regime um. Der Philosoph Nils von Rosenstein bezeichnete Frankreich, nachdem auch er anfangs Hoffnungen in das neue Zeitalter gesetzt hatte, als ein »Schlachthaus« und die Revolution als das blutigste Ereignis, das die Geschichte vorweist.

Doch da war es für Gustav schon zu spät. Seit den 1780er Jahren entfremdete er sich zusehends seinem Volk, und diejenigen, die immer schon in Opposition zu ihm gestanden hatten, es nur im Angesicht der Begeisterungswoge nach dem Staatsstreich von 1772 nicht zu artikulieren gewagt hatten, hatten es nun leichter, Gustav als das zu bezeichnen, was der Zeitgeist als eines der schlimmsten Übel für einen zivilisierten Staat ansah: als Despoten.

Wer es wagen konnte, gegen Gustav zu opponieren, tat es überwiegend im Geheimen und wenn in der Öffentlichkeit, dann allenfalls in der Form leicht verklausulierter Satiren. Sie erschienen in Zeitschriften, die unter den Gegebenheiten strenger Zensur oft nur von kurzer Lebensdauer waren. Bellman konnte es nicht wagen. Zum einen gab es in seinem Charakter und in dem seiner Figuren nichts Aufrührerisches – ein Fredman und ein Movitz auf den Barrikaden, angefeuert von einer barbusigen, das Banner des Aufruhrs schwingenden Ulla Winblad, eine solche Szene gehörte nicht zu Bellmans Welt. Zum anderen war der Poet ständig in Geldnot, hatte große Probleme, seine Familie zu ernähren, und war dringend auf die Pension angewiesen, die ihm

Gustav in Gönnerlaune zu Beginn seiner Herrschaft ausgesetzt hatte. An der prekären finanziellen Situation änderte sich auch nichts, als ihm der größte publizistische Erfolg seines Lebens beschieden wurde.

Jahrelang hatte sich Bellman bemüht, das Herz seiner geistigen Schöpfung, *Fredmans Epistlar,* endlich gedruckt vor sich zu sehen. Der Publizist und Organist Olof Åhlström war vermutlich mit einem besseren Ohr für Bellmans Balladen ausgestattet als seine weniger musikalischen Kollegen, die dessen Werke – trotz aller Popularität bei der einfachen, oft illiteraten und damit als Käufer ausfallenden Bevölkerung – abgelehnt hatten. In einem Schreiben, das er selbst wohl als keck empfunden haben mag, schlug Bellman dem Verleger ein Honorar von 100 Reichstalern vor. Åhlström bot ihm 50 Reichstaler und acht Exemplare für den Eigenbedarf, alles andere als ein fürstliches Entgelt. Zum Vergleich: Der Hofdichter Carl Gustav Leopold, der beim König in höchsten Gnaden stand, erhielt beim Druck seines inzwischen nur noch schwedischen Literaturhistorikern bekannten Lebenswerkes die Summe von 4 000 Reichstalern. Bellman indes hatte keine Wahl und mußte überdies froh sein, wenn das Werk überhaupt zur Drucklegung kam. Dies ging in den letzten Jahren des Gustavianischen Absolutismus nur mit Genehmigung des Königs. Diese holte Bellman ein, indem er mit seinem prospektiven Verleger zum Schloß zog, nach Fürsprache von Gustavs Günstling Armfelt Audienz erhielt und den Monarchen, dessen Stimmung immer häufiger finster war, mit seinen Weisen zumindest vorübergehend erheiterte.

Als Bellmans Opus schließlich erschien, war dem alternden und immer wieder von Krankheiten heimgesuchten Poeten eine besondere Genugtuung vergönnt. Dichterkollege Johan Henrik Kellgren, der in seiner nebenberuflichen Eigenschaft als Schwedens führender Literaturkritiker Jahre zuvor Bellmans Schöpfungen so übel verrissen hatte, half nicht nur bei der Edierung der Texte, sondern verfaßte auch das Geleitwort. Die beiden hatten sich, wie Bellmans Sohn Adolf später zu berichten wußte, anläßlich eines Treffens im heute noch bestehenden Kellerlokal *Claes på hörnet* versöhnt. Bellman hatte beim Anblick seines Intimfeindes zunächst die Schenke verlassen wollen, konnte jedoch von Freunden dazu gebracht werden, eines seiner Stücke mit der Laute zum Besten zu geben. Darauf war Kellgren aufgestanden und hatte – im Stil dieser zu theatralischen Gefühlsausbrüchen neigenden Zeit – Bellman unter Vergießen einiger Tränen herzlich umarmt. Möglicherweise trug die Tuberkulose, unter der Kellgren litt, dazu bei, alles Irdische in einem milderen Licht zu sehen und ihn, das Ende ahnend, versöhnlicher zu stimmen. Die Verse und die Musik, schrieb Kellgren, könnten nicht ohne einander existieren, erst ihre Verschmelzung führe zur Schönheit in Bellmans Werk. Verstehen könne sie ohnehin nur, wer »die Gefühle des Poeten, das Herz des Jünglings besitzt, (wer) liebt, trinkt, singt: jener wird sehen, wie diese Laster sich in Streiche des Genies verwandeln, oder er wird nichts sehen.«

Obwohl Bellmans Popularität ihren Höhepunkt erreicht hatte, waren *Fredmans Epistlar* zu Åhlströms Enttäuschung alles andere als ein Bestseller. Für Tand und Luxusgüter würden die Menschen, ohne mit der Wimper zu zucken, ihr Geld ausgeben, schimpfte die Zeitung *Stockholms Posten,* doch sobald ein Buch mehr als 18 Schillinge kostete, würden die engstirnigsten Kalkulationen angestellt. So blieb Åhlström auf einem großen Teil der Auflage sitzen. Immerhin kam ihm das Verdienst zu, die sonst nur von Mund zu Mund, von Sänger zu Sänger weitergegebenen Balladen Bellmans der Nachwelt gesichert zu haben, was dem wirtschaftlich denkenden Verleger vermutlich nur ein kleiner Trost war.

Der Ehrung durch den alten Rivalen Kellgren folgte eine andere durch die angesehenste intellektuelle Institution Schwedens auf dem Fuße. Die Königliche Akademie verlieh Bellman den alljährlichen Preis für die interessanteste schöngeistige Arbeit der letzten zwölf Monate (ein Vorläufer des Nobelpreises, über dessen Vergabe in der Literatur wie in den Naturwissenschaften die Akademie heute entscheidet). Für einen Poeten der Gosse, einen Vertreter der einfachen Bevölkerungsschichten war dies zweifellos eine Auszeichnung, die die Grenzen des Ständestaates überwand. Sie war nicht möglich ohne das Wohlwollen Gustavs, gegen den keines der Akademiemitglieder zu stimmen gewagt hätte. Außerdem unterstützte Kellgren, einst ein hartnäckiger Kritiker Bellmans, *Fredmans Epistlar* gegen den einzigen ernsthaften Konkurrenten, eine Geschichte Gustav Adolfs. Die Begründung der Preisverleihung durch die auf Ästhetik so bedachten Akademiemitglieder klingt streckenweise arg apologetisch. Zwar könne man den Themen, die Bellman besinge (Wein, Weib und Gesang), keine Zustimmung entgegenbringen, dem seltenen und originellen Genius des Poeten müsse jedoch, so die Akademie in ihrer Würdigung, Tribut gezollt werden. Auch ernsthaftere Menschen würden seine Texte inzwischen goutieren, und sicher werde auch die Nachwelt seinem Werk großen Applaus spenden. Ein bißchen nach vorzeitigem Abgesang klang der letzte Satz der Urkunde: »Sein Dienst für die Göttin des Gesanges erhebt ihn nicht nur im Vergleich über alle Mitstreiter, sondern macht es der Akademie auch zu einer großen Freude, dem Barden am Ende seines Weges ein Zeichen der Wertschätzung zu verleihen.«

Neben der Erhöhung des Ansehens für den Laureaten ging die Ehrung mit einer kleinen finanziellen Belohnung einher. Diese belief sich pikanterweise genau auf jene Summe von 50 Reichstalern, die ihm sein Verleger verweigert hatte. Weit davon entfernt, seiner pekuniären Sorgen dadurch nun ledig zu sein, harrte noch ein weiterer, letzter Prestigegewinn und Vertrauensbeweis von der Hand Gustavs auf Bellman.

Am Silvesterabend des ereignisreichen Jahres 1790, das die Seeschlacht von Svensksund und das Ende des Krieges mit Rußland gesehen hatte, wurde Bellman zu einer intimen Feier eingeladen, an der nur der engste Zirkel aus Gustavs Hofgesellschaft teilnahm. Der Empfang fand in dem gerade fertiggestellten »Pavillon« Schlößchen Haga statt. Im Spiegelsaal trat ein festlich gekleideter Bellman vor jenen Mitgliedern des Hochadels auf, die noch nicht mit dem König gebrochen hatten. Bellman führte seine jüngsten Stücke vor und mag sich innerlich amüsiert haben, mit welcher Andacht die auf Wahrung der Standesschranken so bedachten Aristokraten seinen Rezitationen in der kernigen Sprache der Bauern, Trunkenbolde und Waschweiber lauschten. Kurz nach Mitternacht kam Gustav, einem Winterkönig nordischer Mythologie gleich, mit seinem Schlitten angesprengt, um seine verbliebenen Getreuen aus dem ersten Stand und jenen einzelnen Vertreter des Bürgertums an seinem Hof zu begrüßen. Noch einmal konnte sich der alternde Poet, der Achtung seines Monarchen gewiß, auf dem Zenit seines Ansehens wähnen, bevor sein Lebensweg – und schneller noch der Gustavs – ihn stetig der Dunkelheit entgegenführte.

9. Donnergrollen

Die Stimmung im Lande konnte nicht schlechter sein, als Gustav am 2. August 1784 aus Italien und Frankreich zurück in Stockholm eintraf. Schweden war wieder einmal von einer Hungersnot als Folge einer Mißernte schwer getroffen. In der Bevölkerung machte sich Unmut darüber breit, daß sein König auf einer Vergnügungsreise im Ausland weilte, anstatt sich daheim um die Linderung der Not zu kümmern. Ein Jahr darauf starb Kanzleipräsident Creutz, den ein schwedischer Historiker das »normalisierende Element in Gustavs III. Umgebung« genannt hat. Die Generation der Staatsmänner seiner Anfangsjahre wurde immer dünner, auch Liljencrantz zog sich bald darauf von seinem Amt als Finanzminister zurück. Einen großen Teil der Geschäfte, vor allem jene des Kanzleipräsidenten übernahm Gustav nun de facto selbst. Nach Creutz' Ableben hatte er das Amt bezeichnenderweise mit einem Dichter besetzt, jenem Johan Gabriel Oxenstierna, der einst Tränen über Bellman gelacht und uns seine Schilderung eines Auftritts des Barden hinterlassen hatte.

Elis Schröderheim erinnerte sich später an den Monarchen, der nun mehr denn je zum Alleinherrscher avancierte: »Gustav war ungleich unter ungleichen Umständen, welche ihn sich selbst ungleich machten. Aber große Männer gewinnen auch durch kleine Fehler, verglichen mit ihren Tugenden. Seine Eigenschaften waren selten und würden es in jedem Stande gewesen sein. Sein größtes Unglück war, in einem Reiche geboren zu sein, dessen Einkünfte nicht hinreichend für seine großen Pläne waren, und in deren Mangel er vielleicht bisweilen Umwälzungen und Begebenheiten hervorrief, welche er bei einem eingeschränkteren Begriffe von seiner und des Reiches Ehre hätte vermeiden können. – Welcher Regent ist tätiger gewesen? Sein Genie umfaßte alle Bereiche. Er wünschte, dies zu zeigen, gab Befehle über Geschäftsangelegenheiten und über Soupers in demselben Augenblicke, wünschte seine Verfügungen aus der ganzen Welt her zu datieren. Ein Bettagsplakat wäre beinahe vom Vatikan aus diktiert worden, wenn er nicht untertänigen Vorstellungen Gehör gegeben hätte. Seine Conseils beschäftigte er selten mit anderen als couranten Sachen, mit denen er sich selbst nicht beschwerte. Weiber beherrschten ihn nie, Günstlinge selten.

Der König beriet sich nicht immer mit seinen Ministern. Bisweilen entzog er sich gleichsam heimlich ihrer Aufmerksamkeit. Oft entzweite er sie miteinander, in der Überzeugung, daß ihre Mißhelligkeit ihm mehr nützte als ihre Einigkeit. Seine Staatssekretäre haben dies sämtlich erfahren. – Oft benutzte er ein und dieselbe Person zu allen möglichen Verrichtungen, auch zu den ihrer Beschäftigung am fernsten liegenden. Ich wage zu behaupten, daß niemals jemand in irgendeiner Stunde seines Lebens sein ganzes Vertrauen besessen hat.«

Schröderheim wußte aus Erfahrung nur zu gut, daß die Einkünfte des Königs nie »hinreichend für seine großen Pläne« waren. Er dachte zurück an jene Gespräche unter vier Augen mit Gustav, wenn König und Beamter auf den zierlichen Rokokostühlen im Stockholmer Schloß saßen, vor sich ausgebreitet einen Plan mit mehr als dreißig Punkten von »unbedingt« notwendigen Ausgaben. Sie debattierten, rauften sich die Haare, um einen Ausweg zu finden, einen Posten, der vielleicht gestrichen werden konnte. Doch wo anfangen? Gustav fuhr mit dem Finger die Liste herunter: Die Baukosten des neuen Opernhauses. Ein kleines, monetäres Geschenk für Bellman, das des Königs Zuneigung zu dem Poeten ausdrückte. Eine Zuwendung für die Gräfin Vasaberg, die letzte noch lebende Nachfahre des von ihm so verehrten Gustav Adolf. Ein Stipendium für den Dichter Lidner, auf daß er Paris, das Mekka von Geist und Geschmack, kennenlerne. Ein Reisekostenzuschuß für den Maler und Bildhauer Sergel, der sich wieder in Rom an den Zeugnissen von Antike und Renaissance inspirieren lassen sollte. Die Ausrichtung der Hochzeit des Opernsängers Karsten, des Juwels des Gustavianischen Ensembles. Die Reisespesen für den aus Dresden an Gustavs Hof eilenden Komponisten Naumann. Ein Gnadensalär für die obdachlos gewordenen Opfer eines Großbrandes in Stockholm. Und, als wäre das des finanziellen Unbills nicht genug, Zuwendungen für Mamsell Slottsberg, die Geliebte von Bruder Carl, die teurer war als die Primadonna Olin und dabei doch nur zu Carls Freude auf einem Feld talentiert war, das Gustav naserümpfend als weit außerhalb seines kulturellen Gesichtsfeldes ansah.

Wie immer bei derartigen Konferenzen unter vier Augen, so ließ Gustav schließlich resigniert die Aufstellung sinken, unfähig, Schröderheim auch nur die Streichung eines einzigen Postens aufzutragen. Er war unfähig, jemandem weh zu tun, selbst wenn es im Interesse des Staates und seines Etats war. Es war jene fatalistische Leichtigkeit, die über ihm und seiner Epoche schwebte und die auch Bellmans Werk atmet. Die Lage war stets hoffnungslos, aber nie so richtig ernst. Die Ordensjünger des Bacchus sind genauso auf der Flucht vor den Gläubigern wie die Dienerinnen der nordischen Liebesgöttin Freya vor den Häschern der Sittenpolizei. Ist die Gefahr gebannt, wird das Leben weiter in vollen Zügen genossen, werfen sich die abgebrannten Kavaliere in die Arme der Nymphen. Die Genießer lebten, wenn nicht unter dem Schutz, so doch mit dem heimlichen Wohlwollen des Königs, den Feinden des Genusses wurde dieser König ein Greuel. Laut wurden sie erst, als er tot war und sich nicht mehr wehren konnte. Sie ziehen ihn der Lasterhaftigkeit und der Unvernunft. Doch seine Katastrophen, die Gefahr seiner völligen inneren Auflösung und der Unterjochung von außen, erlebte Schweden erst Jahre später, als Gustavs Feinde mächtig waren, die Gustavianer verjagt und die Dichter verstummt waren. »Gustav III. führte«, so schrieb ein halbes Jahrhundert später der Schriftsteller Magnus Johann Crusenstolpe, »nicht nur eine neue Regierungsform ein, sondern er schuf auch eine ganze Epoche. Es war die des Geschmackes, der Verfeinerung, des Vergnügens, der Literaten und der schönen Künste, rufen seine Freunde; es war die der Eitelkeit, der Protzerei, der Oberflächlichkeit, der Laster und Sittenverderbnis, behaupten seine Feinde. Und beide haben recht, doch sie führen beide nur die Licht- und nur die Schattenseiten des Königs an. Eines Königs, kein großer Mann in des Wortes eigentlicher Bedeutung, doch ein seltener Mann.«

In der zweiten Hälfte seiner Herrscherjahre scheinen die dunkleren Seiten stärker bei Gustav hervorzutreten – oder entsteht vor uns nur ein dunkleres Bild, gezeichnet von jenen, die seiner Welt nichts abgewinnen können, von jenen, die keinen Zugang mehr zur politischen Macht haben und die doch, da die eifrigsten Tagebuchschreiber unter ihnen zu finden sind, eine andere Art von Macht erhielten, nämlich die, der Nachwelt Anschauungen in eine gewünschte Richtung zu lenken?

Gustav wurde ab 1784/85 mehr denn je sein eigener Regierungschef, doch wurde er damit, wie seine Gegner sagten, auch ein Despot. In seiner engeren Umgebung wimmelte es von jüngeren Herren wie Armfelt und Essén, reizende Menschen allesamt, doch keine Berater von jenem Kaliber, die ein alleinherrschender Monarch in Zeiten der Krise braucht.

Und daß es Krisenzeiten waren, daran bestand auf allen Feldern der Politik kein Zweifel. Auf dem Reichstag des Jahres 1786 blies Gustav der Wind wie noch nie zuvor ins Gesicht. Besonders der Adel unter Führung des älteren Axel von Fersen widersetzte sich den meisten seiner Vorschläge. Fersen mokierte sich einmal mehr über die Rolle, die Theater und Oper im gesellschaftlichen Leben des Gustavianischen Schweden spielten. An überkommene Standesprivilegien gewohnt, reizte es den Grandseigneur der schwedischen Aristokratie, »daß Opernmamsells im gleichen Raum und auf dem gleichen Parkett tanzen dürfen wie der König, die Königin und die vornehmsten Damen.« Doch auch aus den anderen Ständen, die sich nicht über derartige Petitessen erregten, klang die Stimme der Opposition laut und vernehmbar hervor. »Ich besitze nicht länger die Herzen meines Volkes«, klagte Gustav und sann auf Abhilfe.

War es die Mißstimmung in der Bevölkerung, die ihn das große außenpolitische Abenteuer suchen ließ? War es das Gefühl, zunehmend den Boden unter den Füßen zu verlieren? Ihm war bekannt, daß die russische Regierung die Opposition gegen ihn, gleich welchen Standes, großzügig unterstützte. Egozentrisch und sensibel, wie Gustav war, trieb es ihn zur Weißglut, miterleben zu müssen, wie dreist sich Rußlands Botschafter Rasumovskij selbst in seiner Gegenwart aufführte. Er war sich auch langsam bewußt geworden, daß Katharina ihn für eine drittklassige Gestalt hielt, als Monarch, als Politiker und als Mann erst recht. Das Gebaren der russischen Regierung weckte in ihm die bald zwanghaft werdende Vorstellung, daß Rußland es auf seinen Sturz abgesehen habe, um danach, wie in den schlimmsten Jahren während der Freiheitszeit, lüstern nach Schwedens schwächer und schwächer werdender Souveränität greifen zu können.

Manches daran war übertrieben, im Kern, einer tatsächlich aktiv von Rußland betriebenen Bedrohung seiner und seines Landes Stellung, lag er richtig. Überdies war es eine Zeit des Aufbrechens festgefügter Strukturen im internationalen Gleichgewicht der Mächte. Friedrich der Große war 1786 verstorben, der Lenker der französischen Außenpolitik und zuverlässige Freund Schwedens, Vergennes, war dem Preußenkönig bald darauf in eine bessere Welt gefolgt. Neue Möglichkeiten, ungeahnte Bündnisse erschienen am Horizont. Gustav hatte sich mit dem dänischen Kronprinzen getroffen, und zur beiderseitigen Überraschung hatte man sich sympathisch gefunden. Erstmals war es zu Verhandlungen mit England gekommen, das bislang an Schweden wenig Interesse gezeigt hatte, da man am Hof von St. James das Land für einen fast sklavisch an Frankreich hängenden Juniorpartner des alten Rivalen hielt. Und Frankreich? Es zahlte nach wie vor Subsidien, doch es wurde immer schwächer. Die Revolution warf ihre langen Schatten voraus, der König der Franzosen war hilflos und schwach und würde dem Mahlstrom nicht entkommen.

Gustav war an jenem Punkt angelangt, wo er zum befreienden Schlag ausholen zu müssen glaubte. »Ich fürchte«, schrieb der dänische Botschafter in Stockholm, »daß für seine erhitzte Phantasie nichts mehr unmöglich erscheint.« Der Krieg gegen Rußland wurde beschlossen. Der Plan klingt wahnwitzig, doch er war es nicht ganz. Eine Armee von 15 000 Mann sollte nach Livland übersetzen und die russische Hauptstadt St. Petersburg in einem Überraschungsangriff nehmen. Rußland befand sich wieder einmal im

Kriegszustand mit der Türkei, seine besten Streitkräfte waren weit entfernt im Süden des Riesenreiches im Einsatz. Außerdem hatte Gustav durch Berichte von Gewährsleuten, unter anderem dem schwedischen Botschafter in der Türkei, ein Bild von Rußland als einem Riesen auf tönernen Füßen entwickelt, ein Urteil, in dem ihn die Geschichte von den Potemkinschen Dörfern noch bestärkte. Die Chance auf einen Sieg schon in den ersten Tagen des Krieges war also keineswegs ganz unrealistisch. Es hätte dazu eines Gustav Adolf, eines Carl X. oder eines Carl XII. an der Spitze des schwedischen Heeres bedurft. Doch an ihrer Stelle stand ein Gustav III. Ein hochgradig begabter und, wie sich im Krieg zeigen sollte, auch ein mutiger Mann. Ein Regisseur und Poet, doch kein Feldherr.

Da nach der Verfassung der schwedische König keinen Angriffskrieg führen konnte, sondern nur zum Zwecke der Verteidigung zu den Waffen greifen durfte, mußte improvisiert werden. Eine Eliteeinheit der schwedischen Armee wurde in Kosakenuniformen gesteckt und simulierte einen Überfall auf einen Grenzposten der eigenen Seite, ein Trick, der auch bei Kriegtreibern des 20. Jahrhunderts Nachahmung finden sollte. Im Gegenzug nahmen schwedische Truppen die russische Grenzfestung Nyborg ein. Gustav hatte seinen Krieg.

Von einer guten Vorbereitung auf seiten der Schweden zu sprechen ist nur möglich, wenn man an die noch weit miserableren Voraussetzungen in den Kriegen von 1741 und 1757 denkt. Für einen entscheidenden Schlag gegen das Riesenreich im Osten reichten weder die Ressourcen noch die Talente der führenden Strategen, den König eingeschlossen. Der jedoch schwelgte zunächst im Heldentraum. Der 23. Juni 1788 war für den Aufbruch des Expeditionskorps bestimmt, ein Tag voller verheißungsvoller Symbolik. An einem 23. Juni war auch Gustav Adolf zu seiner Intervention in den Dreißigjährigen Krieg aufgebrochen. Doch die Verheißung hatte auch ihre Grenzen: Gustav Adolf war in einem Sarg nach Schweden zurückgekehrt. Solch düstere Gedanken drückten seinen Nachfahren einstweilen nicht. »Ich kann Ihnen nicht verheimlichen«, schrieb er an seine Schwester, »wie sehr ich brenne bei dem Gedanken an die leuchtende Bahn, die sich vor mir öffnet. Meine Seele kann den Verlockungen der Ehre nicht widerstehen bei dem Gedanken, daß ich es bin, der über Asiens Schicksal bestimmt, und daß das Ottomanische Kaiserreich [die mit Schweden verbündete Türkei] Schweden für seine Existenz danken wird. Und auch darüber, daß von allen Monarchen, die entweder zu schlaff sind oder über das Vorgehen der Kaiserin mit Erstaunen geschlagen sind, ich allein es bin, allein, sage ich, der ihr die Stirn bietet.«

Die Realität holte ihn schon in den ersten Tagen des Krieges ein. Bei Hogland kam es zu einem ersten Zusammentreffen der schwedischen und der russischen Flotte, das unentschieden ausging. Einer russischen Flotte übrigens, die nach schwedischen Informationen auf dem Weg ins Mittelmeer hätte sein müssen, um dort den Kampf gegen die Türken aufzunehmen. Auch wenn in Stockholm zur Feier des Sieges das Te Deum angestimmt wurde, war eine erste Entscheidung schon gefallen: Die angeblich kaum einsatzfähige russische Flotte versperrte den Seeweg nach St. Petersburg, an eine Landung in Livland war nicht länger zu denken. Statt dessen kam es zu einigen leichteren Gefechten an der finnisch-russischen Grenzen, doch das Kriegsgeschehen sollte sich bald für Gustav als zweitrangig erweisen, als eine Situation eintrat, die er nie erwartet hätte. Seine Offiziere meuterten.

Schon nach wenigen Wochen Krieg zeigten sich die Folgen der hastigen Vorbereitung bei der Armee. Es fehlte an Nahrungsmitteln, Uniformen, Munition und vor allem an Geld. Im August sandte eine Gruppe von Offizieren eine Erklärung an Katharina ab, in der die Kriegführung Gustavs als illegaler Akt gebrandmarkt wurde. Die Kaiserin solle mit »Repräsentanten der Nation« über einen baldigen Friedensschluß verhandeln. Gustav, der sich auf der königlichen Jacht »Amphion« vor der finnischen Küste aufhielt, erhielt Nachricht von dem eigenmächtigen Vorgehen der Offiziere und verlangte eine sofortige Erklärung. Das Ergebnis war eine Ausbreitung der Rebellion. Die im finnischen Anjala versammelten Offiziere verfaßten eine Erklärung *(Anjalaförbundet)*, die das Vorgehen ihrer Kameraden rechtfertigte, und unter-

Bellman im Dienste der Gustavianischen Propaganda: Der Dichter betrauert den Untergang eines schwedischen Kriegsschiffes. Porträt von Per Hilleström.

stützten das Verlangen nach sofortigen Friedensverhandlungen. Das Dokument trug hundertdreizehn Unterschriften. Zu den Antreibern der Revolte gehörte auch jener Göran Sprengtporten, der zusammen mit seinem Bruder einer der wichtigsten Helfer bei Gustavs Coup im Jahre 1772 gewesen war. Die Zuversicht der Verschwörer wurde allerdings dadurch gedämpft, daß ihr Anführer, Oberst Jägerhorn, mit leeren Händen von Verhandlungen an Katharinas Hof zurückkehrte. Der Vorschlag der Russen, die Offiziere sollten die Sezession Finnlands betreiben und einen de facto souveränen, in der Realität aber von Rußland abhängigen finnischen Staat gründen, ging vielen der Meuterer zu weit.

Mitte August 1788, am Jahrestag seines erfolgreichen Putsches, war die Lage des Königs verzweifelt. »Der König«, vertraute Armfelt seinem Tagebuch an, »steht am Rande des Zusammenbruches.« Armfelt war vielleicht der einzige Vertraute, dem Gustav in diesen Tag sein Herz ausschüttete. Er trug sich mit dem Gedanken, zurückzutreten und ins Exil, vielleicht in sein geliebtes Paris, zu gehen. Die Rolle des Heldenkönigs, war sie zu groß für ihn? Der Krieg war schon nach wenigen Wochen zu einem Stellungskrieg entlang der Grenze erstarrt. Territoriale Gewinne waren kaum gemacht worden, an die Landung nahe der russischen Hauptstadt war nicht mehr zu denken. Die Armee war in Aufruhr, und was das Schlimmste war, sein Bruder Carl schien mit den Meuterern zu sympathisieren. Die Beziehung zwischen den Brüdern erlitt in diesem finnischen Sommer einen Bruch, der nicht mehr zu reparieren war.

Dann kam die Nachricht, die ihn am Boden hätte zerstören müssen, wäre er seinen Selbstzweifeln erlegen. Dänemark, auf dessen Neutralität er – unrealistisch – gehofft hatte, war im Begriff, seinen Bündnisverpflichtungen nachzukommen und in den Westen Schwedens einzufallen. Vielleicht machte das Gustavs Größe aus: nicht die Imitation längst vergangener Helden, sondern die Fähigkeit, über sich hinauszuwachsen, wenn es darauf ankam. Es ging ein Ruck durch ihn, jeder Gedanke an Niederlage und Abdankung war vergessen. »Ich verhandle nicht mit Rebellen«, war sein einziger Kommentar zu dem Gesprächsangebot der Anjalameuterer. Er verließ Finnland, kehrte auf dem schnellsten Weg nach Stockholm zurück und beschloß, der neuen Gefahr zu trotzen.

Die Stimmung in der vom Kriegsgeschehen weit entfernten Hauptstadt war wesentlich besser als bei der Armee und gab Gustav zusehends seinen Unternehmungsgeist wieder. Er machte sich nach einer Woche zu einem Rollenspiel auf, das ihm viel eher lag als der Part des Feldherren: der Propagandist der königlichen

Sache. Anstatt ein Gustav Adolf zu sein, wurde er ein Gustav Vasa. Wie der Gründer des modernen Schweden zog er nach Dalarna, jener Provinz im Westen Schwedens, deren Bewohner als besonders rauh und kämpferisch, aber auch besonders königstreu galten. In den Dörfern, durch die er zog, strömten ihm die Menschen entgegen, wenn er auf Kirchplätzen oder von Rathäusern zu ihnen sprach. In Mora erklomm er die Anhöhe, von der Gustav Vasa zweieinhalb Jahrhunderte zuvor seine feurige Ansprache an die Bauern gehalten hatte. Gustav hatte endlich eine Gelegenheit gefunden, in die Rolle des *hjaltekungs,* dessen Reich aus höchster Gefahr gerettet werden muß, zu schlüpfen. Weit ab von Hofgesellschaft und den sogenannten ersten Kreisen des Landes gewann er Kontakt zu den Menschen Schwedens, die in ihm, allen wirtschaftlichen Bedrückungen zum Trotz, *ihren* König sahen. Der bei den Bauern und Bergarbeitern stets unterschwellig vorhandene *herrehat,* der Haß auf Adel und Großgrundbesitzer, kam, von Gustav unterstützt, kraftvoll zu Tage. Es waren fast ausschließlich Adelige, so viel ließ seine Propaganda die Menschen wissen, die sich in Finnland gegen ihren König und ihr Land erhoben hatten und diesen Teil des Reiches dem Feind ausliefern wollten.

Tausende von Freiwilligen strömten Gustav zu, dessen Feldzug für die Herzen und die Köpfe seiner Untertanen den Charakter einer Volksbewegung annahm. Gustav eilte unterdessen weiter, in nächtlichen Gewaltritten durch Sturm und Regen der von den Dänen bedrohten zweitgrößten Stadt Schwedens, Göteborg, entgegen. Er übernahm sofort die Leitung der Arbeit an den lange vernachlässigten Festungsanlagen der Stadt und ließ Freiwillige aus der umliegenden Region einziehen. Die dänische Armee unter dem Kommando des Prinzen Karl von Hessen näherte sich scheinbar unaufhaltsam, doch nicht die Waffen, sondern die Diplomatie sollte hier im Westen entscheiden. Der britische Botschafter in Kopenhagen, Hugh Elliot, übernahm mit fieberhafter Aktivität Vermittlungsbemühungen zwischen den beiden skandinavischen Staaten, um einen blutigen Konflikt noch in letzter Minute abzuwenden. Es lag nicht in Großbritanniens Interesse, daß Schweden von der weit überlegenen Koalition Dänemark-

Rußland zerschmettert würde, ein Interesse, das auch Preußen teilte. Elliot traf am 6. Oktober in Göteborg ein, als die Dänen gerade die Stadt zur Kapitulation aufforderten und Gustav sich zur Verteidigung bereit machte. Zwei Tage später gelang es Elliot, einen zunächst einwöchigen Waffenstillstand mit Dänemark zu vermitteln. Einige Tage später wurde er um ein halbes Jahr verlängert. Die dänische Armee begann umgehend mit ihrem Rückzug aus Schweden, nachdem Elliot ein gemeinsames englisch-preußisches Vorgehen angekündigt hatte. Schweden und mit ihm sein König waren gerettet. »Ich kann Elliot nicht genug rühmen«, schrieb Gustav, »er hat einen ganz großen Coup gelandet.« Obwohl nicht sein Verdienst, badete Gustav bei seiner Rückkehr nach Stockholm am 19. Dezember in den Sympathiebekundungen der Bevölkerung, die sich zu Tausenden auf den Straßen der Hauptstadt versammelt hatten. Eine Abordnung der Bürgerschaft spannte die Pferde von seinem Wagen ab und zog die Kutsche eigenhändig zum Schloß. Nicht ganz ohne Selbstgefälligkeit resümierte Gustav: »Ich habe den Krieg mit der Feder und nicht mit dem Degen geführt.«

Der enorme Prestigegewinn Gustavs ließ auch die Meuterei in Finnland schnell zusammenbrechen. Die meisten der Verschwörer wurden festgenommen und in Ketten nach Stockholm

Gustav dankt der Stockholmer Bevölkerung mit einer Parade für ihre Loyalität im schwedisch-russischen Krieg. Gemälde von Per Hilleström.

geschickt, einige – darunter Jägerhorn – liefen zu den Russen über. Todesurteile wurden gegen fast alle der Festgenommenen verhängt, doch bis auf einen begnadigte Gustav sie. Die Ausnahme war Oberst Hästesko, der öffentlich hingerichtet wurde. Unter den Zuschauern der Exekution befand sich ein Hauptmann namens Jacob Johan Anckarström.

Mit dem aufrührerischen Adel, dessen Söhne in Gustavs Augen sich zum Landesverrat in der Stunde der Bedrohung nicht zu schade waren, rechnete Gustav nun schnell und entschlossen ab. Er berief einen Reichstag ein, den manche Historiker als seinen zweiten Staatsstreich bezeichneten. Es war eine soziale Revolution – zudem eine völlig unblutige in genau jenem Jahr 1789, in dem in Frankreich das Feudalsystem unter schrecklichen Opfern auf allen Seiten zusammenzubrechen begann. Zum Entsetzen des Adels wurde auf dem Reichstag von 1789 eine weitgehende Gleichstellung aller Schweden vor dem Gesetz beschlossen, das Grundrecht der Bauern, Land zu kaufen und zu besitzen, wurde verankert. Der Adel verlor die meisten seiner Privilegien, künftig sollte in Armee und Verwaltung das Können und nicht länger die Geburt zum Aufstieg berechtigen. Ein bürgerlicher Poet wie Bellman stand nun nach dem Gesetz endlich auf der gleichen Stufe wie ein Edelmann aus dem Hause der Sparre oder der Fersen, mochten jene auch noch so dünkelhaft auf den Barden herabschauen. Die Kompetenzen des Königs wurden weiter verstärkt und beinhalteten jetzt auch das Recht, Krieg zu erklären. Bei weiten Teilen des Adels kannte nach diesem Reichstag der Haß auf Gustav keine Grenzen mehr, wozu er selbst auch dadurch kräftig beigetragen hatte, indem er einige Wortführer des ersten Standes während des Reichstages kurzerhand hatte verhaften lassen.

Der Krieg zog sich noch mehr als ein Jahr im finnisch-russischen Grenzgebiet hin. Gustav teilte das Dasein der Soldaten, lebte entweder an Bord eines Kriegsschiffes oder in einem Zelt, schlief auch unter freiem Himmel. Er war anders geworden, war nicht länger der gepuderte Theaterkönig. »Man wundert sich«, schrieb ein Beobachter, »über seine Unermüdlichkeit, die gar nicht zu der Vorstellung paßt, die man sich von seiner Weichheit gemacht hat.« Ein Versuch, Frieden mit Rußland zu schließen, scheiterte im Winter 1789/90 an Katharinas unannehmbaren Forderungen. Zwei Jahre nach Kriegsausbruch – keine Seite hatte bislang größere Vorteile gewinnen können – fiel dann, beinahe unerwartet, doch noch eine Entscheidung.

Im Sommer 1790 war die schwedische Flotte durch die russischen Seestreitkräfte und widrige Winde in der schärenreichen Bucht unweit von Vyborg, dem Svensksund, eingeschlossen, saß in einer »Rattenfalle«, wie Gustav es realistisch nannte. Es sah nicht gut aus. Am 8. Juli schrieb Gustav an Armfelt: »So wie es jetzt aussieht, ist es um unsere Sache wirklich schlecht bestellt. Gott weiß, wohin es uns treibt.« Vierundzwanzig Stunden später war er dann doch, plötzlich, endlich, ein *hjältekung*. Unter seinem Befehl hatte die schwedische Flotte, reguläre Kriegsschiffe wie auch die kleinen und wendigen Boote der »Schärenflotille«, den Ausbruch gewagt. Die überlegene russische Flotte wurde in ein Gefecht verwickelt, das zu allseitiger Überraschung, nicht zuletzt auch Gustavs, mit einem vollständigen und in diesem Ausmaß nicht für möglich gehaltenen schwedischen Sieg endete. Die Schlacht von Svensksund, übrigens der letzte militärische Erfolg in der Geschichte Schwedens, beraubte die Russen nicht nur um insgesamt zweiundfünfzig Schiffe, sondern auch fast zehntausend

Schlacht bei Svensksund. Gemälde von J.T. Schoultz.

Mann, während Schwedens Verluste mit sechs Schiffen und dreihundert Mann vergleichsweise gering waren.

Der überall in Europa großes Aufsehen weckende Erfolg Gustavs machte die Zarin friedenswillig. Nur fünf Wochen nach der Schlacht wurde im Grenzort Värälä unter der Federführung Armfelts der Friedensschluß zwischen beiden Ländern unterzeichnet. Es gab keine territorialen Verschiebungen, allerdings verpflichtete sich die russische Regierung, von weiterer Einmischung in innerschwedische Angelegenheiten – also vor allem die finanzielle Unterstützung der Opposition – Abstand zu nehmen. Für Gustav war dies ein großer Erfolg. Ob es die Familien der rund 50 000 aus dem Krieg – meist als Folge von Krankheiten, weniger durch die Kampfhandlungen – nicht heimgekehrten Schweden und Finnen ähnlich empfanden?

10. Eishauch

Grimmige Kälte war das bestimmende Element im letzten Akt des Gustavianischen Dramas. Sowohl Tagungsort wie Jahreszeit des Reichstages von 1792 schienen der Entfremdung zwischen Gustav und seinem Volk zu entsprechen. Die Stände Mitte Januar einzuberufen, wenn das Land unter einer Schneedecke versank und die wenigen unbefestigten Straßen, die sich durch Schwedens Wälder zogen, längst nicht mehr als solche zu erkennen waren, diese Idee war seit Menschengedenken keinem Herrscher mehr gekommen. Und dann auch noch in Gävle! Selbst im Sommer benötigte eine Kutsche von Stockholm fast zwei volle Tage, um zu dem kleinen Ort nördlich von Uppsala zu gelangen.

Es schien, als wollte Gustav, den Reichstag von 1789 noch in unguter Erinnerung, der Opposition schon vorbeugend jede logistische Basis nehmen. Weit weg von der Hauptstadt und den Herrensitzen der führenden Familien des Landes, schien Gävle den Delegierten in all seiner Unbequemlichkeit ein einziger Affront seitens des Königs zu sein. Hunderte von Kutschen wälzten sich mühsam durch den meterhohen Schnee, der kleinen Stadt entgegen. In Sichtweite des Ortes kam es zu einem neuerlichen Halt, diesmal nicht durch umgestürzte Birken oder Schneeverwehungen: Militärpatrouillen stoppten jedes Gefährt, verlangten die Legitimationen der Reisenden zu sehen. Gustav hatte Gävle zu einer Stadt im Belagerungszustand gemacht, wie die ausländischen Gesandten, die das Schauspiel eines jeden Reichstages aufmerksam beobachteten, ihren Regierungen berichteten.

Am Samstag, dem 21. Januar 1792, trafen die meisten der Teilnehmer völlig zermürbt in Gävle ein. Nach endlos scheinenden Kontrollen durch Soldaten mit aufgepflanztem Bajonett hatte ein Schneesturm die letzten Meilen der Reise zu einer Qual werden lassen. Doch auch in den Mauern des Ortes bot sich kein anheimelndes Bild. Auch hier waren mehr Soldaten als Zivilisten zu sehen, wurde der Machtanspruch des Königs durch die an jeder Straßenecke sichtbaren Uniformen des Regiments Hälsingland deutlich. Eine weitere unliebsame Überraschung harrte der Vertreter der Reichsstände. Die wenigen Gästezimmer reichten nicht annähernd für mehrere Hundert Besucher. Auch Angehörige des Adels mußten nun jene Erfahrung machen, die beim Bauernstand zum Alltagsleben gehörte: Mehrere Personen waren gezwungen, sich ein Bett zu teilen.

Auch an Zerstreuung nach den Sitzungen hatte Gävle nichts zu bieten. Theater, Oper, Maskeraden – es schienen Begriffe aus einer anderen Welt zu sein. Lediglich die Vertreter des vierten Standes konnten dem Ort etwas abgewinnen. In den Spelunken Gävles kam es zu unbeschreiblichen Saufgelagen, die Bellmans Charakteren, einem Fredman oder einem Movitz, die Schamesröte ins Gesicht getrieben hätte, ging dieser Zecherei doch jene Beschwingtheit ab, die bei den Zusammentreffen der Bacchusjünger in einer Schänke der Hauptstadt oder in der arkadischen Parklandschaft Djurgården die Wirkung des Alkohols weniger abstoßend machte. Es war ein merkwürdiger Kontrast: In der Nacht zeigte das vom Schweden Anders Celsius erfundene Thermometer Werte von minus zwanzig Grad draußen, war die Atmosphäre klar und rein, wie sie es nur in Skandinavien und nur in einem vorindustriellen Jahrhundert sein konnte. In den *krogar* hingegen prasselten die Kaminfeuer, war die Luft überhitzt und erfüllt vom Geruch von Menschen, die mehrere Lagen von Kleidungsstücken seit Tagen nicht gewechselt hatten, und, je länger die Nacht dauerte, zunehmend vom Gestank von Erbrochenem. Zur allgemeinen Düsternis trug die Geographie Mittelschwedens entscheidend bei. Es wurde kaum hell, ab vier Uhr nachmittags herrschte neuerlich die endlos scheinende skandinavische Winternacht.

Unter diesen Umständen überraschte es kaum, daß der Reichstag einer der kürzesten der schwedischen Geschichte wurde. Binnen vier Wochen waren die wichtigsten Tagungspunkte, darunter das Programm zur Reduzierung der Staatsverschuldung – einer Folge des Krieges gegen Rußland – abgehandelt. Die Sitzungen fanden in einer Ruhe statt, die den meisten Beobachtern unheimlich schien. Gustav war, wie Elis Schröderheim beobachtete, von einer Nervosität und Anspannung, *inequiétuder,* die zu verbergen auch diesem Meister der Verstellung nicht länger möglich war. Seine Physiognomie entsprach jenen Bildern, die der Künstler Johan Tobias Sergel bei einer früheren Gelegenheit meisterhaft festzuhalten verstanden hatte: das gnädige Lächeln längst maskenhaft erstarrt, die großen Augen unruhig auf der Suche nach Gefahren umherschweifend.

Er bekam zu spüren, wie sehr die Abneigung gegen ihn unter dem Adel gärte. Am 20. Februar lud er zum *grand couvert,* dem festlichen Höhepunkt des Reichstages, auf dem die glücklich überstandene Examinierung des Kronprinzen durch Vertreter der Reichsstände am selben Nachmittag gefeiert werden sollte. Das Datum jedoch war unglücklich oder provokant gewählt. Es war der Jahrestag jener Verhaftungen auf dem Reichstag von 1789, der viele Angehörige des ersten Standes dauerhaft dem König entfremdet hatte; mehr noch, der in vielen adeligen Häuptern blanken Haß gegen Gustav gesät hatte. Es kam zu einem einmaligen Affront. Geschlossen zogen die blaublütigen Standesvertreter aus dem Schloß von Gävle, in dem Gustav Hof hielt, und reduzierten das geplante Staatsbankett des Königs mit »seinem« Adel zu einem intimen Dinner Gustavs mit seinen Günstlingen.

»Bedrückt und von übler Stimmung« war Gustav nach Bischof Wallquists Beobachtung in Gävle. Schwägerin Hedvig Elisabeth Charlotte vertraute ihrem Tagebuch eine Äußerung des Monarchen an, wonach ihn die äußere Ruhe auf dem Reichstag mehr Sorge bereitete als die offene Konfrontation. So verließ Gustav direkt nach Abschluß der Verhandlungen den Ort mit einer Eile, die Schröderheim wie eine Flucht vorkam. In einem Gewaltritt bewältigte Gustav die Strecke nach Stockholm binnen elf Stunden. Hastig wechselte er die Kleider und machte sich sofort auf den Weg ins Theater, seinen lebenslangen Zufluchtsort vor den Bedrückungen der Realität. Doch diesmal verfolgte ihn der innenpolitische Hader bis in dieses Refugium. Als er seine Loge betrat, blieb die sonst übliche Huldigung durch das Publikum, der von ihm so geschätzte Applaus durch seine Landsleute und Untertanen aus. Die Bürger von Stockholm hatten es ihm verübelt, daß er den Reichstag nicht in der Hauptstadt hatte abhalten lassen, denn Großereignisse dieser Art kurbelten auch im späten 18. Jahrhundert den Umsatz der Geschäftsleute beträchtlich an. Einen Abend später – eine andere Aufführung, die gleiche Reaktion der Menschen. Der Eishauch der Wirklichkeit war nun auch in der Traumwelt des Gustavianischen Theaters zu verspüren.

Unbemerkt von Gustav, war ihm in Gävle verschiedentlich eine hochgewachsene Gestalt gefolgt, doch nie nahe genug an den König herangekommen, um einen seit langem gefaßten Plan durchzuführen. Und die zentrale Rolle in diesem Plan spielten die beiden Pistolen, die der stets finster dreinblickende Mann in seinen Manteltaschen bei sich trug. Sein Name war Jacob Johan Anckarström. Kaum einer der Zeitgenossen wußte Positives über ihn zu sagen. Aufbrausend, jähzornig und streitsüchtig, im Privatleben kalt und von einem fast krankhaften Geiz, war er Hauptmann im ersten Garderegiment gewesen. Nach der Anjalameuterei war er aus der Armee ausgeschieden. Seit der Hinrichtung von Johan Henrik Hästesko, den er zur Richtstätte begleitet hatte, galt Gustav ihm als blutdürstiger Tyrann – es mag daran erinnert werden, daß Oberst Hästesko der einzige der siebenundneunzig zum Tode verurteilten Offiziere war, der *nicht* begnadigt wurde.

Anckarströms Groll auf den schwedischen Staat und seinen höchsten Repräsentanten wuchs zur Verbitterung, als er in die Mühlen einer, wie er es empfand, arroganten und despotischen Justiz geriet. Bei einer Reise nach Gotland sollte er defätistische Äußerungen über die Zukunft der Insel gemacht haben und wurde zusammen mit einem Gefährten des Hochverrates angeklagt. Vier Monate hielten ihn die Behörden auf Gotland fest, danach wurde er unter Polizeibewachung nach Stockholm gebracht und unter Hausarrest gestellt. An der Identität des für diese schmähliche Behandlung Verantwortlichen bestand für Anckarström kein Zweifel: Der Tyrann im Stockholmer Schloß höchstselbst hatte seine Vernichtung beschlossen.

So wenig sympathisch Anckarström seinen Mitmenschen erschien, eines war er nicht: ungebildet. Bei der Gerichtsverhand-

Jacob Johan Anckarström. Kupferstich von Christoph Wilhelm Bock.

lung nach Gustavs Tod zeigte sich Anckarström belesen und besonders mit den Schriften französischer Aufklärer vertraut. Er berief sich auf ein Freiheitsideal, zu dem das Recht des Untertanen gehöre, sich einer despotischen Regierung zu widersetzen, die ihre im *contrat social* eingegangenen Verpflichtungen nicht erfüllt habe, ein Recht, das nach Anckarströms Ansicht den Tyrannenmord einschloß. Zu den Philosophen, die Anckarström als prägend für sein politisches Denken bezeichnete, gehörte vor allem Jean Jacques Rousseau, mit dem ihn von Geburt an etwas verband: er trug dessen (skandinavisierte) Vornamen.

Kurz nachdem im November 1791 der Hausarrest aufgehoben wurde, stieß Anckarström auf eine Gruppe von Oppositionellen, die seinen Haß auf den König zutiefst teilten. Er machte die Bekanntschaft des Grafen Claes Fredrik Horn, dessen Schwägerin im gleichen Haus wie die Familie Anckarströms an der Gamla Kungsholmsbrogata wohnte. Auch Horn glaubte Grund zu haben, den König zu hassen. Sein Vater, General Fredrik Horn, war einer der aktivsten Mitstreiter Gustavs beim Staatsstreich von 1772 gewesen, nahm jedoch mit den Jahren eine gegenüber dem Regime des Königs zunehmend kritische Haltung ein und gehörte zu jenen Angehörigen der adligen Opposition, die Gustav anläßlich des Reichstages von 1789 hatte verhaften lassen. Nicht viel Gutes an Gustav ließ auch Anckarströms Anwalt, der den ehemaligen Hauptmann im schließlich eingestellten Verfahren wegen *crimen laesae majestatis* vertreten hatte. Der Advokat hieß Anders Nordell und ging im Hause jenes Mannes ein und aus, der die sich zusammenbrauende Konspiration gegen den Herrscher unauffällig, wie eine Spinne in ihrem Netz, aufbaute und steuerte und dem Nordell mit Horn einen neuen Verbündeten und mit Anckarström endlich das ideale Werkzeug zuführte: der zweiundsiebzigjährige ehemalige General Carl Fredrik Pechlin.

Die Beziehung zwischen Pechlin und Gustav war eine Feindschaft, die ein Leben – das Leben des Königs – lang Bestand hatte. Schon als neunzehnjähriger Prinz hatte Gustav seinem Tagebuch anvertraut, daß Pechlin von allen Gegnern des Königshauses jener sei, gegen den er die stärkste Abneigung verspüre. Im Ränkespiel der beiden Parteien der *frihetstid* hatte Pechlin eine Gustav widerwärtige Rolle eingenommen: »Nichts vermochte mir den Gedanken zu entfernen, daß Pechlin nur ein Werkzeug in den Händen der ›Hüte‹ war, um sowohl die ›Mützen‹ als auch den Hof zu betrügen und zu ruinieren.« Pechlin war genau jene Art von Parteipolitiker, gegen die sich Gustavs Staatsstreich gerichtet hatte und deren weite Teile der Bevölkerung – wie der Enthusiasmus, mit der die »Revolution« von 1772 begrüßt wurde, belegt – längst überdrüssig waren. Der General war ein Intrigant von hohen Gnaden, wußte meist auf der richtigen Seite zu stehen und hatte auch für die Interessen ausländischer Mächte ein gleichermaßen offenes Ohr wie offene Taschen. Er war korrupt, doch nicht feige. Pechlin war der einzige führende Politiker aus vorgustavianischer Zeit, der den royalistischen Augustputsch nicht hinzunehmen gewillt war, sondern sich in der Provinz – vergebens – um die Organisation militärischen Widerstandes gegen die Restauration königlicher Macht bemüht hatte.

Der alte General lebte in einem Palast auf der kleinen Halbinsel Blasieholmen, nicht weit vom Stockholmer Stadtschloß und noch näher an jenem nachmals fatalen Opernhaus gelegen. Hier traf sich seit Spätherbst 1791 eine Gesellschaft zu regelmäßigen Soupers, deren Mitglieder eines verband: Haß auf Gustav. Bei einigen resultierte die Wut auf den König aus jener in ihren Augen herabwürdigenden Behandlung, die der erste Stand in den letzten Jahren durch den Monarchen erfahren hatte. Unter Pechlins Gästen fanden sich einige der herausragenden Namen schwedischen Adels: Magnus Brahe, Henrik Jacob von Düben, Claes Lewenhaupt, Charles de Geer, Adolph Ludwig Stierneld. Zu den Themen, die an Pechlins Tafel diskutiert wurden, gehörten neben dem Lamento über die königliche Desavouierung der Aristokratie das Mutmaßen über den künftigen Kurs Schwedens in dieser krisengeschüttelten Zeit. Würde Gustav seinen Heldentraum verwirklichen und an der Spitze eines konterrevolutionären schwedisch-russischen Heeres in Frankreich, seinem zweiten, dem geistigen Heimatland, einfallen? Ein neuer Waffengang, gerade gut ein Jahr nach Abschluß des letzten, würde das Land ins wirtschaftliche Chaos stürzen und hätte unzweifelhaft Rückwirkungen auf die Prosperität seiner führenden Familien. Schweden hatte bereits jetzt Schulden in Höhe der von den Zeitgenossen für astronomisch gehaltenen Summe von dreißig Millionen Reichstalern. Ein neues außenpolitisches Abenteuer schien dem Bankrott gleichbedeutend. Der angesehenste Name der schwedischen Aristokratie fehlte indes in Pechlins Runde. Fredrik Axel von Fersen, der oft genug in Opposition zu Gustav gestanden hatte, hielt sich mit dreiundsiebzig für zu alt, um noch zum Revolutionär zu taugen, und versuchte, mäßigend auf die Heißsporne der jüngeren Adelsgeneration einzuwirken.

Zu jenen, die aus standespolitischen Erwägungen eine Fortsetzung der bisherigen schwedischen Politik befürchteten und von einem Systemwechsel, wenn nötig auch einem gewaltsamen, träumten, gesellten sich mehrere Personen, deren Haß auf Gustav rein persönliche Gründe hatte. Anckarström und Claes Horn gehörten hierzu und auch der junge Adolf Ludwig Ribbing, der auf dem Reichstag von 1789 als vehementer Vertreter der antigustavianischen Opposition in Erscheinung getreten war und das persönlichste Motiv von allen hatte, Gustav zu verwünschen. Er hatte gehofft, die gleichermaßen schöne wie reiche Charlotte de Geer heiraten zu können, was ihm ein Leben in finanzieller Sicherheit garantiert hätte. Diese wurde jedoch mit Gustavs Kammerherrn Hans von Essén verlobt. Als treibende Kraft hinter dieser Verbindung und damit seiner Niederlage sah Ribbing den König.

Bei einigen anderen jungen Aristokraten hatten sich – teilweise recht wirre – Träume von einer Revolution in Schweden breitgemacht, ähnlich der großen in Frankreich, doch anders, besser und vor allem schwedischer. Die Gebrüder Jacob und Johan von Engeström etwa, die sich Gedanken über ein Schweden nach Abgang des derzeitigen Herrschers machten und eine von Jacob entworfene Verfassung in Pechlins Runde einführten, die nach des Tyrannen Tod in Kraft treten sollte. Johan sah sich als Außenminister einer postgustavianischen Regierung. Die Mitverschwörer auf Blasieholmen nickten höflich, als die beiden ihre Ideen einer künftigen Regierungsform vortrugen, doch Konstitutionalismus war der meisten Sache nicht. Hans Hierta gehörte zu diesem Kreis, ein achtzehnjähriger Hobbypoet, der sich im Abfassen und Rezitieren revolutionärer Reime gefiel. Schließlich ging auch der vierundddreißigjährige Pontus Lillehorn bei Pechlin ein und aus, der begeistert die Werke des französischen Abbé Raynal gelesen hatte, in welchen dieser das Loblied auf den Freiheitskampf der amerikanischen Kolonisten gegen ihren Tyrannen, Georg III. von England, gesungen hatte. Lillehorn hatte jedoch eine Beziehung zu Gustav, die ihm den Gedanken an einen Regizid zunehmend unerträglicher machte. Seine Mutter war Gustavs Amme gewesen, und er selbst war vom König durchweg freundlich behandelt worden. Während die anderen Teilnehmer immer häufiger das historische Beispiel von Cassius und Brutus bemühten, wurde Pontus Lillehorn immer schweigsamer.

Wie heftig auch immer die Rhetorik gegen des Königs Tyrannei und gegen tatsächliche oder vermeintliche Repression in Gustavs Schweden ausfiel, die Runde der Konspirateure war keine Kongregation von Freiheitskämpfern und Menschenrechtsaposteln. »Es fand sich nicht ein einziger«, so äußerte Pechlin selbst, »der sich aus purer Freiheitsliebe dem Unternehmen anschloß. Sie alle wurden aus Rache oder anderen persönlichen Motiven dazu getrieben.« Unter denen, die im Pechlinschen Palast auf Blasieholmen zu Gast waren, befand sich kein Rousseau, kein Voltaire, kein Jefferson. Und auch für soziale Reformen standen die Beteiligten mitnichten. Kaum etwas spricht eine deutlichere Sprache über die Rolle, die das gemeine Volk im Weltbild der Konspirateure spielte, als die Lebens- und Arbeitsbedingungen, die auf den Gütern Pechlins herrschten. Dort galt eine Arbeitszeit von drei Uhr morgens bis zehn Uhr abends, im Winter von vier bis neun – nicht gerade viel Freiraum für »the pursuit of happiness«, die ein anderer Feind gekrönter Häupter im Jahr 1776 zu den unveräußerlichen Grundrechten des Menschen gezählt hatte.

Nicht nur in Stockholm, sondern auch in der schwedischen Provinz hatten die Verschwörer ihre Vertrauensleute. Wie viele es waren, bleibt unklar. Realistische Schätzungen gehen von zwei- oder dreihundert aus. Mit dem Anschlag auf Gustav – und sein sofortiger Tod war die Conditio sine qua non des Unternehmens – sollten überall im Land Schlüsselpositionen besetzt werden, vor allem durch Truppen, die von Pechlin zugeneigten Offizieren befehligt wurden. Die Verschwörer mußten jedoch auf der Hut sein. Es war bekannt, daß Polizeichef Liljensparre ein fein verästeltes Netz von Informanten unterhielt, das sich bis in die verräuchertsten Spelunken Stockholms erstreckte. Auch den eigenen Bediensteten konnte nicht vorbehaltlos getraut werden. Nicht selten zog sich Pechlin mit zwei, drei anderen Frondeuren in sein Schlafzimmer zurück, um sich dort, den Ohren der Lakaien unzugänglich, in Flüsterstimme mit ihnen zu unterhalten. Trotz oder wegen der Gefahr einer Entdeckung der Konspiration – für Pechlin hatte das Unternehmen etwas ungeheuer Vitalisierendes. Der österreichische Gesandte, der ähnlich Liljensparre über ein gut ausgebautes Netz von Informanten verfügte, berichtete an den Wiener Hof: »Der alte Pechlin beginnt, sich im stillen zu rühren. Er sieht wieder jung aus.«

Am Freitag, dem 16. März 1792, traf sich die Runde zum letzten Mal in Pechlins Haus. Drei Tage vorher, am Dienstag, hatte die Tageszeitung der Hauptstadt, *Dagligt Allehanda,* angekündigt, daß an jenem Sechzehnten ein Maskenball in der Oper stattfinden würde. Bereits zwei Wochen zuvor war Anckarström auf einem Maskenball gewesen, die geladenen Pistolen in der Tasche, doch nur wenige Teilnehmer hatten damals bei eisigen Temperaturen den Weg zu diesem Vergnügen gefunden. Die für ein Gelingen des Planes für unerläßlich gehaltene Konfusion, das Gedränge vieler Maskierter auf engem Raum zu inszenieren war in einem weitgehend leeren Ballsaal nicht möglich. Heute jedoch war der Tag, an dem Anckarström seinem Haß freien Lauf lassen konnte.

Nach dem Essen zog sich Pechlin abermals mit Lillehorn und Engeström zurück. Man erörterte das Vorgehen nach dem geglückten Anschlag. Wer würde den Reichsrat informieren? Welche Vertrauten sollten in dieses Gremium plaziert werden? Pechlin gab keine klare Antwort. Engeström schlug vor, die Königin als vorübergehende Regentin einzusetzen, mit dem Kern der Verschwörer als Berater und damit als wirkliche Reichsregierung. Ein grotesker Gedanke – jedermann wußte, daß die Ehe Gustavs mit Sofia Magdalena nur auf dem Papier bestand und das Verhältnis der beiden allenfalls ein formelles war. Doch daß diese zurückhaltende Frau, die ihr schweres Los, aus politischer Opportunität in ein fremdes, ihrer Heimat feindliches Land und an einen lieblosen Mann verheiratet zu werden, mit Würde ertrug, den Mördern ihres Gatten Hilfestellung leisten würde – allein diese absurde Annahme zeigte, mit wie wenig Realitätssinn Pechlin und seine Gesinnungsgenossen zu Werke gingen. Nur Pontus Lillehorn schien zu erkennen, daß das einzige konstante Element in allen Planungen die gewaltsame Beseitigung Gustavs war. Ein taugliches Konzept für ihr Land und seine Regierungsform hatte die Konspiration nicht. Lillehorn teilte die euphorische Anspannung der anderen nicht, bedrückt ging er in sein Quartier. Fieberhaft überlegte er nach einem Ausweg aus der Sackgasse, in die sich die Gruppe hineinbewegt hatte.

Zu dieser Stunde saß Gustav einige Meilen nördlich in seinem außerhalb der damaligen Stadtgrenzen Stockholms gelegenen Domizil Haga und war trübseliger Stimmung. Er sprach, so erinnerte sich später seine Umgebung, von der blutigen historischen Bedeutung dieses Tages, an die ihn einst sein Onkel, der längst heimgegangene Fridericus Rex, gemahnt hatte – den Iden des März. Seine letzte überlieferte politische Bemerkung, die er gegenüber Hofstallmeister Hamilton machte, legt nahe, daß er auf dem Weg einer Demokratisierung des Landes und einer Abkehr vom Ständestaat mit seinen Adelsprivilegien weiter voranschreiten wollte. «Wenn ich das nächste Mal», so äußerte er unter Anspielung auf den vergleichsweise fortgeschrittensten Parlamentarismus in Europa, »die Vertreter meines Volkes zusammenrufe, wird das nach englischer Manier geschehen.«

Auf unterschiedliche Weise erlebten die Beteiligten den Nachmittag und den frühen Abend dieses Freitages, an dem die Temperatur in Stockholm abermals unter den Nullpunkt fiel. Anckarström bereitete die Werkzeuge für seine Tat vor. Bedächtig lud er die beiden Pistolen. In jeden Lauf schob er eine Bleikugel, mehrere Schrotkügelchen und einige kleine rostige Nägel. Außerdem steckte er einen Dolch in die Tasche seines Kostüms. Die Stichwaffe war für den Fall vorgesehen, daß die Schußwaffen versagen sollten. Pechlin verließ sein Haus nicht und zeigte keinerlei Zeichen von Aufregung. Jacob von Engeström hingegen leistete sich eine bizarre Eskapade. Er suchte die Kanzlei auf, in der er früher als Sekretär gearbeitet hatte, und ging den Bediensteten der diplomatischen Abteilung mit einer ungezügelten Neugier auf die Nerven. Er wollte so viel wie möglich über die hier ein- und ausgehende Korrespondenz mit allen schwedischen Botschaften in fremden Staaten wissen und erkundigte sich beim zunehmend mißtrauischer werdenden Personal nach den Schränken mit den Geheimdokumenten. Die Kanzleisekretäre hielten es für eine Verschrobenheit eines ehemaligen Kollegen. Niemand konnte ahnen, daß der Mann sich auf seine Aufgabe als neuer Außenminister Schwedens vorzubereiten suchte, ein Amt, das er bei Sonnenaufgang des folgenden Tages anzutreten erwartete.

In seiner Wohnung am Norrmalmstorg stand Pontus Lillehorn gedankenversunken am Fenster und beobachtete das geschäftige Treiben auf dem zentralen Platz jenes der Altstadt gegenüberliegenden Teiles von Stockholm, dem Norrmalm. Als junger Mann hatte er Gustavs unblutige Revolution miterlebt, hatte den Coup überschwenglich begrüßt und gehofft, daß für Schweden ein neues, besseres Zeitalter unter einem aufgeklärten Monarchen beginnen würde. Lillehorn war ein fähiger Offizier und bis zum Oberstleutnant aufgestiegen. Dann kam der Krieg gegen Rußland. Er sah, wie wenig der Waffengang mit dem Gloriolenschein der alten Historien über Schwedens von Kriegen geprägter Großmachtzeit vor einem Jahrhundert gemein hatte. Er sah das Sterben seiner Männer, im Kampf und durch Seuchen. Es war ein sinnloses Sterben. Fünfzigtausend Schweden kehrten nicht mehr zu ihren Familien zurück. Und wofür das alles? Für einen Frieden, der alles ließ, wie es war. Fünfzigtausendfacher Tod für ein Remis.

Ja, für Pontus Lillehorn war Gustav ein Despot, ein König, der seine hochgesteckten Hoffnungen enttäuscht hatte. Doch er haßte den Monarchen nicht. Und er begann immer stärker zu spüren, daß Mord nicht der richtige Weg zu einer Erneuerung des

Landes war. Er setzte sich nieder, warf seine anonyme Warnung an Gustav aufs Papier und heuerte einen Bäckerburschen an, zum Palast zu gehen und den Brief einem Diener des Königs zu geben. Lillehorn hatte das Seinige getan, um in den Gang der Geschichte einzugreifen. Er blieb erfolglos, weil Gustav neben der so oft kritisierten Neigung zur Verstellung eine weitere Eigenschaft besaß, die Freunden wie Feinden Respekt einflößte: Wann immer es gefährlich wurde, erwies er sich als furchtlos.

Ab zehn Uhr füllte sich das Opernhaus mit Besuchern. Menschen in den unterschiedlichsten Kostümierungen schritten durch das säulengestützte Portal, das von der Inschrift GUSTAVUS III PATRIIS MUSIS geziert wurde. Für viele Besucher lag in der Maskerade ein Reiz, der über den eines reinen Vergnügens hinausging. Der Maskenball war das vielleicht einzige öffentliche gesellschaftliche Ereignis einer Rokokogesellschaft, bei dem die Standesunterschiede aufgehoben waren. Niemand sah einem Kostüm an, ob es einen Adeligen oder einen Bürgerlichen couvrierte.

Zu denjenigen, die an diesem kalten Winterabend auf einen Besuch der Oper verzichteten, gehörte Carl Christoffer Gjörwell. Der Vielbelesene, nun im sechzigsten Jahr stehend, erwartete von dem Ereignis nichts, was die Zeilen einer seiner Zeitschriften hätte füllen können. Auch ein zweiter prominenter Stockholmer hatte nicht die Absicht, diesen Abend in der Oper zu verbringen. Polizeichef Liljensparre sah keinen Grund für seine Anwesenheit – ganz abgesehen davon, daß leichtlebige Vergnügungen ohnehin seine Sache nicht waren – auf dem Maskenball, da die Veranstaltung nicht in seinen Zuständigkeitsbereich fiel. Verantwortlich für die Sicherheit war an diesem Abend das Zweite Leibgarde-Regiment. Sein Kommandierender war Gustavs Freund Gustav Mauritz Armfelt, der im Rang eines Generals stand. Als Armfelt ein Souper beim dänischen Botschafter verließ, um sich in die Oper zu begeben, wurde er von Baron von Düben in ein langatmiges Gespräch verwickelt. Düben gehörte der Konspiration an und versuchte zu verhindern, daß der umsichtige Armfelt rechtzeitig am Ort des Geschehens eintraf.

Trommelwirbel, so hatten die Verschwörer vereinbart, sollten die Alarmierung zuverlässiger Truppen signalisieren, die Lillehorn kommandieren würde. Dieser stand wieder am Fenster seiner Wohnung und bemerkte, daß die Türen im gegenüberliegenden Opernhaus verschlossen wurden. Er wartete auf den Boten, der die Nachricht aus der Oper hinaustragen sollte, daß das von Lillehorn nun mehr Gefürchtete als Erhoffte trotz seiner Warnung eingetreten war. Der Bote kam nicht. Und das Schlagen der Trommel, das Pechlin in seinem Haus wartend herbeisehnte, war in dieser kalten Nacht nicht zu hören. Die Hauptstadt blieb ruhig an dieser Wende zu einem neuen Tag, die Revolution fand nicht statt. Nur wenige Stockholmer, die im Opernhaus in unmittelbarer Nähe zu einer großgewachsenen, als Domino verkleideten Gestalt standen, vernahmen einen ungewöhnlichen Laut. Ein Krachen, als ob ein Fensterladen heftig zugeworfen würde. Es war eine Viertelstunde vor Mitternacht. Die Zeit Gustavs III. war abgelaufen.

Lange herrschte unter den Gästen der Maskerade Verwirrung. Was bedeutete es, daß Leibgardisten sämtlich Ausgänge bewachten und Besucher herein-, aber niemanden hinausließen? Warum betrat ein kreidebleicher General Armfelt den Saal, offensichtlich dem Zusammenbruch nahe, um direkt zu jener Treppe geführt zu werden, die zum Privatgemach des Königs in diesem, seinem Opernhaus führte? Was überhaupt war mit dem König? Daß Unheimliches vorgegangen sein mußte, wurde klar ersichtlich, als jener Mann eintrat, dem auch Schweden mit reinem Gewissen nur mit einem Gefühl tiefsten Unbehagens in die kalten Augen blicken konnten. Henrik Liljensparre begann umgehend mit seinen Ermittlungen. Jeder Besucher mußte dem Polizeichef gegenübertreten, die Maske fallen lassen, Name und Adresse mitteilen. Sie krochen vor ihm. Exzellenz, Sie glauben doch nicht, daß ich es war? Für Liljensparre war jeder ein potentieller Verbrecher. Er gab jedem Operngast die Hand – kein Akt der Höflichkeit. Der erfahrene Kriminalist prüfte vielmehr die Stärke des Händedruckes, ob eine Hand zitterte oder schweißnaß war. Einer der Besucher gab seinen Namen mit Hauptmann Jacob Johan Anckarström an.

Seine Hand zitterte nicht. Wie die übrigen durfte auch Anckarström die Oper nach Befragung durch Liljensparre verlassen. Liljensparres Detektive hatten unterdessen etwas gefunden: zwei Pistolen, davon eine geladene, und einen Dolch, alles offensichtlich hastig weggeworfen.

Es war eine schlaflose Nacht. Für den Hofstaat und die Familie Gustavs, die von der Nachricht des Anschlages aufgeschreckt wurden. Für Pechlin, der erfahren mußte, daß alle weiteren Planungen, wie unvollständig sie auch gewesen sein mochten, Makulatur waren. Gustav lebte; niemand konnte, sich auf den Tod des Königs berufend, eine Übergangsregierung ausrufen. Auch die sechsundzwanzig Büchsenmacher Stockholms fanden keinen Schlaf. Liljensparre sandte seine Mitarbeiter aus, die Herkunft der beiden Pistolen der Marke Wåhlberg zu ermitteln. Bei dem Pistolenmacher Kauffman am Hötorget wurden die Detektive fündig. Sie nahmen den Mann mit in Liljensparres Büro. Kauffman wollte mit der Sprache nicht heraus, glaubte, in Schwierigkeiten zu kommen, da der Kunde von Adel war. Liljensparre machte Kauffman in wenigen eindeutigen Worten klar, daß er im Begriff stand, in noch weit größere Bedrängnis zu kommen. Ja, so gab der Mann schließlich zu, er wisse auch den Namen des Kunden. Der Mann, der großen Wert auf ein tadelloses Funktionieren der Waffen gelegt hatte, war ein Hauptmann Jacob Johan Anckarström.

Noch am frühen Morgen des 17. März verhafteten Polizisten Jacob Johan Anckarström in seiner Wohnung. Er leistete keine Gegenwehr. Anckarström hatte aufgegeben. Er war gescheitert. Auch an seinem Haß.

Liljensparre hatte noch mehr Glück. Der Bäckerbursche meldete sich bei ihm und berichtete, daß ihm ein Mann mit einem blauen Überwurfmantel einen Brief für den König gegeben hatte. Der Junge glaubte, trotz der Dunkelheit das Gesicht des Auftraggebers erkannt zu haben. Er hätte, so erzählte er dem Polizeichef, eine ungeheure Ähnlichkeit mit Oberstleutnant Lillehorn gehabt. Auch Lillehorn wurde verhaftet. Innerhalb weniger Tage ergriffen Liljensparre und seine Assistenten die meisten anderen Verschwörer. In den Verhören zeigten sie sich ihm nicht annähernd gewachsen. Fast alle wurden sie geständig, nur Pechlin blieb aalglatt, wußte von nichts.

Der raschen Aufklärung folgte nur in einem Fall die vom Gesetz vorgeschriebene Strafe. Anckarström wurde am 27. April vor einer vieltausendköpfigen Menschenmenge enthauptet. Während der alte Pechlin den kurzen Rest seines Lebens – er starb 1796 – auf einer Festung einsitzen mußte, wurden noch vier weitere Angeklagte zum Tode verurteilt: Horn, Ribbing, Lillehorn und Ehrensvärd. Die Herrscher des neuen Schweden, Herzog Carl und sein Regierungschef Reuterholm, begnadigten die vier und verwiesen sie des Landes. Nicht nur die Mörder, auch die engsten Freunde Gustavs, allen voran Armfelt, wurden dazu gebracht, Schweden zu verlassen. Die neuen Machthaber wollten den Einfluß von Anhängern des Königs soweit als möglich begrenzen. Und daß die Begnadigung auf einen auf dem Todesbett geäußerten Wunsch Gustavs nach Milde zurückzuführen sei, war, wie Hedvig Elisabeth Charlotta ihrem Tagebuch anvertraute, »nichts als ein Vorwand«.

So bleibt ein schlechter Beigeschmack, betrachtet man die Rolle, die Gustavs Bruder bei der strafrechtlichen Verfolgung der Königsmörder spielte. Da der neue König, Gustav IV. Adolf, noch minderjährig war, übernahm wieder einmal in der schwedischen Geschichte eine Vormundschaftsregierung die politische Verantwortung. Dies war nicht immer zum Nachteil des Landes gewesen. Als der Namenspatron des jungen Königs, der »große« Gustav II. Adolf, vor mehr als eineinhalb Jahrhunderten im sächsischen Lützen gefallen war, übernahm mit *rikskansler* Axel Oxenstierna einer der fähigsten Staatsmänner des 17. Jahrhunderts die Amtsgeschäfte für die minderjährige Königin Kristina. Im Jahr 1792 gab es jedoch keinen Oxenstierna. Für kurze Zeit versuchte sich Carl als Herrscher, bevor binnen einen Jahres sein Freund aus Rosenkreuzerzirkeln, der wie Carl allem Okkulten sehr zugetane Gustav Adolf Reuterholm, praktisch Diktator des Landes wurde.

Carl war so machtgierig wie schwach und charakterlos, dabei faul und ohne politische Sensibilität. Selbst wenn man ihm die Begrenztheit seines Intellektes zugute hält, mutet es mehr als merkwürdig an, daß innerhalb eines Monats nach Gustavs Tod fast die Hälfte der in Zusammenhang mit der Verschwörung zum Königsmord Festgenommenen auf freiem Fuß war. Einige der Verschwörer stiegen zu Beginn des 19. Jahrhunderts in durchaus respektable Ämter auf. So bleibt von Carl das Bild eines Regenten, der, um es noch vorsichtig auszudrücken, den Mördern seines Bruders eine Milde entgegenbrachte, die selbst in einem »aufgeklärten« Zeitalter ungewöhnlich war. Suchte er eine Machtbasis bei jenem Adel, dem sich sein Bruder zunehmend entfremdet hatte, durch Anbiederung, jenes offensichtliche Zeichen eines würdelosen Charakters, zu erwerben? Spielte er unwissentlich oder – schlimmer noch – wissentlich eine Rolle in den Planungen der Verschwörer über die Regierungsumgestaltung nach Gustavs Ableben?

Den neuen Machthabern war alles verhaßt, was nach Gustav schmeckte, vor allem des toten Königs engeres Umfeld. Ob Dichter oder Günstling, »Gustavianer« zu sein bedeutete nun, politischer Verfolgung ausgesetzt zu werden. Armfelt, der Gustav von allen am nächsten gestanden hatte, war die Zielscheibe Nummer Eins der Rachsucht. Der geistreiche und schöne Vertraute Gustavs mußte schleunigst das Land verlassen und begab sich auf einen Jahre dauernden Irrweg durch halb Europa. Auch Bellmans Förderer Schröderheim, dessen Tätigkeit immerhin dem Rang eines Innenministers entsprochen hatte, wurde aller Ämter und Ehren enthoben und auf seinen Landsitz verbannt, wo er in Armut starb. Bellman selbst hatte, obwohl er aus seiner Loyalität zu Gustav keinen Hehl machte, etwas mehr Glück. Die ihm von Gustav ausgesetzte Leibrente durfte er auch weiterhin einziehen. Als er ein Trauergedicht auf Gustav am Hof vortrug, war die Aufnahme seitens der nun herrschenden Clique eisig, der Druck des Werkes wurde sofort verboten. Daß es Bellman nicht schlimmer erging, mag daran gelegen haben, daß Herzog Carl Pate bei einem seiner Söhne war. Von eben diesem Regenten Carl hieß es bald, er lasse die bei Gustavs Beerdigung gespielte Trauermusik zur allgemeinen Belustigung an seiner Tafel erklingen.

Als Carl einige Jahre später, nachdem der gleichermaßen unglückliche wie unfähige Gustav IV. Adolf nach einem Putsch für immer das Land verließ, selbst als Carl XIII. auf dem Thron saß, kam es zu einem Ereignis, das Vermutungen über das Abstoßende in seiner Persönlichkeit und die Heimtücke dieses Mannes nur zu bestätigen scheint. Am 20. Juni 1810 wurde Reichsmarschall Axel von Fersen, der als Vertrauter Marie-Antoinettes die bei Varennes beendete Flucht des französischen Königspaares organisiert und an George Washingtons Seite im amerikanischen Unabhängigkeitskrieg gekämpft hatte, von einem aufgebrachten, möglicherweise geplant eingesetzten Mob im Herzen der Stockholmer Altstadt auf brutalste Weise gelyncht. Angeblich sollte dieser durchweg ehrenhafte Mann, der Sohn der prominentesten Familie Schwedens, auf obskure Art am Tod des aus Dänemark stammenden Kronprinzen mitschuldig gewesen sein – dieser fiel in Schonen, Hunderte von Kilometern von Fersen entfernt, möglicherweise als Folge eines Schlaganfalles vom Pferd und erlag seinen Verletzungen. Der Mord an Fersen, der von der Menge regelrecht zerstückelt wurde, geschah während einer Trauerprozession nicht nur am hellichten Tage in Sichtweite des königlichen Palastes – schlimmer noch: Nur wenige Meter entfernt stand die Staatsgewalt in Form einer Kompanie Gardesoldaten. Kein Finger rührte sich, als Axel von Fersen seine Peiniger um Gnade anflehte. Die Truppen hatten offensichtlich Befehl von »höchster Stelle«, nicht einzugreifen und der Barbarei freien Lauf zu lassen. Natürlich wurden auch diesmal die Mörder und ihre Hintermänner nicht zur Rechenschaft gezogen.

Die Verschwörer hatten das Ziel des Anschlages vom 16. März in mehr als einer Hinsicht verfehlt. Nicht nur der Umstand, daß der König noch lebte und verletzt im Schloß lag, machte ihre Pläne zunichte, auch die Reaktion der Bevölkerung zeigte, wie irreal die Vorstellung Pechlins und seiner Komplizen gewesen war, der Mord an Gustav könnte als ein Akt der Befreiung von einer Tyrannei begrüßt werden. Betroffenheit über das Attentat und Sympathiekundgebungen für den verletzten König prägten die Stimmung in Stockholm. Die Nachricht, daß hinter dem Anschlag ausschließlich Angehörige des Adels standen, verbreitete sich schnell und überraschte niemanden, sahen doch viele Bürger und Bauern in der Aristokratie seit der Anjalameuterei potentielle Verräter an Land und König. Für Angehörige des ersten Standes war es in den Wochen nach dem Attentat nicht ratsam, sich auf den Straßen der Hauptstadt blicken zu lassen.

Die Sympathiewelle, die über ihn hereinbrach, tat dem Monarchen gut. Dennoch, er war bestürzt, daß es Schweden gewesen waren, die versucht hatten, ihn umzubringen. Zu seinen ersten Reaktionen an dem verhängnisvollen Abend gehörte die Frage nach einem in Stockholm weilenden französischen Schauspieler, der für seine Neigung zum Jakobinismus bekannt war. Eher enttäuscht mußte Gustav vernehmen, daß der Mann ein Alibi hatte und zur Tatzeit nachweislich den Schlaf des Gerechten geschlafen hatte.

Er ertrug seine Verletzung mit einer Tapferkeit, die auch ihm gegenüber kritisch eingestellte Beobachter nur bewundern konnten. Es bedurfte um so mehr einer übermenschlichen Beherrschung, da die zeitgenössische Medizin kräftig zu seinen Leiden beitrug. Die Ärzte untersuchten mit bloßen Fingern die Wunde, bohrten ein wenig in ihr (mit Instrumenten, für die es keinerlei Desinfektion gab) und konnten doch nur einige wenige Schrotkörnchen entfernen. Man müsse abwarten, so die Vertreter der Heilkunst, bis der Eiter die übrigen Teile der Ladung nach außen schwemme. Und überhaupt könne man durchaus mit einer oder zwei Kugeln im Leib weiterleben und ein hohes Alter erreichen, wie das Beispiel manch eines Veteranen aus den Kriegen der Vergangenheit gezeigt habe.

Doch einem aufmerksamen Beobachter wie Armfelt entging nicht, daß dies reines Wunschdenken der Doctores war. Gustavs Befinden verschlechterte sich zusehends, so sehr der König dagegen ankämpfte und Pläne für eine Zukunft schmiedete, die es nicht mehr gab. Der Fäulnisprozeß in der Wunde wurde so stark, daß das Krankenzimmer von einem unerträglichen Gestank erfüllt war und Lakaien unentwegt damit beschäftigt waren, das Bett mit Eau de Cologne zu besprühen.

Gustavs letzte Tage wurden von seinen Freunden geteilt, kaum jedoch von seiner Familie. Der dreizehnjährige Kronprinz besuchte seinen sterbenden Vater, was Gustav nur bedingt zum Trost gereicht haben mag. Er muß erkannt haben, daß die Begabung des Jungen für die Regierungsgeschäfte denkbar gering war. Schweden würde in Gustav IV. Adolf erneut einen schwachen König haben; einen König, der schließlich das Land würde verlassen müssen. Auch Schweden blieb eine Revolution – im Jahr 1809 – nicht erspart. Eine Versöhnung mit der Königin hat es wahrscheinlich auch am Krankenbett nicht gegeben. Die Erinnerungen der Zeitzeugen widersprechen sich, einige behaupten, Sofia Magdalena habe den sterbenden Gemahl nicht ein einziges Mal besucht. In der Stunde seines Todes jedenfalls war sie nicht an seiner Seite. Und auch sein Bruder Carl stand nicht an Gustavs Sterbelager. Armfelt verwehrte ihm den Zutritt, nachdem ihm Gerüchte zu Ohren gekommen waren, der Herzog stehe in Verbindung mit den Königsmördern.

Am 28. März setzte starker Husten ein, der König fieberte, ohne jedoch das Bewußtsein zu verlieren. Am andern Morgen wurde Gustavs ehemaliger Leibarzt Dahlberg geholt, der in Ungnade gefallen war, nachdem er von angeblichen Ausschweifungen in Gustavs Privatleben berichtet hatte. Dahlberg war vielleicht kompetenter als die anderen Ärzte, auf jeden Fall aber ehrlicher. Auf Gustavs Frage, wie lange er noch zu leben habe, antwortete Dahlberg ohne Umschweife: »Fünf oder sechs Stunden.« Mit zunehmend matter werdender Stimme diktierte Gustav letzte Anordnungen und wurde am späten Vormittag des 29. März erneut von einem heftigen Hustenanfall gepackt, um dann ruhig in sein Bett zu sinken. »Sicher schläft er?« fragte Armfelt. »Ja«, antwortete Dahlberg, »den Schlaf der Ewigkeit.«

Mit diesem König endete auch das Gustavianische Zeitalter, in dem Reform und Despotismus, Poesie und Oper, Krieg und Schöngeistigkeit so eng beieinander lagen. Seine Dichter folgten ihm bald. Im darauffolgenden Jahr sprang der junge Bengt Lidner über »evighetens klippa«. Er hinterließ seine Frau und seine kleine Tochter in äußerster Armut. Sie waren arm, doch sie waren

Ein vaterloses Kind blickt einer ungewissen Zukunft entgegen, die ihn erst zum König, dann zum Exilanten machen wird: der spätere Gustav IV. Adolf, etwa zum Zeitpunkt der Ermordung seines Vaters. Porträt von Per Kraft.

nicht allein. Lidners Witwe vergaß nie, auf wen in den dunkelsten Tagen Verlaß war: »Lidner hatte viele Bekannte und Freunde, solange er gesund war und sie unterhalten konnte, doch in der Stunde der Not, als sich langes Siechtum und darauf bald bittere Armut einstellte, vergaßen ihn alle – außer Professor Th. Thorild und Hofsekretär C. M. Bellman. Einige Tage nach Lidners Tod kam Bellman mit 50 Reichstalern zu mir. ›Sieh hier‹, sagte er, ›das habe ich für Dich zusammengesungen.‹ Bellman wurde oft, wie auch zu Lebzeiten Lidners, von Unglücklichen gerührt und verschaffte ihnen, durch Auftritte in Kellerlokalen und Wirtshäusern, Unterstützung.« Es war die Tuberkulose, die Lidner, den Bruder aller Unterdrückten, hinwegraffte. Ihr fiel schließlich 1795 auch Johan Henrik Kellgren zum Opfer.

In eben diesem Jahr verstummte auch Carl Michael Bellmans Laute. Die Bildnisse aus seinen letzten Lebensjahren zeigen einen vorzeitig gealterten, kranken Mann. Johan Tobias Sergels Zeichnung *Morgonsup med smörgas* (Frühstück mit einem Butterbrot) ist das Porträt eines Gebrochenen. Die Augen liegen tief in den Höhlen, das Haar hängt wirr und ungekämmt über den hohen Rockkragen. Mühsam umklammern drei Finger seiner rechten Hand das Brot, während sein Blick geistesabwesend in die Ferne schweift. Eine im Hintergrund stehende Flasche deutet auf den Quell des letztabendlichen Unheils. War es das? Hat ihn der Alkohol in sein frühes Grab getrieben? Die Meinungen der Nachgeborenen gehen darüber auseinander, ob er im modernen Sinne suchtkrank war. Sicherlich hatte ihn Bacchus fest im Griff. Der Poet konnte kaum drei Jahrzehnte lang des Weines Wirkung besingen, ohne selbst die Gläser gefüllt zu haben. Bei den Trinksitten der Zeit zeugt es schon von einer gewissen Charakterstärke Bellmans, sich beim Wein getröstet zu haben – und überdies bei den besseren Lagen, wie Gjörwell berichtet –, ohne auf den ungleich gefährlicheren und in Schweden unvermeidlichen *akvavit* übergegangen zu sein. Doch es war nicht der Trunk allein, der sein Ende besiegelte. Bellman litt zum Schluß unter der Krankheit, die so viele der Großen des 17. und 18. Jahrhunderts, von Wallenstein über Friedrich den Großen bis Benjamin Franklin, quälte – die Gicht. Meist durch einseitige Ernährung hervorgerufen, peinigte sie ihn mit schmerzhaften Attacken und versteifte die Gelenke, so daß sein Bemühen, das Brot zu halten, wie ein makabres Kunststück wirkt.

Das letzte bekannte Porträt Bellmans, zwei Halbprofilzeichnungen von Pehr Hörberg, trägt den bezeichnenden Titel *trött och sjuk* (müde und krank) und muß aus seinen letzten Lebenstagen stammen. Ökonomische Bekümmernis gehörte bis zum Ende zu

Der alternde Bellman beim Frühstück. Zeichnung von Johan Tobias Sergel.

seinem Leben wie die Laute und das Dichten. Die durchaus liebenswerte Komposition seines Charakters, das Mitgefühl mit jenen, die noch schlechter dran waren als er, und das Unvermögen des einstigen Bankangestellten zu simplen Rechenmanövern, ließ ihn aus den Schulden nicht herauskommen. Eine letzte Demütigung ersparten ihm seine diversen Gläubiger nicht. Im Frühsommer 1794 mußte er für mehrere Wochen im Schuldgefängnis einsitzen. Immerhin blieb ihm, dem Poeten der Unterschicht, der Schuldturm für »einfaches Volk« erspart, er konnte als Hofsekretär in ein Zimmer im Wachflügel des Schlosses einziehen. Doch auch hier war es, wie einer seiner Vormieter bemerkte, »kalt, dunkel und ungemütlich«, Umstände, die seine Gesundheit zusätzlich lädierten. Sein Sohn Adolf nennt die Haft als den Hauptgrund für Bellmans zunehmenden Verfall und macht dafür einen seiner Gläubiger, den *krigsfiskalen* Enoch Nobelius, verantwortlich, da er aus unerwiderter Liebe zu Lovisa Bellman deren Gatten habe verderben wollen. Ein Gläubiger übrigens, dem Bellman in einem kleinen Gedicht allerhand Schlechtes zutraute: »Nimm Dich vor Satans Netz in Acht / und vor Nobelius' List.«

Auch in der Gefangenschaft verlor Bellman sein überwiegend sonniges Naturell und seine Freude an den eigenen Balladen keineswegs. Von Langeweile geplagt, griff er zur Laute und wurde eine Attraktion, für Bedienstete des Hofes, für die Wachmannschaften und für Staatsgäste: »Immer wieder wurden Offiziere und Soldaten der Garde angelockt, seinem Gesang zu lauschen, und man vergaß dann ›Präsentiert das Gewehr!‹ zu rufen, wenn ein Minister oder eine andere hochgestellte Persönlichkeit sich dem Schloß näherte. Bald vergaß man jegliche Etikette, und es geschah, daß höchste Würdenträger sich unter die Zuhörer mischten und unter dem Kerkerfenster applaudierten. Bellman konnte mit seinen Weisen gleichzeitig Weinen und Lachen hervorrufen.« Er trug die Haftzeit mit Fassung. Einer Gönnerin, Helena Quidding, schickte er ein Selbstporträt, mit Pfeife in der Hand und entrücktem Blick, mit einer kurzen Analyse seiner Situation:

Wenn Schrecken drückend sich vermehrt,
daß selbst ein Dichter das Schöne nicht mehr sieht,
was tut man? Wie man sieht,
man ängstigt sich und raucht sich eine.

Nach zweieinhalb Monaten kam Bellman Mitte Juni 1794 frei, er und sein gesamter Haushalt wurden unter Vormundschaft gestellt.

Bellman in Schuldhaft.

Dabei wurde eine Schätzung seines weltlichen Besitzes vorgenommen. Des Poeten diesseitiger Reichtum belief sich auf bescheidene 66 Reichstaler und fünf Schillinge, mit Frau Bellmans Toilettenschränkchen aus Mahagoni als dem mit zehn Talern mit Abstand wertvollsten Inventar. Gezeichnet von der Haft war er, wie ein achtzehnjähriger Nachwuchsliterat, Johan David Valerius, beobachtete: »Bleich und verfallen, die Augen dunkel und eingesunken, mit einem Gesichtsausdruck, in dem sich wehmütige Resignation spiegelt.«

Es waren nicht länger allein die Gicht und die Spuren eines sinnenfrohen Lebens, die ihren Tribut forderten. Auch Bellman litt, ähnlich Lidner, Kellgren und Tausenden Namenloser, an der allgegenwärtigen Seuche, bei der das Lebensfeuer sich allmählich verzehrt. Die Tuberkulose setzte ihm zu, um so mehr, als dieser, sein letzter Winter einer der schlimmsten des Jahrhunderts im an lange Monate eisbedeckter Dunkelheit gewöhnten Schweden war. Am 11. Februar 1795 entschlief er still und friedlich und hinterließ, wie ein Zeitgenosse mit bitterer Ironie anmerkte, »eine Frau, drei Kinder und zwölf Schillinge«. Nach einer schlichten Trauerfeier wurde er auf dem Friedhof der Clarakirche, die wenige Schritte vom heutigen Hauptbahnhof gelegen ist, beigesetzt. Als 1853, lange nachdem er eine Kultfigur für die schwedische Romantik geworden war, die Kirche eine Zentralheizung erhielt, wurden alle auf dem kleinen Kirchhof liegenden Gebeine im Zuge der Ausschachtungen exhumiert und in einem anonymen Massengrab beigesetzt. Erst später errichtete man den Gedenkstein, der anzeigt, wo der Poet seine letzte Ruhestätte gefunden haben könnte.

Gleichzeitig mit Bellmans Tod war auch das Zeitalter der sinnenfroh-melancholischen Weisen zu Ende gegangen. Europa erzitterte in den nächsten Jahren unter dem Marschtritt napoleonischer Stiefel, und auch Schweden wurde bis zur Existenzgefährdung in den Strudel der Auseinandersetzungen zwischen ständig wechselnden Koalitionen hineingezogen. Mit Mühe und unter großen Verlusten – Finnland mußte an das Zarenreich abgetreten werden – überlebte das Land. Die Barden und Dichter gehörten der Vergangenheit an, die Schauspieltruppen zogen ab, und Gustavs Schloß in Haga blieb ein Rudiment. Der Glanz der Gustavianischen Tage, Schwedens Goldener Zeit, war erloschen.

Quellen und Literatur

Über Gustav III., Bellman und ihre Epoche gibt es kaum Veröffentlichungen in deutscher Sprache und nur wenig in Englisch, so daß ohne Grundkenntnisse des Schwedischen eine Auseinandersetzung mit der Glanzzeit schwedischer Kultur kaum möglich ist. Ein antiquiertes deutschsprachiges Werk sind die mit Kommentaren des Herausgebers versehenen *Des Königs Gustaf III. nachgelassene und fünfzig Jahre nach seinem Tode geöffnete Papiere* des schwedischen Historikers E. G. Geijer, erschienen in drei Bänden in Hamburg in den Jahren 1843 bis 1845. Eine Fülle von Anekdoten aus der Gustavianischen Zeit enthält das insgesamt sechsbändige Werk von M. J. Crusenstolpe, *Der Mohr oder das Haus Holstein-Gottorp in Schweden,* dessen für den geschilderten Zeitabschnitt relevanten Teile II bis IV in den Jahren 1841/42 in Berlin erschienen. Nicht viel moderner ist R. Nisbet Bains *Gustavus III. and his contemporaries,* London 1894. Das klassische schwedische Werk ist Beth Hennings *Gustaf III. En biografie,* Stockholm 1957. Neuer, aber nicht besser ist Erik Lönnroths *Den stora rollen. Kung Gustaf III spelat av honom själv,* Stockholm 1986. Außerdem: Claude Nordmann, *Gustave III, un démocrate couronné,* Lille 1986 – als Demokraten allerdings haben nicht einmal die patriotischsten schwedischen Autoren diesen König bezeichnet.

Eine lesbare Biographie Bellmans mit einer einfühlsamen Würdigung des kulturhistorischen Hintergrundes stellt Paul Britten Austins *The Life and Songs of Carl Michael Bellman. Genius of the Swedish Rococo,* Malmö 1967, dar. Eine neuere Interpretation von *Fredmans Epistlar* findet sich bei Bengt-Olov Linders *Vår försummade Bellman,* Stockholm 1995.

Was Bellman zu Lebzeiten nie vergönnt war, sein gesamtes Werk gedruckt zu sehen, haben schwedische Verlage im 19. und 20. Jahrhundert in verschiedenen Auflagen unterschiedlicher Ausstattung nachgeholt. Liebhabern des Bellmanschen Opus empfiehlt sich das Stöbern in schwedischen Antiquariaten, in denen fast immer die eine oder andere Version von *Bellmans samlade skrifter* zu finden ist. Eine deutsche Version unter dem Titel *Fredmans Episteln* ist 1994 im Reclam Verlag Stuttgart erschienen.

Die beste und modernste Darstellung schwedischer Literatur im Zeitalter Gustavs und Bellmans ist Lars Lönnroths und Sven Delblancs *Upplysning och romantik,* der zweite Band des sechsteiligen Werkes *Den Svenska Litteraturen,* Uddevalla 1991. Ferner: Alrik Gustafson, *A History of Swedish Literature,* Minneapolis 1961.

Über andere Zeitgenossen: H. Arnold Bartons *Count Axel von Fersen. Aristocrat in an Age of Revolution,* Boston 1975; Ronald D. Gerste: *»Ich habe alles verloren, ich lebe nicht mehr«* (über Fersen), *Die Zeit* 23. 9. 1994; Carl Henrik von Platens *Stedingk* (über Fersens Mitstreiter und späteren Feldmarschall in der Leipziger Völkerschlacht), Stockholm 1995; Sverker Eks *Kellgren,* Stockholm 1965; Lennart Josephsons *Kellgren och samhället,* Uppsala 1942; Harald Elovsons *Bengt Lidners Greifswalder Dissertation,* Jena 1928.

Die Zeitumstände beleuchten u. a. Sten Carlson und Jerker Roséns *Gustavianska Tiden,* Band 7 der Reihe *Den Svenska Historien,* Stockholm 1968; Franklin

D. Scotts *Sweden: The Nation's History,* Minneapolis 1977, Walter Hubatschs *Die Gustavianische Zeit in Schweden* in Band 5 des Handbuches der europäischen Geschichte, Stuttgart 1981; R. R. Palmers *The Age of Democratic Revolution. Europe and America 1760–1800,* Band 1, Princeton 1959; Eli Heckschers *An Economic History of Sweden,* Cambridge/Massachusetts 1968.

Bildnachweise

Seite 5: Nationalmuseum Stockholm · Seite 11: Kunstsammlung der Veste Coburg · Seite 15: Nationalmuseum Stockholm · Seite 17: Nationalmuseum Stockholm · Seite 38: Gemäldesammlung Schloß Drottningholm · Seite 41: Nationalmuseum Stockholm · Seite 49: Archiv für Kunst und Geschichte, Berlin · Seite 62: Nationalmuseum Stockholm · Seite 69: In Privatbesitz · Seite 82: Schloß Charlottenburg · Seite 86: Archiv des Autors · Seite 88: Schwedisches Porträtarchiv, Stockholm · Seite 90: Gemäldesammlung Schloß Gripsholm · Seite 94: Gemäldesammlung des Schwedischen Reichstagsgebäudes · Seite 98: Schwedisches Porträtarchiv, Stockholm · Seite 107: Königliches Theater, Stockholm · Seite 110: Königliche Bibliothek, Stockholm · Seite 116: Theatermuseum Schloß Drottningholm · Seite 119: Nationalmuseum Stockholm · Seite 133: Gemäldesammlung Schloß Rosenborg, Kopenhagen · Seite 136: Schwedisches Porträtarchiv, Stockholm · Seite 138: Schwedisches Porträtarchiv, Stockholm · Seite 140: Nationalmuseum Stockholm · Seite 143: In Privatbesitz · Seite 148: Nationalmuseum Stockholm · Seite 154: Nationalmuseum Stockholm · Seite 160: Nationalmuseum Stockholm · Seite 162: Nationalmuseum Stockholm · Seite 171: Kriegsarchiv Stockholm · Seite 174: Königliche Bibliothek, Stockholm · Seite 178: Atelier Sundahl · Seite 192: Gemäldegalerie Schloß Löfstad · Seite 195: Nationalmuseum Stockholm · Seite 200: Königliche Bibliothek, Stockholm · Seite 215: Nationalmuseum Stockholm · Seite 218: Stadshuset, Stockholm · Seite 220: Seehistorisches Museum, Stockholm · Seite 226: In Privatbesitz · Seite 242: Rathaus Stockholm · Seite 244: Nationalmuseum Stockholm · Seite 246: Königliche Bibliothek, Stockholm

Personenregister